KARL MANNSFELD

NATURSCHUTZ
IM SPANNUNGSFELD
GESELLSCHAFTLICHER
INTERESSEN

KARL MANNSFELD

NATURSCHUTZ IM SPANNUNGSFELD GESELLSCHAFTLICHER INTERESSEN

ERFAHRUNGEN AUS DEM FREISTAAT SACHSEN

ZUM 100. JAHRESTAG DES STAATLICHEN NATURSCHUTZES IN DEUTSCHLAND – DEM EHRENAMTLICHEN NATURSCHUTZ IN SACHSEN GEWIDMET

MIT UNTERSTÜTZUNG DER SÄCHSISCHEN LANDESSTIFTUNG NATUR UND UMWELT, NATURSCHUTZFONDS

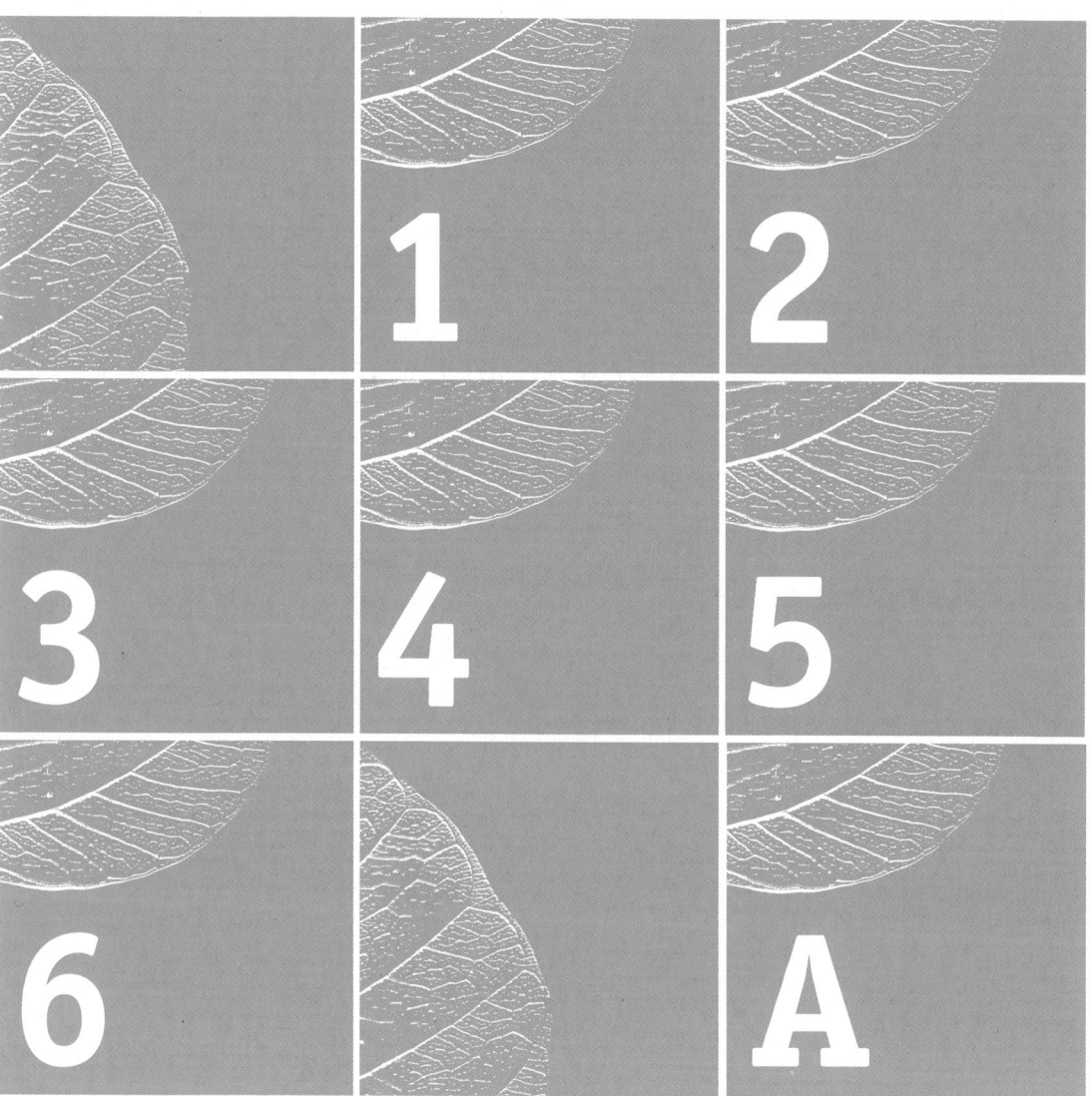

DIE NATUR VERSTEHT GAR KEINEN SPASS,
SIE IST IMMER WAHR,
IMMER ERNST,
IMMER STRENGE;
SIE HAT IMMER RECHT,
UND DIE FEHLER UND IRRTÜMER
SIND IMMER DIE DES MENSCHEN.

GOETHE ZU ECKERMANN 1829

1

NATURSCHUTZ IM ÖFFENTLICHEN MEINUNGSBILD

Eine Abhandlung, die sich mit Naturschutz beschäftigen möchte, muss wohl einleitend unmissverständlich klären, was denn darunter verstanden werden soll. Da es nicht mein Anliegen ist, die begriffliche Seite übermäßig auszudehnen, wähle ich unter zahlreichen Möglichkeiten jene Definition aus, die als Ergebnis vieljährigen Feilens an den Worten heute in Deutschland eine breite Anerkennung gefunden hat. Sie lautet:
»Naturschutz ist die Gesamtheit der Maßnahmen zur Erhaltung und Förderung der natürlichen Lebensgrundlagen aller Lebewesen, insbesondere von Tieren und Pflanzen wildlebender Arten und ihrer Lebensgemeinschaften, sowie zur Sicherung von Landschaften und Landschaftsteilen in ihrer Vielfalt und Eigenart« [ANL, 1994].
Bei den verschiedenen Erörterungen zum historischen Entwicklungsgang des Naturschutzes sowie den speziellen Vorgängen und Entscheidungen im Freistaat Sachsen nach 1990 ist es sicher hilfreich, diese Definition in Erinnerung zu behalten.

1.1 WARUM DIESES BUCH?

Mit der Wiedervereinigung Deutschlands im Jahre 1990 wurden auch die gesetzlichen Regeln zum Umweltschutz der Bundesrepublik Deutschland auf die neu gebildeten Bundesländer im »Beitrittsgebiet« übertragen und in einem Umweltrahmengesetz dazu inhaltliche und organisatorische Schritte für die Angleichung festgelegt.
Deshalb begann auch für den Naturschutz in Sachsen eine neue Zeitrechnung auf der Basis einer Rechtsgrundlage, die sich in vielerlei Hinsicht von den Verhältnissen der DDR-Zeit unterschied. In einem eigenständigen Abschnitt [Kap. 2.1] soll noch geklärt werden, wie die unterschiedlichen Rahmenbedingungen für den Naturschutz in West und Ost bewertet werden können. Das konkrete Anliegen des vorliegenden Buches bezieht sich aber darüber hinaus auf eine andere Ebene, auch wenn es eng mit den übergeordneten Bedingungen verflochten ist. Erstmals nach 1952 wurde ab November 1990 in einem Länderparlament Sachsens wieder über gesetzliche Regelungen zum Naturschutz beraten und entschieden, wurde der Landtag das Forum zur Darstellung und damit auch zur Auseinandersetzung über verschiedene Konzepte zum Naturschutz. Wenn man diesen Prozess ca. 12 Jahre unmittelbar begleitet und zugleich in verantwortlicher Funktion mitbestimmt hat, wächst im zeitlichen Rückblick das Bedürfnis, diese spannende Zeit mit all ihren Erfolgen, aber auch mit Enttäuschungen und Halbherzigkeiten aufzuzeichnen und damit einer (hoffentlich) interessierten Öffentlichkeit einen Einblick in die Bemühungen zu geben, wie die Ausgangsbasis von 1990 genutzt und weiterentwickelt wurde. Dabei kann und soll der Blick nicht ausschließlich aus der parlamentarischen Sicht auf das Geschehen zu Naturschutz und Landschaftspflege gerichtet werden. Am Beispiel des Kapitels 5 soll deshalb verdeutlicht werden, was aus Vorhaben geworden ist, die als anspruchsvolle Naturschutzanliegen gelten, und wie konfliktreiche Situationen gemeistert wurden oder eben auch nicht.

Natürlich werden subjektive Züge nicht auszuschließen und zu vermeiden sein, zumal die Darstellung zahlreicher Vorgänge auf den Vorstellungen einer politischen Mehrheit im Landtag beruht. Dennoch aber besteht das Ziel, die Abläufe und Positionen so objektiv wie möglich zu schildern, um für kommende kritische Würdigungen und Einschätzungen zum erreichten Stand der Naturschutzpolitik im Freistaat Sachsen eine ebenso authentische wie möglichst sachorientierte Plattform anbieten zu können. Das Büchlein versucht, die einzelnen Zeitabschnitte und Inhaltsschwerpunkte zu einem Mosaik zusammenzufügen, das vielleicht den Weg in eine noch erfolgreichere Richtung weisen kann. Vieles bleibt skizzenhaft, ist oft eher Bestandsaufnahme denn Synthese. Letztlich ist der daher unvollendete Charakter aller Reflexionen und Betrachtungen einerseits nicht untypisch für die Naturschutzmaterie, wie er andererseits trotz aller Unvollkommenheit allemal ein lohnender Schritt sein sollte, aus persönlichen und regionalen Erfahrungen das Denken und vor allem Handeln für den Naturschutz voranzubringen.

In diesem Sinne soll verdeutlicht werden, dass Naturschutz nach wie vor – speziell im politischen Raum – nicht unbedingt eine Erfolgsstory ist. Der Naturschutz hatte in Sachsen auch nach 1990 mit neuen und demokratisch legitimierten Rahmenbedingungen nicht nur Befürworter, wobei auch einmal darauf verwiesen werden darf, dass zunächst im Landtag die Zahl der einschlägig in Fragen des Natur- und Umweltschutzes vorgebildeten Mitstreiter wie Kontrahenten verschwindend klein war. Das war vor allem eine Folge der überwundenen politischen Verhältnisse, die das Umwelt- und Naturschutzthema außer einer »Alibifunktion« stark beargwöhnten und letztlich tabuisierten, wie es gleichzeitig auch im Bildungsbereich mehr oder weniger keine Rolle spielte. Daher befanden sich in den Fraktionen des Landtages zahlreiche »Lobbyisten« für Wirtschafts- und Kommunalinteressen, aber kaum »Anwälte der Natur«. In der Folgezeit mussten wir hingegen lernen, wie eine übergroße Anzahl von Juristen bei dem Thema tonangebend wurde, die aber weniger aus dem Blickwinkel des Natur- und Artenschutzes dachte, sondern ausschließlich gesetzestechnisch. Ohne dieses Kriterium auch nur ansatzweise schmälern zu wollen, bleibt aber die Erkenntnis, dass man vom Naturschutzgedanken erfüllt sein muss, wenn etwas Vernünftiges gestaltet werden soll, d. h. erst kommt die Sache und dann die »Verpackung«!

Die Bemühungen um einen effektiven Naturschutz wurden gelegentlich auch durch überzogene Forderungen aus seinen eigenen Reihen erschwert. Dennoch ergibt sich das Bild, dass in den vergangenen 16 Jahren in Sachsen (wie übrigens auch in den übrigen ostdeutschen Bundesländern) sowohl auf dem Sektor der parlamentarischen Zuständigkeit (Gesetze, Anträge, Große Anfragen) als auch seitens des darauf begründeten Wirkens der staatlichen Verwaltungen sowie des ehrenamtlichen Naturschutzes Gewaltiges geleistet worden ist. Die Entwicklung im sächsischen Naturschutz kann als Ergebnis engagierter, ideenreicher und unverdrossener Arbeit vieler Akteure außerordentlich positiv beurteilt werden und darf trotz mancher Rückschläge und unerfüllter Erwartungen als gutes Beispiel dafür gelten, wie die veränderten politischen Verhältnisse zur Weiterentwicklung und Stärkung eines wichtigen gesellschaftlichen Anliegens genutzt wurden. Rahmenbedingungen für diese Entwicklung und Beispiele für erfreuliche und weniger erfreuliche Vorgänge möchte dieses Büchlein dabei aus der Sicht eines Beteiligten beleuchten, um (in einigen zukunftsbezogenen Ableitungen) auch Anregungen für kommende Entwicklungen zu vermitteln.

1.2 KURZER HISTORISCHER ABRISS

Mit dem wirtschaftlichen Aufschwung in Sachsen ab der Mitte des 19. Jahrhunderts waren zahlreiche Veränderungen im Zustand der Landschaft und des Naturhaushaltes verbunden. Entwaldung, Eingriffe in den Wasserhaushalt als Folge der vermehrten Trink- und Brauchwasserentnahme, des Gewässerausbaues, die Ausweitung des Eisenbahn- und Straßennetzes, die Ausbreitung der Siedlungen sowie vermehrter Gesteinsabbau und sogar erste Tagebaue für die Braunkohlegewinnung, aber auch nicht behandelte Rauchgase aus Industrieschornsteinen und Hausbrand sowie ungereinigte Abwässer aus der sich entwickelnden Metall-, Chemie- und Elektroindustrie sowie den Haushalten weckten, wenn auch nicht sofort in großer Breite, das Verantwortungsbewusstsein zahlreicher gesellschaftlicher Gruppen und Kräfte, die zu Gegenreaktionen im Hinblick auf den Zustand der heimatlichen Natur aufriefen.

Als Vorläufer einer echten Natur- und Heimatschutzbewegung dürfen bereits in der ersten Hälfte des 19. Jahrhunderts Bemühungen gewertet werden, wie z. B. zum Tierschutz (1837), zum Vogelschutz (1856), von Unterschutzstellungen besonders auffälliger geologischer Bildungen (z. B. 1836 des Drachenfels im Siebengebirge, der Teufelsmauer im Harz 1852 oder des Todtenstein in den Königshainer Bergen 1844, letzterer als »Denkmal der Vorzeit« im Auftrag des preußischen Königs Friedrich Wilhelms IV. zum Geschenk für die Landstände in der preußischen Oberlausitz) oder die Registrierung großer und auffälliger Bäume auf Veranlassung des Sächsischen Finanzministeriums (1847). Zugleich finden Begriffe aus dem – wie wir heute sagen würden – Bereich der Landespflege Eingang in das öffentliche Bewusstsein und das Schriftgut, unter denen Landesverschönerung (1822) und Landeskultur (1792) herausragen, die inhaltlich eine Synthese aus sozialem Empfinden und einem ästhetisch ausgerichteten Landschaftsgartenbau verfolgten. Dennoch ist das Fazit angebracht, dass in dieser Frühphase naturerhaltender Aktivitäten das Nützlichkeitsdenken als Motiv überwog. Dem Schutz der Vogelwelt lag einerseits der Gedanke zugrunde, ihre Rolle zur Reduzierung von Schadinsekten (Land- und Forstwirtschaft) zu stärken, und andererseits gar Jagdambitionen zu befriedigen. Auch das ästhetische Empfinden bei Park- und Gartenanlagen hatte nicht vordergründig die Erhaltung heimischer Tier- und Pflanzenarten im Blick. Durchaus auch beeinflusst von einem neuen Naturgefühl, wie es die Kunstepoche der Romantik bis zur Mitte des 19. Jahrhunderts propagiert hatte, nahmen in der 2. Hälfte des 19. Jahrhunderts allerdings die Bestrebungen zur Bewahrung von Zeugnissen der Schönheit und Einmaligkeit der heimatlichen Natur sowie vor allem zur Verhinderung von zerstörerischen Eingriffen in noch weitgehend unberührte Landschaftsbilder oder zur Erhaltung noch bestehenden Reichtums faunistischer wie floristischer Artengarnituren immer konkretere Gestalt an.

Dem Komponisten und Musikprofessor Ernst Rudorff verdanken wir nach Meinung der Fachliteratur den konkreten Begriff des Naturschutzes, den dieser im Jahre 1888 in einer Tagebuchnotiz vermerkt haben soll. Er gilt gemeinhin in dem Sinne als »Gründer« der Natur- und Heimatschutzbewegung, als er in der Natur die Grundlage für ein sinnerfülltes Leben erkannte. Dabei wurde zu dieser Zeit Natur noch nicht als »natürliche Lebensgrundlage« im heutigen Sinne verstanden, zumal in einer eher romantisierenden Grundhaltung ein konservativer und stark zivilisationskritischer Heimat- und Naturbegriff verfolgt wurde. Als Antwort auf die Veränderungen althergebrachter sozialer Strukturen durch Urbanisierung, Industrialisierung oder politische Umbrüche galt neben einer Betonung des nationalen Gedankens die Erhaltung vertrauter Kulturlandschaften vorrangig durch agrarische Landnutzung und über diese auch die Erhaltung von Resten ursprünglicher Natur als Ziel einer sich herausbildenden Bewegung.

Die besondere Bedeutung der hinsichtlich ihres philosophischen Ausgangspunktes sicher konträren Weltbilder aber lag in folgender Erkenntnis: Jahrhundertelang war die Natur als das »Gegenüber« des Menschen empfunden und gelebt worden, das es galt zu besiegen, dem man etwas abringen musste, um wirtschaftlichen Fortschritt und damit gesellschaftliche Entwicklung zu garantieren. Nun sollte erstmals in großem Umfang der Einzelne dafür sensibilisiert werden, dass diese Natur auch verletzlich und zerstörbar ist und deshalb der fortschreitenden Zerstörung von Landschaftsstrukturen und Naturdenkmalen Einhalt zu gebieten ist. Die Natur war von der »umgreifenden« Alltagsgröße zur »angegriffenen« geworden.

Ein weiterer Meilenstein hinsichtlich ernstzunehmender Versuche, die fortschreitende Naturzerstörung nicht nur anzuprangern, sondern ihr konstruktive Strategien zur Einrichtung eines wirksamen staatlichen Naturschutzes entgegenzusetzen, ist mit einer Rede des Abgeordneten Wilhelm Wetekamp im Plenum des Preußischen Abgeordnetenhauses vom März 1898 zu markieren. Zunächst skizzierte er ungeschönt die Situation der damaligen Zeit, die man am besten anhand der Auszüge dokumentiert, die 100 Jahre danach PIECHOKI (1998) zusammengestellt hat. Aus dieser schlaglichtartigen Darstellung leiteten sich zusammengefasst folgende Forderungen ab:

- Ausweisung von Naturschutzparks bzw. Schutzgebieten, um »einen Teil unseres Vaterlandes in der ursprünglichen naturwüchsigen Form zu erhalten«,
- Bereitstellung von Einrichtungen und Finanzmitteln für den Naturschutz, um parallel zur bereits etablierten Kulturdenkmalpflege auch die »Denkmäler der Entwicklungsgeschichte der Natur zu erhalten«,

ABBILDUNG 1
Teichlandschaft in Moritzburg

■ Regelungen der Bodennutzung, um eine weitere Naturvernichtung zu verhindern.

Resümiert man die Entwicklung, dann gab es in der nachfolgenden Zeit vor allem im Hinblick auf die institutionelle Unterstützung nennenswerte Fortschritte. 1906 richtete Preußen eine »Staatliche Stelle für Naturdenkmalpflege« ein, für welche Hugo Conwentz aus Danzig als zunächst ehrenamtlicher Leiter bestellt wurde. Seine Inhaltskonzeption, die er bereits 1904 in der Denkschrift »Die Gefährdung der Naturdenkmäler und die Vorschläge zu ihrer Erhaltung« umrissen hatte, sah die planmäßige Inventarisierung von sog. Naturdenkmalen vor. Der Einrichtung großer Nationalparks stand er aus finanziellen Erwägungen skeptisch gegenüber. Da er aber die ihm übertragene Funktion sehr engagiert ausfüllte, gilt er in Fachkreisen als ein ganz wesentlicher Mitbegründer der deutschen Heimat- und Naturschutzbewegung. Beschränkungen zum Naturerhalt wollte er einer notwendigen weiteren Industrialisierung nicht auferlegen. Mit seiner Position, dass eine leistungsstarke Industrie auch Mittel und Wege finden müsse, nachteilige Wirkungen auf die Natur zu verhindern, bewegt er sich für mein Empfinden nahe der späteren Auffassung zum Natur- und Umweltschutz in der D D R, die auch erst die ökonomischen und materiellen Möglichkeiten erwirtschaften wollte, um dann die durch die wirtschaftlichen Aktivitäten gefährdete Natur zu sanieren. Mit dem von Conwentz geprägten Handeln im Interesse des Naturschutzes ist aber auch eine verhängnisvolle Einseitigkeit verbunden, welche die Naturschutzbewegung in Deutschland weitgehend bestimmt hat und auf die ROHNER (1991) zu Recht hingewiesen hat. Möglicherweise begründet in seiner Profession als Künstler und nicht als Naturwissenschaftler, verstand Rudorff unter Naturschutz etwas Ganzheitliches und Umfassendes. Naturschutz sollte das Land oder die Landschaft als Ganzes betreffen. Insofern war in diese Sichtweise ein geistig-kultureller Ansatz integriert, der Naturphänomene mit Fragen der kulturellen Identität verband. Leider aber war das nicht die Sicht, welche speziell durch Conwentz verfolgt wurde. Mit seiner entschieden vertretenen Auffassung sollte sich Naturschutz vorrangig dem Seltenen, dem Besonderen, repräsentiert durch das mehr oder weniger punkthafte Naturdenkmal, und damit dem Objektschutz widmen. Bis in die jüngere Vergangenheit hat sich diese letztlich verhängnisvolle, weil verkürzte Sichtweise auch bis in die gesetzlichen Regelungen ausgewirkt, worüber noch zu berichten sein wird.

Beeinflusst von diesen Strömungen und Aktivitäten innerhalb Deutschlands sind auch die weiteren Etappen zur Herausbildung des Natur -und Heimatschutzes in Sachsen nahezu folgerichtig gewesen. Zu Bestrebungen für die Erhaltung von Kunstdenkmalen (1894), dem 1897 entstandenen Verein für sächsische Volkskunde (Sitten, Gebräuche, Trachten) gesellten sich weiterhin Bemühungen um eine bodenständige und traditionelle Bauweise. In einem ehrenamtlich arbeitenden Ausschuss zur Pflege heimatlicher Kunst und Bauweise (1903) wurden dann auch erstmals Fragen der Erhaltung und Pflege von Natur und Landschaft thematisiert.

Zahlreiche Einzelheiten zu den nachweisbaren Initiativen und Bestrebungen für die Naturerhaltung in Sachsen von der Mitte des 19. Jahrhunderts bis zum Beginn des 20. Jahrhunderts hat RICHTER (1996) als Überblicksdarstellung zusammengetragen, auf die in diesem Zusammenhang verwiesen werden soll.

Träger und Initiator aller Bemühungen um naturverträgliches Handeln in Wirtschaft und Gesellschaft sowie engagierter Verfechter des Schutzes heimatlicher Natur, vor allem für die einheimische Tier- und Pflanzenwelt, war der im Juli 1908 in Dresden gegründete »Landesverein Sächsischer Heimatschutz«. Seine Anstrengungen und Forderungen gingen zunächst ein in ein »Gesetz gegen die Verunstaltung von Stadt und Land« im Jahre 1909, was jedoch noch stark korrespondierte mit den Anstrengungen zur »Landesverschönerung«, die Mitte des 19. Jahrhunderts von Bayern ausgehend in Preußen und anderen deutschen Teilstaaten aufgegriffen worden waren. Es war das Vorläuferstadium für gesetzliche Regelungen zur landschaftlichen Natur und Heimat, denn die o. g. Initiative [VORHERR, 1823; zit. nach MALZ] orientierte sich an Ideen der englischen Landschaftsgärten, um städtebauliche, soziale und hygienische Aspekte im Lebensraum des Menschen zu dessen Wohlergehen zu berücksichtigen. Bekanntester Anhänger dieser Strömung war der Architekt P. J. Lenne (1789 – 1866). Für den Strukturwandlungsprozess von der Agrargesellschaft zur Industriegesellschaft war es in jener Zeit bedeutungsvoll, dass MIELKE [1907; zit. nach MALZ] den Begriff der Landesverschönerung durch den Terminus »Landespflege« ablöste, der letztendlich schon deutlicher auch Maßnahmen und Planungen in der »freien« Landschaft und nicht vordergründig im Siedlungsbereich vorsah. Grundsätzlich aber waren diese Bewegungen einschließlich ihrer daraus resultierenden gesetzlichen Regelungen allerhöchstens ein indirekter Beitrag zum Schutz von Natur und Naturdenkmalen; im Sinne der heutigen Naturschutzvorstellungen waren sie noch ein stumpfes Schwert.

So auch in Sachsen, weil mit dem neuen Gesetz nur Maßnahmen und Eingriffe untersagt waren, die das Landschaftsbild verunstalten konnten. Andere Eingriffe waren höchstens nach dem Feld- und Forstpolizeigesetz zu verhindern.

Das behördliche Unbehagen mit so wenig wirksamen gesetzlichen Regelungen im Hinblick auf Naturerhaltung spiegelt sich in einer Empfehlung des Königlich Sächsischen Finanzministeriums von 1910 wider, die den Gebietskörperschaften (Amtshauptmannschaften) zum Schutz von Alleen, Baumgruppen oder markanten Einzelbäumen usw. übergeben wurde. Auch der Landesverein Sächsischer Heimatschutz wollte weitergehende Regelungen und legte 1911 einen Forderungskatalog vor, der u. a. den Vorschlag enthielt, »Schutzbezirke geringeren Umfanges zu schaffen, welche die in Wald-, Wiesen-, Heide-, Moor- und Teichgebieten verbliebenen ursprünglichen Pflanzenformationen dauernd erhalten«. Zugleich wurden Mustergebiete für Bergwiese, Auenwald, Hoch- und Niedermoor, trockenwarme Hügelflora u. a. Vegetationstypen vorgeschlagen. Tatsächlich griff das Finanzministerium diese Anregung für seinen Zuständigkeitsbereich auf und setzte 1912 eine Verordnung in Kraft, welche im Staatswald ermöglichte, zur Pflege und Erhaltung naturschutzbedeutsamer Flächen die Bewirtschaftungsintensität zu senken.

Einige Jahre später erst verlieh die Reichsverfassung von 1919 den Bestrebungen zum Natur- und Heimatschutz Verfassungsrang, als im Artikel 150 Abs. 1 geregelt wurde:

»Die Denkmäler der Kunst, der Geschichte und der Natur sowie der Landschaft genießen den Schutz und die Pflege des Staates.«

Außerhalb der eher chronologisch gehandhabten Skizzierung im Entwicklungsgang des Naturschutzes in Deutschland und besonders in Sachsen sei daran erinnert, dass es nach 1992 zu einer heftigen Auseinandersetzung über die Aufnahme eines Staatszieles für den Umwelt- und Naturschutz im Grundgesetz, also in der deutschen Verfassung, kam. Die inhaltliche Überwindung des Artikels 150 der Reichsverfassung von 1919 im Sinne einer Erweiterung erfolgte 1994, mit der Ergänzung zum Tierschutz erst im Jahre 2002. Heutigentags formuliert der Artikel 20 a des Grundgesetzes als Staatsziel: »Der Staat schützt auch in Verantwortung für die künftigen Generationen die natürlichen Lebensgrundlagen und die Tiere im Rahmen der verfassungsmäßigen Ordnung durch die Gesetzgebung und nach Maßgabe von Gesetz und Recht durch vollziehende Gewalt und die Rechtsprechung.«

Doch zurück zum Entwicklungsweg naturschutzgesetzlicher Regelungen für Sachsen. Der Landesverein erreichte tatsächlich durch ständiges Drängen – auch auf der Basis einschlägiger, wissenschaftlich untersetzter Denkschriften für wirkungsvolle Schutzbestrebungen – diverse Empfehlungen und teilweise auch Verordnungen verschiedener sächsischer Ministerien. Dazu darf man zweifellos auch die sächsische Pflanzenschutzverordnung vom 23. März 1923 [vgl. Abb. 2] rechnen, die zahlreiche Hoffnungen der Naturfreunde und speziell der Botaniker erfüllte. Natürlich war es erst ein Anfang, dessen eigentliche Bedeutung in dem zusätzlichen und rechtskräftigen Instrument zum Artenschutz bestand. Die Auswahl der Pflanzen versuchte, eine in gewisser Weise gleichmäßige Verteilung über das Land hin sicherzustellen. Bemerkenswert ist auch die Einschätzung des Landesvereins Sächsischer Heimatschutz [SIEBER, 1924] hinsichtlich der Aufnahme von Trollblume und Arnika, deren Rückgang weniger durch Eingriffe aus der Landnutzung verursacht war, als vielmehr von unvernünftigen Zeitgenossen, die, wie sich der Autor ausdrückte, plündernd in die scheinbar reichen Bestände eingriffen.

Auch ein novelliertes Jagdrecht vom September 1925 mit erheblich erweiterten Schonzeiten für jagdbare Tiere (Säugetiere und Vögel) und auch die Streichung einer Reihe bis dahin zur Jagd zugelassener Tiere wie Eulen, Wanderfalken, Trappen u. a. waren durchaus ein Markstein auf dem mühsamen Weg für gesetzliche Regelungen im Natur- und Artenschutz. Der Hinweis auf die Nichtjagdbarkeit der Großtrappe wirkt heute wie ein Anachronismus. Man darf durchaus daran erinnern, dass es im nördlichen Teil der

ABBILDUNG 2
Sächsische Pflanzenschutzverordnung
(1923)

Band XIII, Heft 1/2   1924

Landesverein Sächsischer Heimatschutz
Dresden

Die Mitteilungen des Vereins werden in Bänden zu 12 Nummern herausgegeben
Abgeschlossen am 31. Januar 1924

Die Sächsische Pflanzenschutzverordnung
vom 23. Mai 1923
Pflanzenschutz.

§ 1. Die in der Anlage bezeichneten Pflanzenarten werden geschützt. Der Schutz erstreckt sich auf das ganze Jahr.

§ 2. Es ist verboten, die geschützten Pflanzen zu entfernen oder zu beschädigen, insbesondere sie auszugraben, auszureißen, abzupflücken oder abzuschneiden. Dieses Verbot hat keine Geltung gegenüber dem Nutzungsberechtigten.

§ 3. Verboten ist ferner das Seilhalten, der Verkauf und die sonstige Veräußerung sowie der Ankauf der geschützten Pflanzen, soweit es sich nicht um Erzeugnisse des Gartenbaues handelt.

§ 4. Wer geschützte Pflanzen, die im Garten gezogen worden sind, feilhält oder verkauft, muß im Besitz eines schriftlichen Ausweises der Ortspolizeibehörde über den Erwerb sein. Der Ausweis hat auch die Zeit des Erwerbes anzugeben.

§ 5. Übertretungen dieser Vorschriften werden mit Geldstrafe bis zu dreißigtausend Mark*) oder mit Haft bestraft. (Min. Vo. v. 23. 5. 1923 — 102 I C —, Sächs. Staatsztg. v. 25. 5. 1923 Beil. zu Nr. 119.)

Anlage.

1. Türkenbund, Lilium martagon.
2. Märzenbecher, Märzglöckchen, Leucoïum vernum.
3. Wiesenschwertlilie, Iris sibirica.
4. Alle Knabenkräuter, Orchengewächse, Orchidaceae.
5. Pfingstnelke, Dianthus caesius.

___
*) An deren Stelle tritt Geldstrafe bis zu 150 Goldmark nach § 27, Absatz 2, Ziffer 2 des Strafgesetzbuchs in der Fassung der Verordnung über Vermögensstrafen vom 6. Februar 1924 (RGBl. I, S. 44).

1

1 Das Beispiel der Großtrappe gibt Veranlassung zu einer speziellen Klarstellung. Aus den Beobachtungen von Naturschützern geht hervor, dass vor Aufschluss des Braunkohlentagebaus »Delitzsch-Südwest«, also bis gegen 1975, in diesem nördlichen Teil der Naturraumeinheit Leipziger Land noch Großtrappen vorhanden waren [STRAUBE, 1998]. Eine Bestätigung dafür findet sich auch in den von STEFFENS für 1985 bis 1987 zusammengestellten Jahresberichten über die vom Aussterben bedrohten Tierarten [Naturschutzarbeit für Sachsen, 28. – 30. Jg. 1986 –1988], die von jeweils drei bis vier Exemplaren (leider jeweils ohne Bruterfolge) berichten. Das belegt zumindest zeitweilige Restpopulationen im nördlichen Sachsen, wenn auch nicht mehr in der Großenhainer Pflege. Das völlige Verschwinden in Sachsen dokumentiert erst der Umweltbericht des SMUL von 2002, der ausweist, dass seit 1995 kein Individuum mehr beobachtet werden konnte.

Großenhainer Pflege um diese Zeit noch große Bestände (30 bis 40 Tiere) dieses prächtigen Hühnervogels gab [BRAESS, 1924], von denen trotz dieser frühen Schutzbestimmung zu seiner Erhaltung nichts übrig geblieben ist. Die Geschichte des Naturschutzes ist wahrlich nur selten eine Erfolgsgeschichte! **1**

Im Rückblick ist auch festzustellen, dass die verfassungsmäßige Plattform des Artikels 150 der Reichsverfassung von 1919 keineswegs in allen Teilstaaten zu einem einheitlichen Naturschutzrecht führte, sondern ein Flickenteppich unterschiedlichster Regelungen entstand, zumeist in Zuständigkeit der Regierungsbezirke. In Sachsen lag nach WÄCHTER (2002) wohl 1925 auch ein Entwurf für ein Gesetz über den Denkmal- und Naturschutz vor, das der Landtag aber 1926 an den Rechtsausschuss zurücküberwies und damit »beerdigte«. Erst viele Jahre später, nämlich im Januar 1934, erließ Sachsen ein »Gesetz zum Schutze von Kunst-, Kultur- und Naturdenkmalen (Heimatschutzgesetz)« und war dennoch eines der ersten deutschen Länder, das damit die Normsetzung der Verfassung ausschöpfte. Wenn auch im Vergleich zu den baulichen und künstlerischen Denkmalen von geringerem Regelungsumfang, definierte das Gesetz notwendigerweise (§ 3) die damals noch wichtigste Kategorie der Naturdenkmale, enthielt dabei aber unter dem Buchstaben F auch Gebiete mit erhaltenswerten Gebilden der Bodengestaltung, Gewässern, Tier- und Pflanzenarten, erdgeschichtlichen Aufschlüssen (Naturschutzgebiete).

Damit war der Bann gebrochen von den Einzelgebilden hin zu einer flächigen Schutzkategorie. Das war im Prozess der Herausbildung eines wirksamen Naturschutzes insofern ein Meilenstein, als vorher die Mitglieder der Naturschutzbewegung den Schutz, die Pflege und Erhaltung von wertvollen Landschaftsteilen mittels Spenden durch den Ankauf der Gebiete realisieren mussten, jetzt aber der Staat handeln konnte und sollte.

Dem Naturschutzgedanken kam das Reichsnaturschutzgesetz (RNG) von 1935 durchaus entgegen, da es eine verbindliche Vorgabe für alle deutschen Gebietskörperschaften, Wirtschaftsunternehmen und Einzelpersonen darstellte, obwohl noch weitgehend ein konservierender Ansatz bestand und verfolgt wurde. Unter den Schutzkategorien ragte noch immer das in Listen bei den Regierungsbezirken einzutragende Naturdenkmal als Einzelschöpfung (§ 3) heraus, aber bereits im § 4 wurden Naturschutzgebiete als abgegrenzte Bezirke festgelegt, in welchem die Natur in ihrer Gesamtheit im öffentlichen Interesse geschützt werden sollte. Gebiete dieser Art waren zentral in das Reichsnaturschutzbuch beim Reichsforstmeister einzutragen. Die im § 6 hervorgehobenen »sonstigen Landschaftsteile«, in denen das Ziel weniger strenger Artenschutz hieß, sondern vorrangig das Landschaftsbild und einzelne Landschaftselemente (Gebüschgruppen, Hecken, Parks u. ä.) geschützt werden sollten, vervollständigten zur damaligen Zeit die Palette der Schutzkategorien. Die Eintragung dieser Areale und Örtlichkeiten nach § 6 erfolgte in einer bei den unteren Naturschutzbehörden geführten und so bezeichneten Landschaftsschutzkarte. Nach KLENKE (1997) sind diesbezüglich bis 1943 immerhin in

ABBILDUNG 3
Großtrappe

Sachsen 47 Verordnungen erlassen worden, von denen eine größere Anzahl in der Nachkriegszeit bestehen blieb oder später in andere Schutzkategorien überführt wurde.

Eine im März 1936 erlassene Naturschutz-Verordnung (»Verordnung zum Schutz der wild wachsenden Pflanzen und der nicht jagdbaren wildlebenden Tiere«) ergänzte die allgemeinen gesetzlichen Grundlagen in Bezug auf den Artenschutz. Insofern darf man im Hinblick auf die jahrzehntelangen Bemühungen und Anstrengungen um ein landesweit geltendes Naturschutzrecht das seinerzeitige Ergebnis durchaus als einen erfolgreichen Schritt nach vorn bezeichnen, weil es Ansätze zu einem Naturschutzverständnis erkennen ließ, wie es umfänglich erst in unserer Zeit erreicht ist.

Im Zuge der Gleichschaltung der deutschen Länder löste das Reichsnaturschutzgesetz die sächsischen Regelungen von 1934 weitgehend ab, und mit Geltung der Naturschutzverordnung (1936) traten alle wesentlichen Regelungen außer Kraft und das RNG galt unmittelbar. Außerdem unterlag das Naturschutzrecht bereits in der Zeit bis 1939 an vielen Stellen den infrastrukturell-militärischen Interessen der Wehrmacht und der auf militärische Stärke orientierten Wirtschaftsentwicklung (Kraftwerke, Chemiewerke, Tagebaue u. ä.) mit Nachteilen für Naturschutzbestrebungen, und während der Kriegshandlungen auf deutschem Boden wurden Schutzgebiete oder Naturdenkmale entwertet oder zerstört.

Die sowjetische Militärverwaltung löste nach Kriegsende bekanntlich alle vorangegangenen Verwaltungsstrukturen auf, so dass der staatliche wie auch private Naturschutz vor einem Neuanfang standen. Aber erst im August 1951 wurde eine »Verordnung über die Weitergeltung und Erweiterung von Naturschutzbestimmungen« für das Land Sachsen erlassen, die zudem noch unter dem Vorbehalt einer zentralen DDR-Regelung stand [vgl. Abb. 5, Lit. WINKLER, 1951]. Im Wesentlichen stellte diese Verordnung eine Regelung zur Fortgeltung der Bestimmungen von 1936 dar, mit Ergänzungen um einige schützenswerte Tier- und Pflanzenarten. Verwaltungsmäßig wurde das Ministerium für Land- und Forstwirtschaft zur obersten Naturschutzbehörde bestimmt. Damit fand auch in der DDR jene eher zufällige Zuordnung aus der Nazizeit eine Fortsetzung, welche dem Naturschutz wohl kaum Vorteile gebracht hat. Denn jede Anbindung

ABBILDUNG 4
Mitteilungen des Landesamtes
für Volkskunde und
Denkmalpflege Sachsen, 1951

an einen Wirtschaftszweig – besonders die landnutzenden Zweige – kann keine völlige Unabhängigkeit und Objektivität gegenüber Naturschutzbelangen ergeben.

Wie man liest [RICHTER, 1996], gab es 1935 Kompetenzstreitigkeiten des Justizministeriums mit anderen Ressorts zum Naturschutzrecht. Kurzerhand soll der damalige Reichsforstmeister die Situation genutzt und den Natur- und Vogelschutz seinem Ministerium angegliedert haben. Mit der raschen Vorlage eines Neuentwurfs zur Zuständigkeit habe er diesen Zuschnitt bestätigt bekommen. Es ist zweifellos den Hinweis wert, dass die durchaus nicht erfolglosen Bemühungen Preußens und anderer deutscher Länder bei den Anfängen des Naturschutzes (1880–1930) in Zuständigkeit der Kultusminister oder der Finanz- oder Innenministerien stattgefunden haben.

ABBILDUNG 5

Sächsische Verordnung (1951) zur
Weitergeltung der Reichsnaturschutz-
verordnung vom März 1936, Einstieg

DIE NEUE SÄCHSISCHE VERORDNUNG ÜBER DIE WEITERGELTUNG VON NATURSCHUTZBESTIMMUNGEN

VON ERWIN WINKLER

VERORDNUNG ÜBER DIE WEITERGELTUNG
UND ERWEITERUNG VON NATURSCHUTZBESTIMMUNGEN

Um die in weiten Kreisen herrschende Unklarheit über den Schutz wildwachsender Pflanzen und nicht jagdbarer wildlebender Tiere
zu beseitigen und eine einheitliche Regelung
aller Naturschutzangelegenheiten im Lande
Sachsen herbeizuführen, wird folgendes angeordnet:

§ 1

Bis zum Erlaß eines einheitlichen Naturschutzgesetzes durch die Regierung der Deutschen Demokratischen Republik behält im
Lande Sachsen die auf Grund der §§ 2, 11,
19, 21, 22 und 26 des Naturschutzgesetzes vom
26. Juni 1935 erlassene Naturschutzverordnung
vom 18. März 1936 (RGBl. I S. 181) ihre
Gültigkeit.

Gelbes Buschwindröschen
(Anemone ranunculoides L.).

§ 2

(1) Oberste Naturschutzbehörde im Lande
Sachsen ist das Ministerium für Land- und
Forstwirtschaft, das die Betreuung der Naturschutzgebiete durchführt. Die Betreuung der
Denkmale der Natur — Einzelobjekte des
Naturschutzes — obliegt der Landesverwal-
tung für Kunstangelegenheiten, Landesamt für
Volkskunde und Denkmalpflege. Diesem obliegt auch die wissenschaftliche Erschließung,
Erforschung und Popularisierung der Natur-
schutzobjekte.
(2) Alle Naturschutzmaßnahmen sind in ge-
meinsamer Arbeit zwischen den Ministerien
für Land- und Forstwirtschaft und der Landes-
verwaltung für Kunstangelegenheiten, Landesamt für Volkskunde und Denkmalpflege,
durchzuführen.

§ 3

(1) Der in § 4 der Naturschutzverordnung
von 1936 ausgesprochene völlige Schutz für
bestimmte Pflanzenarten wird für das Land
Sachsen auch auf die in den §§ 5 und 9 der
genannten Verordnung aufgeführten Pflanzen
ausgedehnt.
(2) Das Ministerium für Land- und Forstwirtschaft ist berechtigt, in Ausnahmefällen
das Sammeln von geschützten Heilpflanzen im
beschränkten Umfange zu gestatten.
(3) Das in den §§ 4, 5 und 9 der Naturschutz-
verordnung von 1936 enthaltene Verzeichnis
wildwachsender geschützter Pflanzen wird für
das Land Sachsen erweitert, so daß nunmehr
die nachstehenden Pflanzen dem vollkommenen
Schutze der Verordnung unterliegen:

1. Straußfarn (Struthiopteris germanica
   Willd.)
2. Rippenfarn (Blechnum spicant [L.] Smith)
3. Königsfarn (Osmunda regalis L.)
4. Schlangenmoos, Bärlapp (Lycopodium),
   alle einheimischen Arten

ABBILDUNG 6

Sächsische Verordnung (1951) zur
Weitergeltung der Reichsnatur-
schutzverordnung vom März 1936,
Folgeseiten

Bereits an dieser Stelle sei aus eigenen Erfahrungen festgestellt, dass sich der vermeintliche Zwang zur Kooperation und Konsensfindung, der positiv wirkt, wenn Naturschutz unter dem Dach von Land- und Forstwirtschaft angesiedelt ist – so jedenfalls die Befürworter einer solchen Regelung –, nicht immer als Realität bestätigt hat und die Balance zwischen Naturschutz und Nutzungsinteressen noch keinesfalls die Regel geworden ist. Man ist auch in Sachsen sicher auf gutem Wege dahin, aber speziell die Detailerörterungen im Kapitel 5 und 6 belegen die noch bestehende Skepsis.

5. Eibe (Taxus baccata L.)
6. Weißtanne (Abies alba Mill)
7. Wacholder (Juniperus communis L.), mit Ausnahme der Beeren
8. Federgras (Stipa pennata L.)
9. Aronstab (Arum maculatum L.)
10. Graslilie (Gattung Anthericum L.)
11. Feuerlilie (Lilium bulbiferum L.)
12. Türkenbund (Lilium Martagon L.)
13. Wilde Tulpe (Tulipa silvestris L.)
14. Meerzwiebel (Scilla), alle einheimischen Arten
15. Maiglöckchen (Convallaria majalis L.)
16. Großes Schneeglöckchen, Märzenbecher (Leucojum vernum.)
17. Schwertlilie (Iris), alle einheimischen Arten
18. Schwertel, Siegwurz (Gladiolus), alle einheimischen Arten
19. Orchideen, Knabenkräuter (Orchidaceae), die folgenden Gattungen und Arten:

Frauenschuh (Cypripedium calceolus L.)
Waldvögelein (Cephalanthera)
Kuckucksblume (Platanthera)
Fliegen-, Bienen-, Hummel- und Spinnenblume (Ophrys)
Knabenkraut (Orchis)
Händelwurz (Gymnadenia), alle einheimischen Arten
20. Seerose (Nymphaea alba L. und Nymphaea candida Presl)
21. Alle Rosetten tragenden (rosettig beblätterten) Steinbrecherarten (Saxifraga)
22. Buschnelke (Dianthus seguieri Vill.)
23. Pfingstnelke, Felsennelke (Dianthus caesius Smith)
24. Prachtnelke (Dianthus superbus L.)
25. Trollblume (Trollius europaeus L.)
26. Akelei (Aquilegia), alle einheimischen Arten
27. Eisenhut (Aconitum), alle einheimischen Arten

28. Großes Windröschen (Anemone silvestris L.)
29. Gelbes Windröschen (Anemone ranunculoides L.)
30. Küchenschelle (Pulsatilla), alle einheimischen Arten
31. Leberblümchen (Hepatica triloba Cil.)
32. Hohler Lerchensporn (Corydalis cava [L.] Schw. u. K.)
33. Mondviole (Lunaria rediviva L.)
34. Sonnentau (Drosera), alle einheimischen Arten
35. Geißbart (Aruncus silvester Kost.)
36. Elsbeere (Sorbus torminalis [L.] Cr.)
37. Seidelbast (Daphne mezereum L.)
38. Wassernuß (Trapa natans L.)
39. Eichenblättriges Wintergrün (Chimophila umbellata L.)

40. Sumpfporst, Mottenkraut (Ledum palustre L.)
41. Schneeheide (Erica carnea L.)
42. Himmelschlüssel (Primula veris L. und Primula elatior [L.] Jacq.)
43. Enzian (Gentiana), alle Arten
44. Sumpfenzian (Sweetia perennis L.)
45. Immenblatt (Melittis melissophyllum L.)
46. Gelber Fingerhut (Digitalis ambigua Murr.)
47. Kugelige Rapunzel (Phyteuma orbiculare L.)
48. Bergwohlverleih (Arnica montana L.)
49. Stengellose Eberwurz, Silber-, Wetterdistel (Carlina acaulis L.)
50. Alpenlattich (Mulgedium alpinum Cass.)

§ 4

Diese Anordnung tritt am Tage ihrer Verkündung in Kraft.

D r e s d e n , am 29. August 1951.   — Präs. 3 A I 4619/51 —

Ministerium für Volksbildung des Landes Sachsen
R i e s n e r , Minister

Ministerium für Land- und Forstwirtschaft des Landes Sachsen
W e i ß h a u p t , Minister

Akademie der Landwirtschaftswissenschaften der Deutschen Demokratischen Republik

Naturschutzarbeit

und naturkundliche Heimatforschung in Sachsen

25. Jahrgang

1983   ISSN 0232-2250

ABBILDUNG 7
Naturschutzarbeit und naturkundliche
Heimatforschung in Sachsen (1983)

Deshalb war es ja zunächst ein großer Erfolg, dass 1990 bei der Gründung des Freistaates Sachsen – nach bayerischem Vorbild – ein Ministerium für Umwelt und Landesentwicklung gebildet wurde. Strukturell war und ist mit objektivem Blick auf die Materie keine bessere Kombination im Interesse des Naturschutzes denkbar. Erst mehrere Jahre später war Ministerpräsident Biedenkopf Ende 1998 bereit, einer Kombination Umwelt und Landwirtschaft zuzustimmen. Als Folge davon verschwand dann im Herbst 1999 die Raumordnung und Landesplanung als isolierte und nachrangig behandelte Abteilung im Innenministerium mit der Begründung, das sei doch weitgehend eine kommunale Materie. Sogar ein längeres persönliches Gespräch mit Biedenkopf vor der Regierungsneubildung im Oktober 1999 konnte den Zug nicht mehr aufhalten. Seit dieser Zeit hat der Naturschutz seinen geborenen Konkurrenten, wie nach 1945, wieder im eigenen Haus! Der Vollständigkeit halber sollte man hinzufügen, dass diese, aus meiner persönlichen Sicht, unglückliche Kombination als Erbe aus der Zeit nach 1933 in der alten Bundesrepublik zum Alltag gehörte, denn auch dort war, speziell auf Bundesebene, das Bundesministerium für Ernährung, Land- und Forstwirtschaft zuständig für die Naturschutzbelange, und erst 1986 mit der Bildung eines Ministeriums für Umwelt, Naturschutz und Reaktorsicherheit wurde erfreulicherweise die Unabhängigkeit des Naturschutzes von den Interessen der Flächennutzer erreicht.

Doch zurück zur Chronologie des Naturschutzes in Sachsen. 1954, zwei Jahre nach Auflösung der Länder in Ostdeutschland und der Bildung von 15 Bezirksverwaltungen, wurde ein Naturschutzgesetz für das Gebiet der DDR erlassen, dessen inhaltliche Schwerpunkte im Kapitel 2.1 näher erläutert werden sollen. Als durchaus positive Entscheidung kann die Gründung eines Institutes für Landschaftsforschung und Naturschutz [ILN] mit Sitz in Halle/Saale und vier regionalen Zweigstellen, eine davon in Dresden für den sächsischen Raum, gesehen werden, das die notwendige wissenschaftliche Begleitung und Koordinierung der Naturschutzarbeit sicherstellen sollte.

Da jedoch bereits 1948 der »Landesverein Sächsischer Heimatschutz« enteignet, seines Vermögens beraubt und sein Besitz (vor allem wertvolle Naturschutzgebiete) verstaatlicht worden war, gab es auch kein Publikationsorgan mehr zu Fragen des Naturschutzes und der Landschaftspflege. Somit war die Herausgabe einer Fachzeitschrift durch das ILN für die »drei sächsischen Bezirke« mit dem Titel »Naturschutzarbeit und naturkundliche Heimatforschung in Sachsen« nach 1959 für die vielen ehrenamtlichen Helfer und die nach wie vor engagierten Natur- und Heimatfreunde im Lande eine wichtige Voraussetzung für eine trotz aller Beschwernisse letztendlich durchaus erfolgreiche Naturschutzarbeit für den Zeitraum bis zur Wiedervereinigung.

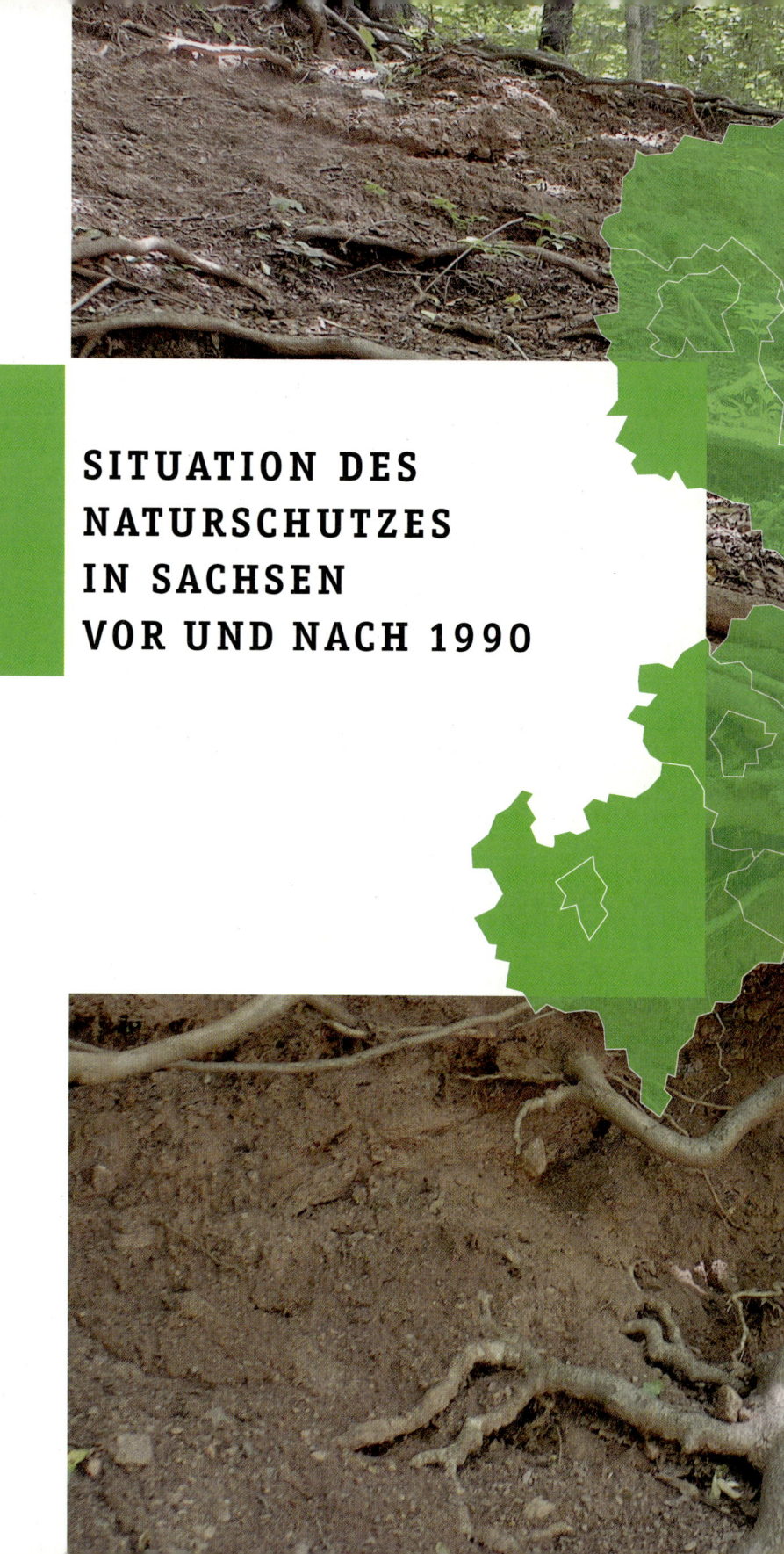

2

SITUATION DES NATURSCHUTZES IN SACHSEN VOR UND NACH 1990

2.1 DIE SITUATION VON 1945 BIS 1990

Zwei Jahre nach der Auflösung der Länder und Einführung der Bezirksgliederung (1952) wurde für das Gebiet der DDR ein Naturschutzgesetz (»Gesetz zur Erhaltung und Pflege der heimatlichen Natur – Naturschutzgesetz«) erlassen, welches zugleich die Regelungen von 1935/36 vollständig ersetzte. (Im Unterschied zur Bundesrepublik Deutschland, wo in den Bundesländern bis 1974 das RNG als Landesrecht fortgalt.)

Zweifellos kann man das 54er Gesetz als eine Erweiterung des Naturschutzgedankens ansehen. Insofern stellt der erste Teil der Präambel zum Gesetz eine zutreffende Beschreibung der damaligen Situation dar. Ein Auszug aus dieser Einleitung dient dazu, eine möglichst objektive Sicht auf die Verhältnisse zu erhalten [vgl. Abb. 9], zumal der letzte Satz mit seiner Verbindung zu Ertrags- und Produktionssteigerungen eine Auffassung von Naturschutz zeigt, die nicht mit seinem eigentlichen Anliegen kompatibel ist. Auch der zweite, hier nicht wiedergegebene Abschnitt der Einleitung und die vorgetragenen parlamentarischen Begründungen signalisieren, dass der Naturschutz in politisch motivierte Argumentationen eingebunden blieb. Abgesehen von der Einordnung des Naturschutzes als »nationale Aufgabe« belegen weitere Zeugnisse der damaligen Zeit die Ambivalenz der rechtlichen Regelungen.

Dass Naturschutz nicht von privaten, sondern von gesellschaftlichen Interessen gelenkt sein sollte, ließe sich ja noch akzeptieren, nur geht dieses Begriffspaar am Naturschutzgedanken vorbei. Der Einbringer des Gesetzentwurfes, die Fraktion des Deutschen Kulturbundes, brachte es hingegen auf den Punkt: »Daher ist unser Naturschutz ein organischer Teil des Aufbaus unserer Wirtschaft, daher ist unser Naturschutz ein Bestandteil einer fortschrittlichen, humanistischen Kultur, mittels welcher unsere Menschen die Natur bewusst beherrschen« [KNESCHKE, 1954, zit. bei WEINITSCHKE, 1969].

Auf einer Veranstaltung, die aus Anlass der 15-jährigen Gültigkeit des Naturschutzgesetzes stattfand, vertiefte WEINITSCHKE die 1954 vorgezeichnete Linie mit dem Satz: »Heute ist es jedem Naturschützer klar, dass Naturschutz in unserem Staat nicht allein der Erhaltung von Einzelobjekten dienen kann, sondern dass Naturschutz notwendigerweise ... die Erhaltung der natürlichen Produktionsgrundlagen ebenso einschließt ...«

Die Grundpositionen waren also klar umrissen. Anleihen beim stalinistischen Naturverständnis (»Der Mensch beherrscht die Natur«), das noch 1962 N. S. Chruschtschow auf dem XXII. Parteitag der KPdSU in die Worte kleidete: »Unsere Partei ringt darum, den Menschen von den Einwirkungen der Natur zu befreien, ihn zum Herrscher über die Natur zu machen« [zit. nach SALISTSCHEW, 1962], und Naturschutz als Faktor zur Ertrags- und Produktionssteigerung. Beide Positionen sind und bleiben mit einem modernen Naturschutzverständnis nicht vereinbar! Dennoch muss aber bereits für diese erste Etappe folgendes festgehalten werden: Dank der engagierten und beharrlichen Arbeit vieler Natur- und Heimatfreunde wurde der im gesetzlichen Rahmen als solchem durchaus

ABBILDUNG 8
Sächsische Heimatblätter (1959)

695

GESETZBLATT

der

Deutschen Demokratischen Republik

1954	Berlin, den 13. August 1954	Nr. 71

Gesetz
zur Erhaltung und Pflege der heimatlichen Natur
(Naturschutzgesetz).

Vom 4. August 1954

Die fortschreitende wirtschaftliche Entwicklung führt zur weitgehenden Inanspruchnahme der Naturkräfte und Bodenschätze und bedingt Eingriffe in den Haushalt der Natur. Zur Lösung der wirtschaftlichen, kulturellen und wissenschaftlichen Aufgaben ist es erforderlich, die Natur vor unberechtigten und nicht notwendigen Eingriffen zu schützen, die Schönheit der Pflanzen- und Tierwelt zu erhalten und zu pflegen und der Wissenschaft die Möglichkeit der Forschung zu geben. Indem die Wissenschaft die mannigfaltigen Zusammenhänge des Pflanzen- und Tierlebens, der Bodenbildung und des gesamten Landschaftshaushaltes erforscht, schafft sie entscheidende Grundlagen für die Gestaltung der Natur sowie für die Erhaltung und Steigerung der Bodenfruchtbarkeit.

ABBILDUNG 9
Vorblatt zum Naturschutzgesetz
der DDR von 1954

gegebene Spielraum zum Wohle des Artenschutzes und zur Erhaltung landschaftlicher Schönheiten genutzt, und sachlich wie regional wurde Vorbildliches für den Naturschutz geleistet.

Aus den Regelungen von 1954 im Einzelnen verdienen folgende Hinweise Erwähnung.

Die bis dahin bestehende Differenzierung von Schutzgebietskategorien (Naturschutzgebiet, Naturdenkmal, sonstige Landschaftsteile) des Reichsnaturschutzgesetzes (RNG) wurde insbesondere dahingehend präzisiert, dass die aus den »Landschaftsteilen« entwickelte Kategorie der Landschaftsschutzgebiete (LSG) erstmals mit der Betonung ihrer Rolle als Erholungs- und Ausflugsraum gefasst wurde. Die Kategorie der LSG wurde dann auch großzügig gehandhabt, denn 1969 waren bereits knapp 20 Prozent der Landesfläche zu solchen Gebieten erklärt worden. Die aktuelle Definition der Landschaftsschutzgebiete in Deutschland ist aber im Hinblick auf den Naturschutzaspekt deutlich strenger.

Zumindest vom Anspruch her war die Vorstellung, Naturschutzgebiete als »Freilandlaboratorien« zu entwickeln [WEINITSCHKE, 1969], durchaus richtig und konsequent, aber in der Hervorhebung des Naturschutzes als Faktor zur Sicherung der Produktionskraft auch durch Beherrschung von Naturprozessen wurde die Umklammerung erkennbar, welche den staat-

lichen Naturschutz in der DDR weitgehend lähmte, weil der erkennbare
Grundwiderspruch unüberwindbar ist. Zu den positiven Seiten des 54er
Gesetzes gehört die Verankerung eines Systems von Naturschutzbeauftragten in den Kreisen und Bezirken. Nicht ohne Interesse liest man noch
heute, dass Schutzmaßnahmen zur Pflege und Erhaltung der heimatlichen
Natur keinen Entschädigungsanspruch nach sich zogen, sondern bestenfalls einen Härtefallausgleich. Der dreistufige Verwaltungsaufbau blieb im
Vergleich zu 1935 auch erhalten. Auf die Entscheidung zur Bildung eines
zentralen Institutes für Landschaftsforschung und Naturschutz war schon
hingewiesen worden. Neu war die Festlegung im § 2 Abs. 4 (Landschaftsschutzgebiete), dass für Waldungen oder größere Parkanlagen im Umfeld
großer Städte, ohne den direkten Status eines LSG zu erlangen, von der
obersten Naturschutzbehörde besondere Landschaftsschutzmaßnahmen
angeordnet werden konnten. Trotz dieser verbesserten gesetzlichen Grundlage soll eine Passage aus einem Zeitschriftenartikel [SCHIEMENZ, 1959]
exemplarisch veranschaulichen, wie rasant die mehr oder weniger unge-
bremste Naturausbeutung zu nachteiligen Erscheinungen führte und welche Möglichkeiten am Ende der 50er Jahre noch wahrgenommen werden
konnten, sich kritisch mit der Natur- bzw. Umweltpolitik des Staates, darunter auch der Doktrin der Naturbeherrschbarkeit, auseinanderzusetzen.
Nach 1961 wäre das undenkbar gewesen! Der spätere Leiter der Dresdner Zweigstelle des o. g. Institutes für Landschaftsforschung und Naturschutz schrieb: »Leider aber gibt es auch bei uns sowohl im staatlichen
Verwaltungsapparat als auch in maßgeblichen Wirtschaftsinstitutio-
nen noch manchen Funktionär, der im Naturschutz ein Hemmnis bei der
raschen Steigerung der Produktion, bei der fortschreitenden Technisierung
und Rationalisierung unserer gesamten Wirtschaft sieht. Man kann aber
nicht ganze Landschaften planlos in Fabrik-Felswüsten verwandeln, unsere
Gewässer durch Abwässer über das Maß verunreinigen, die Luft mit Abga-
sen vergiften, den Grundwasserspiegel durch Entwaldungen, übertriebene
Meliorationen oder falsche Flussbegradigungen zum Absinken und damit
weite Gebiete zur Versteppung bringen, ohne dass sich derartige Maßnahmen zum Schaden des Menschen auswirken. Der Mensch ist selbst ein Glied
der Natur, er kann sie nicht gewaltsam beherrschen, wie jemand, der außerhalb der Natur steht, sondern seine ganze Herrschaft über die Natur besteht
darin, dass er im Gegensatz zu allen anderen Lebewesen in der Lage ist,
die Naturgesetze zu erkennen und richtig anzuwenden.«
Im Rahmen einer kurzen Reflexion der gesetzlichen Rahmenbedingungen
für Natur und Landschaft in Ostdeutschland stellt das Jahr 1970 eine wichtige Zeitmarke dar. Rund 16 Jahre nach dem ersten Naturschutzgesetz der
Nachkriegszeit wurde ein umfassendes Gesetzeswerk zum Umwelt- und
Naturschutz verabschiedet, das unter dem Kurztitel »Landeskulturgesetz«
(vollständig: Gesetz über die planmäßige Gestaltung der sozialistischen
Landeskultur in der DDR) komplexe Ansprüche an die Sicherung und Erhaltung aller natürlichen Lebensgrundlagen anmeldete und formulierte. Auch
der Rückgriff auf den Landeskulturbegriff, der bereits aus der Phase erster

landespflegerischer Aktivitäten stammte und nach PIECHOCKI (2005) erstmals von M. Imhof 1792 verwendet worden sein soll, machte den Anspruch an ein in sich geschlossenes Gesetzeswerk zum Schutz der Natur und ihrer Ressourcen deutlich. Unter Landeskultur verstand man ein System gesellschaftlicher Maßnahmen zur planmäßigen Erhaltung, Mehrung und Erschließung der Naturschätze sowie zur Verbesserung der natürlichen Produktionsgrundlagen (Boden, Wasser, Luft, Pflanzen- und Tierwelt) eines Landes mit dem Ziel einer optimalen, ökologisch zweckmäßigen und kulturell-ästhetisch ansprechenden Dauernutzung der Landschaft« [BAUER / WEINITSCHKE, 1973]. In dieser, den komplexen Bedingungen des Naturhaushaltes allgemein und den verschiedenen Landschaftsräumen im Besonderen Rechnung tragenden Form, einschließlich die den Naturhaushalt beeinträchtigenden Nutzungsaspekte, stellte das Gesetz zur damaligen Zeit sicherlich einen anspruchsvollen Ansatz dar. Wie noch zu zeigen sein wird, blieb aber zwischen Anspruch und Realität eine weitgehend unerfüllte Kluft, weil im Wettstreit mit den Zwängen der Wirtschaftslage die Ziele dieses komplexen Gesetzesansatzes unberücksichtigt blieben oder im Vollzug gar nicht zur Anwendung kamen.

Im gesellschaftlichen Interesse sollte der Schutz der Natur, der Pflanzen- und Tierwelt und der landschaftlichen Schönheiten gewährleistet werden, wobei im Abs. 2 des § 13 (Geschützte Landschaften, Landschaftsteile und Objekte) besonders die Erhaltung und Pflege der vom Aussterben bedrohten Arten hervorgehoben waren. Fast zeitgleich mit dem Gesetz wurde im Juli 1970 eine spezielle Naturschutz-Verordnung in Kraft gesetzt. Auch in ihr wird der frühere Zustand manifestiert, die Verantwortung für den Naturschutz dem »Rat für landwirtschaftliche Produktion und Nahrungsgüterwirtschaft« zu übertragen und dieses Zuständigkeitsprinzip über die Bezirks- bis zur Kreisebene durchzuhalten.

Positiv ist wiederum die umfangreich ausgestaltete Rolle der (ehrenamtlichen) Naturschutzbeauftragten und -helfer zu erwähnen. Ohne den heute üblichen Begriff »geschützte Landschaftsbestandteile« zu kennen und zu verwenden, wurden erstmals Regelungen zum »Schutz von Hecken, Gehölzen und Baumreihen außerhalb des Waldes« (§ 12) aufgenommen. Abweichend von 1954 wurde der Ausgleich von Wirtschaftserschwernissen im Interesse von Naturschutzaufgaben grundsätzlich im Sinne von Entschädigung geregelt. Neu war auch die Festlegung, dass Naturdenkmale über eine Flächenausdehnung bis zu 3 ha verfügen können. Damit war das Flächennaturdenkmal (FND) im deutschen Naturschutzrecht eingeführt! Auch wurden in einem Anhang die geschützten Pflanzen und Tiere auf dem Gebiet der DDR aufgelistet.

Anfänglich hatte es tatsächlich den Anschein, dass mit den neuen Bestimmungen die Arbeit des staatlichen und vor allem des ehrenamtlich praktizierten Naturschutzes gestärkt und aufgewertet sei. Auch nur wieder stellvertretend soll am Beispiel eines Beschlusses des Bezirkstages Dresden von Ende 1976 veranschaulicht werden, dass durchaus Naturschutzthemen in den zuständigen Volksvertretungen behandelt und notwendige

ABBILDUNG 10
Beispiel für die Behandlung des Naturschutz-
themas im Bezirkstag Dresden (1976)

Nur für den Dienstgebrauch

3/77

Mitteilungen

für die Staatsorgane im Bezirk Dresden

HERAUSGEGEBEN VOM RAT DES BEZIRKES DRESDEN

Beschluß Nr. 261/76 des Rates des Bezirkes Dresden vom 15. Dezember 1976 (Auszug)

Grundsätze zur Entwicklung, Gestaltung und Pflege der Naturschutzgebiete im Bezirk Dresden (Behandlungsrichtlinien) und Veränderungen im Bestand dieser Schutzgebiete

Der Rat beschließt:

1. Die Grundsätze zur Entwicklung, Gestaltung und Pflege der
Naturschutzgebiete im Bezirk Dresden (Behandlungsrichtlinien) werden bestätigt.

2. Auf der Basis dieser Grundsätze ist für jedes Naturschutzgebiet eine spezifische Behandlungsrichtlinie in Abstimmung
mit den Nutzungsberechtigten festzulegen und als staatliche
Auflage den örtlichen Organen und Nutzungsberechtigten
zuzustellen.
   V.: Mitglied des Rates für Umweltschutz und Wasserwirtschaft
      in Zusammenarbeit mit dem Stellvertreter des Vorsit-
      zenden für Land-, Forst- und Nahrungsgüterwirtschaft
   T.: 31. Dezember 1977

3. Zur Durchsetzung der in den Grundsätzen und gebietsspezi-
fischen Behandlungsrichtlinien festgelegten Aufgaben sind
durch die zuständigen Räte der Kreise und Stadtkreise notwendige Maßnahmen jährlich festzulegen und in die Volks-
wirtschaftspläne aufzunehmen. Die zuständigen Räte der
Städte und Gemeinden sind über den Inhalt der Grundsätze
zu informieren und ständig anzuleiten.
   V.: Vorsitzende der Räte der Kreise und Stadtkreise
   T.: jährlich zur Planabstimmung

4. Für die in Anlage 1 unter Ziff. 73 und 74 aufgeführten Ge-
biete wird die einstweilige Sicherstellung bestätigt.
Sie sind dem Bezirkstag als Naturschutzgebiet zu empfehlen.
   V.: Mitglied des Rates für Umweltschutz und Wasser-
   wirtschaft
   T.: 30. Juni 1977

5. Der Rat des Kreises Dippoldiswalde wird mit den notwendigen Sicherungsmaßnahmen für die unter Ziff. 73 und 74 aufgeführten Gebiete beauftragt.
   V.: Vorsitzender des Rates des Kreises Dippoldiswalde
   T.: 30. Juni 1977

1.   **Grundsätze zur Entwicklung, Gestaltung und Pflege der
      NSG im Bezirk Dresden (Behandlungsrichtlinien)**

1.1.   **Allgemeine Grundsätze**

1.1.1. Die Behandlung der NSG ist grundsätzlich auf die Auf-
rechterhaltung des biozönotischen Gleichgewichtes der
Lebensgemeinschaft zu richten. Reduzierungen des Be-
standes an Tier- und Pflanzenarten sind untersagt. Neu-
und Wiedereinbürgerungen von Tier- oder Pflanzenarten
bedürfen der Genehmigung des Rates des Bezirkes (Naturschutzorgan).

1.1.2. Alle Pflege- und Bewirtschaftungsmaßnahmen in NSG
sind nur entsprechend den Grundsätzen zur Entwicklung,
Gestaltung und Pflege sowie den daraus abgeleiteten spezifischen Behandlungsrichtlinien durchzuführen.
Jegliche Abweichungen sind genehmigungspflichtig.

1.1.3. Die aus den Grundsätzen abgeleiteten spezifischen Behandlungsrichtlinien für die einzelnen NSG (Anlage 1)
sind durch den Rat des Bezirkes (Naturschutzorgan) gemäß dem fortschreitenden Erkenntnisstand und neuer
wissenschaftlicher Aufgabenstellungen erforderlichen-
falls zu aktualisieren.

1.2.   **Leitung, Planung und Durchführung von Pflegearbeiten**

1.2.1. Für Leitungsaufgaben sowie die Anleitung und Kontrolle
zur Verwirklichung der konzeptionellen Zielsetzungen

Beschlüsse zu ihrer Umsetzung gefasst wurden [vgl. Abb. 10], allerdings ihr Inhalt oft nicht mit dem Anliegen übereinstimmte.

Vierzehn Jahre war das Landeskulturgesetz mit der dazugehörigen Natur-schutz-Verordnung Rechtsgrundlage in dem schon kurz beschriebenen Span-nungsfeld, jedoch die gut gemeinten Regelungen wurden von LPG-Vorsit-zenden, Kombinatsdirektoren, jagdbesessenen Funktionären und anderen schlichtweg ignoriert und ausgehöhlt. Für offensichtliche Versäumnisse oder Verstöße wurde kaum jemand zur Verantwortung gezogen. Eine andere Realität war der zunehmende Nutzungsdruck. Stellvertretend dafür gilt der Beschluss des Bezirkstages Dresden vom März 1983 als Beleg. Im Zusam-menhang mit der Festlegung landeskultureller Aufgaben für den Zeitraum 1981–85 hieß es im Punkt 4: »Die Räte der Städte und Gemeinden haben im Zusammenwirken mit den LPG, VEG, anderen Rechtsträgern und dem VKSK Maßnahmen einzuleiten, um Rest- und Splitterflächen, ungenutzte Wiesenflächen in Tallagen, an Bachläufen, an Hängen, in ländlichen Parks, in Trinkwasserschutzgebieten, im Wald usw. zur zusätzlichen Futtergewin-nung zu nutzen. Um landeskundlichen Aspekten Rechnung zu tragen, sind diese Aufgaben unter Einbeziehung von Ortsnaturschutzbeauftragten, Natur-schutzhelfern und Mitgliedern der Gesellschaft für Natur und Umwelt im Kulturbund der DDR zu unterstützen.«

Im Klartext: Auch ökologisch wertvolle Flächen und Biotope, überwiegend ohne besonderen Schutzstatus, sollten zur zusätzlichen Futtergewin-nung erschlossen werden, ohne auf die Natur Rücksicht nehmen zu müs-sen, denn die Benennung von Vertretern des ehrenamtlichen Natur-schutzes konnte bei dem Wirtschaftsziel nur Alibifunktion haben, um möglicherweise die gröbsten Torheiten zu verhindern.

Im Jahre 1984 wurde eine Durchführungsbestimmung zur Naturschutz-verordnung für die Artenschutzbelange erlassen, in der die geschützten Tiere und Pflanzen erstmals kategorisiert wurden. Natürlich hatten die ver-gangenen 15–20 Jahre mit ihren allerorts intensivierten Nutzungsformen Spuren im faunistischen wie floristischen Artenbestand hinterlassen, und die Verluste in den Artengarnituren wurden insbesondere von den ehren-amtlichen Naturschutzmitarbeitern sorgfältig und kontinuierlich registriert und beobachtet und gleichzeitig Veränderungen angemahnt. In jedem Heft der Zeitschrift »Naturschutzarbeit und naturkundliche Heimatfor-schung in Sachsen« wurden ein bis zwei Arten in ihren Verbreitungs- und Lebensraumbedingungen vorgestellt oder wurde über den Zustand von Naturschutzgebieten berichtet. Vielfach ließen die Beiträge hinsichtlich der Beschreibung der kritischen Situationen nichts zu wünschen übrig, wenn auch oft in einer sicher nicht allen Kontrolleuren geläufigen Fach-sprache. Die vier neuen Schutzkategorien der novellierten Artenschutzbe-stimmung lauteten:

a geschützte vom Aussterben bedrohte Arten
b geschützte bestandsgefährdete Arten
c geschützte seltene Arten
d geschützte kulturell und volkswirtschaftlich wertvolle Arten.

Gleichzeitig wurde in einem Anhang eine aktualisierte Liste der Pflanzen und Tiere in den Gruppen a bis d veröffentlicht. Die Gruppen a bis c kann man mit Fug und Recht als ostdeutsche Vorläufer der nach 1990 übernommenen »Rote Listen«-Kategorien werten. Abgesehen davon, dass man in der DDR einen solchen Begriff unmöglich benutzen wollte, stellten diese Kategorien, das muss der Objektivität halber eingeräumt werden, eine beachtliche Weiterentwicklung im Naturschutzhandeln in Ostdeutschland dar, zumal in der Bundesrepublik nach Vorarbeiten von SUKOPP (1972) seit 1976 eine »Rote Liste« der gefährdeten Tier- und Pflanzenarten und ein entsprechendes Artenschutzprogramm existierte.

Veranlasst war diese Durchführungsbestimmung wohl nicht zuletzt auch durch die Erkenntnis, dass speziell pflanzliche Genressourcen und ihre Erhaltung an natürlichen Standorten einen durchaus ernstzunehmenden wirtschaftlichen Hintergrund besitzen, weshalb bereits 1982 mit der Erfassung genetischer Pflanzenressourcen in den Naturschutzgebieten begonnen wurde. Weil neben einem züchterischen Ansatz auch die Anlage von Genbanken für die Erhaltung genetischer Mannigfaltigkeit gesehen

ABBILDUNG 11
Auszug aus einem Rundbrief an die ehrenamtlichen Kräfte im Naturschutz zur Fortführung der Biotoperfassung im Stadtgebiet von Dresden (1988)

Kulturbund der DDR
Stadtorganisation Dresden
Gesellschaft für Natur und Umwelt

Dresden, Dezember 1988

Liebe Bundesfreunde!

Nunmehr liegt ein erstes Zwischenergebnis der Biotoperfassung in unserer Stadt vor. Wertvolle Unterlagen lieferten hierfür vor allem die Fachgruppen "Floristik des Elbhügellandes" (Leitung Bdfrd. Dr. sc. H.-J. Hardtke), "Dendrologie" (Bdfrd. R. Schröder), "Feldherpetologie" (Bdfrd. Prokoph) sowie der Kreisnaturschutzbeauftragte Bdfrd. Dr. R. Pfannkuchen, außerdem die Fachgruppen "Entomologie" (Bdfrd. Zinke), Ornithologie (Bdfrd. Gleinich), der VEB Grünanlagen Dresden (Koll. Sohla u. Revierförster Mann). Ihnen allen sei für die Bereitschaft und Hilfe gedankt. Diese erste Zusammenstellung soll als Informationsmaterial, Diskussionsgegenstand und Grundlage unserer weiteren Arbeit dienen. Für ergänzende Hinweise, Korrekturen und Präzisierungen sowie Anregungen und Vorschläge für die weitere Arbeit sind wir jederzeit dankbar. Entsprechende Mitteilungen senden Sie bitte an die Stadtleitung des Kulturbundes, Kaitzer Str. 82, Dresden

wurde, so dass diese Zielstellungen ganz eindeutig von einem besseren Artenschutz ausging, korrespondierten hierbei wirtschaftliche und schutzorientierte Aspekte [SCHLOSSER, 1983]. Der Vollständigkeit halber muss darauf verwiesen werden, dass die subtilen Kartierungsergebnisse ehrenamtlicher Botanikergruppen in allen Bezirken der DDR und die konkretisierende Verordnungsgrundlage später KNAPP et al. 1985 für ihr Verzeichnis der »gefährdeten Pflanzengesellschaften auf dem Territorium der DDR« genutzt haben, das ohne den heute üblichen Begriff »Rote Liste« auskam.

Diesen neuen rechtlichen Rahmen nutzten auch die ehrenamtlich tätigen Naturschutzkräfte, besonders jene, die unter wissenschaftlicher Anleitung wertvolle Beiträge zur Erhaltung und Sicherung der Naturreichtümer leisteten. Auch hier soll exemplarisch ein Beispiel aus der Stadtorganisation Dresden der Gesellschaft für Natur und Umwelt des Kulturbundes die engagierte Arbeitsweise der Ehrenamtlichen beleuchten. Im Dezember 1988 konnten Botaniker, Dendrologen, Herpetologen, Entomologen, Ornithologen u. a. einen ersten Entwurf zur Biotoperfassung für das Stadtgebiet (rd. 230 km^2) vorlegen, in welchem neben bestehenden FND (oder beantragten Flächen für diese Kategorie), Naturdenkmalen und Parks auch 29 Biotope, damals noch ohne Schutzstatus, aufgelistet waren und den Verantwortlichen der Stadt Dresden als Entscheidungsgrundlage unter Nutzung der Artenschutzverordnung von 1984 zugeleitet wurde. Das Material war übrigens die Grundlage für einen entsprechenden Beschluss eines neu gewählten Stadtrates erst nach 1990. Die Abb. 11 soll sowohl die Aktivitäten des ehrenamtlichen Sektors wie auch die bescheidenen Vervielfältigungsmöglichkeiten für die Mitglieder belegen.

Alle diese Stationen und Regelungsinhalte lassen jedoch einen Gesichtspunkt außer Acht, der in den reellen Nutzungspraktiken, speziell der Land-, Forst- und Fischereiwirtschaft, zu veranschlagen ist. Allen Bemühungen des Naturschutzes aber blieb so lange ein wirksamer Erfolg versagt, wie die Einflüsse auf den Naturhaushalt als Ganzes durch die alltäglichen Nutzungsprinzipien (im Sinne der Höchstertragskonzeptionen!) anhielten und zu einer ständigen Minderung im Erhaltungszustand der Ökosysteme führten. Auch eigene Erfahrungen aus meiner wissenschaftlichen Arbeitsrichtung der Landschaftsökologie können in diese allgemeine Argumentation eingeflochten werden; denn der sich zuspitzende Gegensatz zwischen offizieller Version der Alltagsrealität und der tatsächlichen Situation im Verhältnis von Ökonomie zu Ökologie traf den Naturschutz-Sektor besonders empfindlich. Seine Überwindung reichte von »Verdrängungsphilosophie« bis zum »Verbot« zur Verbreitung der Wahrheit. Ohne weiteren Kommentar bringe ich daher einen Kurzvortrag in der Originalfassung zur Darstellung, der im März 1988 für eine CDU-Veranstaltung zum Umweltschutz in Ost-Berlin angefordert worden war, aber (man musste die Manuskripte in Kurzfassung vorher einreichen) »leider aus Zeitgründen« nicht gehalten und damit nicht gedruckt werden konnte. Da blieb nur die einzige Schlussfolgerung, dass selbst die Strategie vorsichtiger Formulierungen (damit sie überhaupt einmal öffentlich ausgesprochen werden konnten) bei einer vom Ansatz her zu kritischen Situationsbeschreibung nicht erwünscht war.

VORTRAG »ZUM VERHÄLTNIS VON LANDNUTZUNGS-
STRATEGIE UND ÖKOLOGIE« (1988)

»Ich erinnere mich noch recht gut an eine internationale Tagung zur Agrar-
geographie in Halle im Jahre 1969. In einem Grundsatzreferat führte dort
der Vertreter des Institutes für Agrarökonomik der Akademie für Landwirtschaftswissenschaften aus, dass es zur Durchsetzung der Zielstellungen
des VIII. Bauernkongresses erforderlich sei, in der Landwirtschaft Produk-
tionseinheiten zu schaffen, die dem Einsatz der modernen Produktivkräfte
angepasst seien. So forderte er einen Mindestumfang der Geländeschläge
für Getreide von 300 – 450 ha, für Feldfutter von 300 – 400 ha, für Speise-
kartoffeln von 240 – 260 ha und für Zuckerrüben von 80 – 120 ha.
Was aus dieser bald darauf landesweit einsetzenden Entwicklung zur Bildung von Großschlägen, die u. a. einheitlich bestellt, gedüngt und herbi-
zid-behandelt wurden, deren Fruchtfolgepalette eingeengt wurde usw.,
geworden ist, haben wir inzwischen alle an besorgniserregenden Neben-
wirkungen erfahren, und schon seit einigen Jahren bemühen sich Agrar-
wissenschaftler, Biologen, Naturschützer und andere um eine Abkehr von
dieser Grundtendenz auf ein unseren natürlichen Bedingungen angepass-
tes Maß, um damit auch zur Rettung vor Artenverlusten im Tier- und Pflan-
zenbestand beizutragen. Wie sehr ein solcher Prozess aber auch von ideo-
logischen Positionen abhängt, möchte ich Ihnen stellvertretend für die
Entwicklung im Lande anhand eines Zitates belegen. Es stammt von einem
LPG-Vorsitzenden aus dem fruchtbaren Agrarraum der Lommatzscher Pflege, das in geradezu entwaffnender Offenheit unsere Denk- und Handlungsweise zum Verhältnis von Großflächenwirtschaft und Ökologie beleuchtet. Er sagte vor drei Jahren auf einem internationalen Symposium zu
Fragen der Erosionsforschung: »Mit der Konzentration und Spezialisie-
rung schafften wir in den 70er Jahren 100 bis 200 ha Schlageinheiten.
Dabei wurden natürliche Hindernisse wie Feldraine, Hecken, Baumgruppen und Grünlandflächen beseitigt. Gräben wurden z. T. verrohrt und ver-
legt. Die Erosionstätigkeit nahm erheblich zu. Wertvoller Ackerboden
wurde abgetragen und in Talsenken angelagert. Häufig traten Verschläm-
mungen auf Straßen, Höfen und Plätzen auf, und es stellten sich recht
schnell Probleme mit der Bodenfruchtbarkeit ein. Nachdem wir alle Ursachen der Erosionsschäden kannten, gingen wir planmäßig an deren Be-
kämpfung heran.«
Ich überlasse es Ihnen, verehrte Unionsfreunde, aus dieser Selbstdarstel-
lung Schlussfolgerungen zu ziehen. Obwohl im Zitat schon angedeutet,
wollen wir das Ergebnis dieser Entwicklung noch einmal systematisieren:

1. Wir müssen mit einer erheblich gesteigerten Bodenverlagerung durch
   Wasser und Wind rechnen, wodurch auf den davon betroffenen Flächen
   (rd. 2,5 Mio. ha) starke Ertragsausfälle zu verzeichnen sind, zumal sich
   im gleichen Zeitraum falsche Positionen zur Humuswirtschaft durchsetzen konnten.
2. Auf den Ackerflächen muss großräumig mit Strukturschäden durch
   Ober- und Unterbodenverdichtungen gerechnet werden, die den Was-

ser- und Nährstoffaustausch behindern und zugleich Anlass zu erhöhtem Oberflächenabfluss geben.

3. Das wiederum führt zu einer Belastung des Oberflächenwassers durch Einwaschung von nicht mineralisierten Pflanzennährstoffen und damit zur Oberflächen- und Grundwasserkontamination.

4. Wir haben als Folge der industriemäßigen Produktionsmethoden, die sich neben den großen Bewirtschaftungsflächen besonders durch eine völlige Veränderung herkömmlicher Eingriffe wie Saatgutbehandlung, Bodenbearbeitung, Bestell- und Erntetermine, Fruchtfolgegestaltung, Düngereinsatz und Einsatz von Pflanzenschutz- und Schädlingsbekämpfungsmitteln, Meliorationen u. a. auszeichnen, einen teilweise drastischen Rückgang an Tier- und Pflanzenarten im Offenland, aber nicht nur dort, zu verzeichnen.

Von welchen Prämissen können wir nun ausgehen, wenn man unterstellt, dass der ökonomische Prozess der Biomasseerzeugung aller Art von einer Berücksichtigung ökologischer Gesichtspunkte begleitet werden muss, wobei deren Beachtung vor allem durch eine Erweiterung ökologischer Denk- und Handlungsmodelle durchsetzbar ist?

1. Wir haben davon auszugehen, dass die industriemäßigen Formen der Pflanzen- und Tierproduktion auch zukünftig bestehen bleiben, was natürlich auch etwas mit unseren Lebensgewohnheiten, mit unseren Leitbildern über das materielle Wohl im Verhältnis zu anderen Bedürfnissen, aber auch mit politischen und außenwirtschaftlichen Aspekten zu tun hat, denn die Zielstellung lautet, bis 1990 die jährliche Getreideproduktion auf 12 Mio. t und die Holzerzeugung auf 11,6 Mio. m^3 zu steigern.

Die zur Erreichung dieser Zielstellungen erforderlichen Produktionstechnologien müssen aber den Naturbedingungen nicht von vornherein zuwiderlaufen, denn es sind uns ausreichend Möglichkeiten an die Hand gegeben, um durch eine zweckmäßigere Flur- und Schlaggestaltung, durch Fruchtfolgen mit langer Bodenbedeckung, durch eine sachgerechte Anwendung von Agrochemikalien aller Art, z. B. auch durch selektiv wirkende Biozide und die Durchsetzung des integrierten Pflanzenschutzes sowie durch die vermehrte Ausnutzung von Gratisleistungen der Natur und nicht zuletzt durch bewusste Anwendung des vorhandenen Wissens und eine ökologische Verantwortlichkeit im Sinne der Naturerhaltung zu handeln. Alle diese Möglichkeiten lassen sich einsetzen, um sowohl den Arten- und Landschaftsschutz als auch die Erreichung hoher Produktionsziele zu sichern. Sie sind letztlich als Umweltschutzmaßnahmen selbst von höchstem ökonomischem Effekt, eine Art Langzeitökonomie.

Die Ernsthaftigkeit der staatlichen Bemühungen zu Veränderungen kann u. a. an zwei Verordnungen aus den letzten Jahren gemessen werden, nämlich an der T G L 42 200 (1984) und an der Anordnung über unwettergefährdete Gebiete (1983). Hinsichtlich der Schlaggestaltung wird danach die Schlaglänge für bestimmte Kulturarten begrenzt, und es werden Richtwerte für die Schlaggrößen empfohlen, wobei 30 – 50 ha im Berg- und Hügelland und 50 – 75 ha im Tiefland doch eine beträchtliche Korrektur gegenüber früheren Regelungen darstellen. Aber auch die Regelungen, Bäche in unwettergefährdeten Gebieten nicht mehr zu verrohren, Schläge über 120 ha generell zu unterteilen und ab 5 ha Größe Restflächen nicht in jedem Falle an Großschläge anzubinden, sind neue Orientierungen.

Die aus solchen neuen Grundsätzen zugleich erwachsenden Möglichkeiten für vielfältigere Fruchtfolgen sind u. a. eine erste Voraussetzung, um den Natürlichkeitsgrad der Wildkrautbestände wieder zu stabilisieren. Das wiederum hilft, Stoff- und Energieströme zu regulieren und damit eine Pufferfunktion in der Landschaft zu erfüllen, was auch wieder neue oder bessere Lebensräume für die besonders gefährdeten Tiergruppen der Kleinsäuger, Lurche oder Vögel ergibt. Eine solche abgestimmte, innere Verteilung von Agroökosystemen in verschiedenen Landschaftstypen erhöht über die größere Diversität der Nutzungsformen deren Stabilität. Eine weitere Konsequenz aus einer solchen Einsicht ist die Ableitung von Bewirtschaftungsgruppen differenzierter Nutzungsintensität in der Landwirtschaft, d. h. die Schaffung eines ausgewogenen Systems von Flächen mit teilweise reduzierter Biomasseproduktion, woraus sich eine wichtige Ausgleichsfunktion ergibt, welche durch die größere Diversität der Nutzungsformen zur Erhaltung von Tier- und Pflanzenarten beiträgt. Vorbilder dafür, wie so etwas aussehen kann, gibt es seit langem bei der Forstwirtschaft (Schon- und Sonderforsten, Erholungswirtschaftswald) und im Bezirk Dresden z. B. seit einiger Zeit auch für die Binnenfischerei, eine Regelung, die unter besonderem Einsatz unseres Unionsfreundes Dr. Kandler zustande kam.

Einen erheblichen Einfluss auf die Gestaltung unserer Kulturlandschaft und die in ihr noch vorhandene Artenmannigfaltigkeit besitzt letztlich auch die Schlagkraft jeder LPG, denn dort, wo aus verschiedenen Gründen heraus diese Schlagkraft (manchmal auch Einsicht) fehlt, dort werden falsche Termine für Ernte- und Bestellarbeiten, zur Gülleausbringung usw. geduldet. Alle Folgen in Form von Bodenverdichtungen, Erosionsprozessen, Nährstoffverlagerungen, Gewässerverschmutzungen oder direkten Artenverlusten haben eigentlich nichts mit der Großräumigkeit der industriell betriebenen Bewirtschaftung zu tun, sondern nur mit ungerechtfertigten Niveauunterschieden in der Beherrschung von Produktions- und Leitungsprozessen.

Liebe Unionsfreunde, versuchen wir aus dem Gesagten ein Fazit: Der allgemeine Trend zur Verkleinerung und die Unterteilung von Schlageinheiten muss zugleich ergänzt werden durch eine ganze Palette von Maßnahmen, die oft ohne großen Aufwand, nur bei Beachtung der Vorschriften oder der Ausschöpfung der Möglichkeiten machbar sind, obwohl Engagement und Kenntnisse eine Voraussetzung bleiben. Solche Maßnahmen sind u. a. die Erhaltung oder Neuanlage von Kleinstgewässern und die Abkehr von der Praxis, Feuchtwiesenreste durch Melioration unbarmherzig zu beseitigen, die sinnvolle Nutzung von Ödland- und Splitterflächen,

Anlage von Flurgehölzen, teilweise auch die Wiedereröffnung verrohrter
Bachläufe, die Anpassung der Agrartechnik an die Landschaftsstruktur
und nicht umgekehrt. Diese Maßnahmen und weitere könnten zu einer
schrittweisen Abkehr großer künstlicher Agroökosysteme zugunsten quasi-
natürlicher Nutzungseinheiten führen. Die biologische Forschung hat hierzu mit Untersuchungen zu solchen Fragen wie Biotopverbund, Insel- und
Barriereeffekte ausreichend Erkenntnisse vermittelt. Um eine solche Denk-
und Handlungsweise schrittweise im Lande durchzusetzen, scheint es mir
erforderlich, Leitbilder zur landeskulturellen und räumlich-gestalterischen
Entwicklung agrarisch und forstlich genutzter Bereiche zu schaffen. Es
stimmt ermutigend, dass der XIII. Bauernkongress 1987 über das Instrument der Flur- und Ortsgestaltungskonzeptionen dazu einschlägige Aussagen getroffen hat.

So möchte ich das Verhältnis von Landnutzungsstrategie und Ökologie
nicht nur als Gegensatzpaar verstanden wissen, sondern bei Beachtung und
Ausschöpfung der skizzierten Möglichkeiten sind Voraussetzungen gegeben,
unsere Landschaften als Stätten der Produktion, der Erholung sowie der
Naturschönheiten und Genressourcen zu bewahren. Dass dieser Prozess
auch mit ideologischer Überzeugungsarbeit und einer Relativierung unserer überzogenen materiellen Gewohnheiten einhergehen muss, bleibt eine
abschließende, aber deswegen nicht weniger wichtige Feststellung.«

ABBILDUNG 12
Flurausräumung

Auch wenn der abgedruckte Redebeitrag keinen Anspruch auf Vollständigkeit hinsichtlich der Situationsbeschreibung und der Instrumente zur

Verbesserung der Lage beanspruchen kann, beschreibt er doch, dieser Meinung bin ich 18 Jahre später noch immer, in einer kritisch-konstruktiven Weise das Verhältnis von Landnutzungspraxis und ökologischen Belangen. Natürlich haben sich zu heute die Zuständigkeit, die Terminologie, aber auch Wirtschaftspraktiken verändert oder neue gefährdende Einflussfaktoren ergeben, aber manches scheint mir trotz der zeitlichen Distanz noch ausgesprochen aktuell zu sein.

Vielleicht war es das Wissen um den Rückgang und die Bedrohung von Lebensräumen geschützter Tiere und Pflanzen oder die großflächigen Kontaminationen von Boden und Gewässern mit ihren erheblichen Auswirkungen auf die Lebensbedingungen vieler Organismen. Vielleicht war es auch der wachsende Druck des ehrenamtlichen Naturschutzes, auf jeden Fall sah sich die damalige Staatsführung zum 1. September 1989 veranlasst, eine neue Naturschutzverordnung zur Ablösung jener von 1970 und der ergänzenden Artenschutzbestimmung von 1984 in Kraft zu setzen. Viele der neuen Regelungen lesen sich in der Tat modern und sind teilweise vom Anliegen bis heute aktuell. Doch man muss schon genauer hinblicken, um ein objektives Urteil zu fällen, denn im Vergleich zur vorherigen Rechtsgrundlage waren nicht nur Erweiterungen und damit Verbesserungen erkennbar, sondern auch gravierende Aufweichungen im Naturschutzrecht. Auf der Positivliste stehen folgende Regelungen:

- Naturschutzgebiete unter 5 ha Größe wurden ausgeschlossen, weil kleinere Raumausschnitte mit hohem Schutzanspruch als Flächennaturdenkmal geführt wurden.
- Erstmals in Deutschland wurde im einschlägigen Recht die Kategorie des Biosphärenreservates aufgenommen.
- Eine neue Schutzkategorie waren auch geschützte Feuchtgebiete, die allerdings vorrangig den internationalen Abmachungen der sog. Ramsar-Konvention (Internationales Abkommen vom 1971 zum Schutz von Feuchtgebieten für Watt- und Wasservögel) entsprachen; auch für die internationalen Vereinbarungen zum Vogelschutz diente diese neue Schutzkategorie.
- Weiterhin wurden »Schongebiete« als neue Kategorie aufgenommen, mit deren Hilfe z. B. im Erzgebirge (Fürstenau, Deutschneudorf oder Satzung) die kleinen, noch verbliebenen Birkhuhnpopulationen oder die des Elbebibers besser erhalten werden sollten. Für Letztere waren bereits im September 1974 auf der Basis von § 14 Abs. 3 der Naturschutz-Verordnung von 1970 Behandlungsrichtlinien für die Einrichtung von Schongebieten erlassen worden.
- Landschaftsschutzgebiete konnten in ihrer regionalen Bedeutung differenziert werden, wobei diese Differenzierung für zentralen Landschaftsschutz vom Ministerrat ausging, aber auch in bezirkliche und sogar kreisliche Ebenen für L S G unterschieden werden konnte.
- Zu den Verschärfungen zählte bei den Verboten für Naturschutzgebiete die Ergänzung, dass Biozide nicht nur nicht anzuwenden sind, sondern dass im Abstand von 100 m vor Naturschutzgebieten die

Ausbringung von Agrochemikalien aller Art aus der Luft unzulässig ist. Zum Vollzug dieser Regelung gibt es keine Erfahrungen, zumal bereits wenige Monate später eine andere Rechtsgrundlage existierte. Die Praktikabilität einer solchen Festlegung darf jedoch noch heute bezweifelt werden.

■ Auch die Erwähnung zum Schutz von Steinrücken (Erzgebirge!) oder Gesteinswänden und das Verbot zur Benutzung von Wasserfahrzeugen an Gewässer-Naturschutzflächen durch Nutzer oder Touristen dienten durchaus einem konsequenteren Schutzanliegen. Einer solchen Intention können auch die zeitliche Sperrung von Rohr- und Schilfbeständen während der Brutzeit der Vögel, das Abbrennverbot für Wiesen, Feldraine und Ödland zugerechnet werden.

■ Die »Geschützten Landschaftsbestandteile« des Gesetzes von 1970 erschienen, zumindest begrifflich, im Gewand der »Ökologisch bedeutsamen Bereiche in der intensiv genutzten Landschaft«, die aber inhaltlich noch weitgehend mit den bekannten Baumgruppen, kleinen Wasserläufen, Feuchtwiesen, Hecken, Hutungen u. ä. korrespondierten.

Aufgeweicht waren hingegen die Regelungen bei dem bisherigen totalen Verbot für Baumaßnahmen in Naturschutzgebieten, weil jetzt Vorsitzende der Räte der Bezirke Ausnahmen erteilen konnten (tatsächlich genehmigte Bauten für Jagdhütten oder gar Ferienhäuser von Partei- oder Gewerkschaftsfunktionären ließen grüßen!). Vielleicht von vielen unbemerkt erfolgte im Katalog der Verbote für NSG eine weitere verhängnisvolle Absenkung des Gebietsschutzes. Durfte man in diesen Gebieten seit 1935 (!) Tiere nicht beunruhigen, fangen oder töten, sollte das nun nur noch für »nichtjagdbare« Tiere gelten. Damit war der ganzheitliche Naturschutzansatz zur Beruhigung der Lobbyisten (Jäger) erheblich konterkariert.

Es erscheint zum Abschluss dieses Teilkapitels reizvoll zu betrachten, wie unterschiedlich eine Bilanz zu 40 Jahren DDR aus der Sicht der staatlich gelenkten Naturschutzpolitik und andererseits aus Sicht des ehrenamtlichen Naturschutzes ausfällt. Wenn auch zwischen beiden Veröffentlichungen eine Zeitdistanz von etlichen Monaten besteht, die selbstverständlich auf beiden Seiten die Wortwahl beeinflusst hat, so fällt doch im offiziellen Statement die unvermeidliche »Vernebelungstaktik« auf, die das gesellschaftliche Anliegen des Naturschutzes (wie alle übrigen gesellschaftlichen Belange) in einem nur partiell objektiven Bild zu zeichnen vermag.

In einem Leitartikel für den 31. Jahrgang der »Naturschutzarbeit für Sachsen« wird seitens des Redaktionskollegiums zum 40. Jahrestag der DDR eine Bilanz zu Naturschutz und Landschaftspflege gezogen. Um es gleich vorwegzunehmen, auch anhand der in diesem Buch skizzierten gesetzlichen Grundlagen von 1954 bis 1989 kann im Vergleich zum Ausgangsjahr 1949 hinsichtlich Schutzgebietsausweisung nach Zahl und Fläche ein gutes Ergebnis benannt werden. Hingegen fehlt bezeichnenderweise jegliche Aussage zum Arten- und Biotopschutz, die als besonders eindrucksvolles Kriterium auch belegt hätte, wie wenig der reine Gebietsschutz bewirken konnte. Dabei hatten sich die Verantwortlichen in den zurückliegenden Jahren durchaus bemüht, durch Situationsberichte in den jährlichen Ausgaben der »Naturschutzarbeit« zu einzelnen Arten oder Schutzgebieten auf die sich zuspitzende Situation aufmerksam zu machen und damit die Naturschutzkräfte über Ursachen, Abhilfe und Entwicklungschancen zu informieren. In den Jahren 1986 bis 1988 wurden sogar exakte Berichte zu den vom Aussterben bedrohten oder bestandsgefährdeten Arten veröffentlicht, die zugleich nach den naturräumlichen Großeinheiten Sachsens regional differenziert waren. Aber ein Rückgriff auf die geschilderte Situation war der »Jubelmeldung« natürlich nicht angemessen. Die in vier Punkten umrissenen Aufgaben der Zukunft, deren Schicksal durch den Umbruch im Herbst 1989 natürlich noch keiner kannte, zielten hingegen durchaus in die richtige Richtung und kamen immerhin mutig zu der Forderung, dass die Gleichberechtigung von Nutzung und Schutz der natürlichen Umwelt im Gesellschafts- und Bildungssektor umzusetzen war. Vergessen hingegen kann man die Politlyrik, welche uns mit Abstand eher amüsiert, denn heißt es doch wörtlich: »Die eingeleiteten Abrüstungsschritte stärken die Hoffnung, dass sich auch für den Schutz der natürlichen Umwelt des Menschen einschließlich der Vielfalt der Lebewesen bessere Voraussetzungen abzeichnen.« Das war ja fast schon ein Eingeständnis, dass die jahrzehntelange Hochrüstungspolitik alle gesellschaftlichen Bereiche zur absoluten Nebensache degradiert hatte. Schließlich ist auch die Schlussaussage, dass für das Feld von Naturschutz und Landschaftspflege nur in konstruktiver Zusammenarbeit »Beiträge zur Stärkung der DDR« geleistet werden können, ein klarer Beweis dafür, dass es letztlich nicht um die Natur, sondern immer auch um politische Propaganda ging.

Unter den zahlreichen Stimmen, die sich ab 1990 kompetent zur Situation von Naturschutz und Landschaftspflege am Ende der DDR-Ära geäußert haben, erscheint mir, zumal aus sächsischer Feder stammend, die Einschätzung des Bezirksnaturschutzbeauftragten von Dresden, Heinz Kubasch, besonders aussagekräftig und zutreffend zu sein, so dass im Rahmen dieses Buches seine Einschätzung zur Rolle des Naturschutzes bis zur Wiedervereinigung in den Kernaussagen sinngemäß wiedergegeben werden soll, nicht ohne den Rat zu geben, das Original [KUBASCH, 1990] zu lesen. Darin resümiert der Verfasser, dass eine auf Augenblickserfolge orientierte Kurzzeitökonomie wenig Spielraum zur Berücksichtigung der Folgewirkungen intensivierter Nutzungsformen, speziell in der Landwirtschaft, lässt und beispielsweise in der Monotonie und Verödung weiter Landstriche, speziell in den ertragsreichen Gebieten der Löss-Platten und -Hügelländer, schon optisch im Landschaftsbild das Fehlverhalten erkennbar wird.

Die Folgen des nicht bewältigten Widerspruches zwischen Gesetzesrahmen und dem Alltag mit seinen unkoordinierten Eingriffen in Natur und Landschaft (Schwefeldioxid- und Staubimmissionen mit großflächigen Waldschäden, unmäßiger Einsatz von Mineraldünger, aber auch Bioziden und schwermetallhaltigen Stoffen, gnadenlose Hydromeliorationen, einerseits Bodenverdichtungen und andererseits großflächige Bodenerosionsverluste,

Gewässerverschmutzung durch ungeklärte Abwässer aus Industrie und Haushalten, Flurausräumung u. a. m.) waren ablesbar an den ermittelten Artenzahlen um 1990 [vgl. Tab. 1], die auch mit der Übersicht nach STEFFENS (1997) [vgl. Tab. 2] einige Jahre später kein wesentlich besseres Bild vermitteln.

Anteil gefährdeter Arten in den sächsischen Bezirken

Arten-gruppe	Gesamt-artenzahl	0	%	1	%	2	%	3	%	4	%	5	%	Summe 0–5	%
Säugetiere	73	11	15,1	5	6,8	7	9,6	8	11,0	8	11,0	2	2,7	41	56,2
Vögel	191	24	12,6	15	7,9	23	12,0	18	9,4	11	5,8	–	–	91	47,6
Kriechtiere	8	1	12,5	1	12,5	4	50,0	2	25,0	–	–	–	–	8	100,0
Lurche	18	1	5,6	–	–	5	27,8	10	55,6	2	11,1	–	–	18	100,0
Fische	45	10	32,3	2	6,5	8	25,8	11	35,5	–	–	–	–	31	68,9
Großpilze	1.800	49	2,7	73	4,1	72	4,0	77	4,3	143	7,9	64	3,6	478	26,6
Moose	540	114	21,1	64	11,9	50	9,3	66	12,2	30	5,6	–	–	324	60,0
Farn- und Blütenpflanzen	387	139	10,0	83	6,0	120	8,7	128	9,2	126	9,1	75	5,4	671	48,4

TABELLE 1

Gefährdungszahlen ausgewählter Tier- und Pflanzenarten in Sachsen 1991

ANMERKUNGEN

0 erloschen oder verschollen
1 vom Aussterben bedroht
2 stark gefährdet
3 gefährdet
4 potentiell gefährdet
5 gefährdet, aber nicht eindeutig zuzuordnen

Vorkommensanzahl ausgewählter vom Aussterben bedrohter Pflanzenarten

	vor 1950	1960–1980	nach 1980	Rückgang in %
Holunder-Knabenkraut	101	13	2	98,0
Grünliche Hohlzunge	385	25	6	98,4
Weißzunge	87	35	7	92,0
Kleines Knabenkraut	280	13	2	99,3
Brand-Knabenkraut	66	3	1	98,5
Zwergbuchs	ca. 150	ca. 75	35	76,7
Wassernuß	ca. 50	ca. 20	3	94,0
Karpaten-Enzian	5	3	1	80,0
Wiesen-Gladiole	ca. 50	10	5	90,0

Quelle: Umweltbericht 1991

Angesichts der entstandenen Situation forderte Kubasch einen gebührenden Stellenwert für den Naturschutz im öffentlichen Leben, nicht ohne eingestehen zu müssen, dass auch die vorhandenen Teilerfolge im Artenschutz [siehe z. B. seine Tabelle der Wirbeltierarten] als Ergebnis des ehrenamtlichen Wirkens vieler Menschen gegenüber den eingetretenen Schäden und Artenverarmungen verblassen. Besonders beklagte er den Missbrauch des Naturschutzrechtes zur Verschleierung angemaßter Sonderrechte, die willkürliche Auslegung der Rechtsbestimmungen und die

Anteil gefährdeter Tier- und Pflanzenarten im Freistaat Sachsen

Artengruppe	Gesamt-artenzahl	Gefährdungskategorie (nach Roter Liste)										Summe
		0	%	1	%	2	%	3	%	4	%	%
Farn- und Blütenpflanzen	1.583	135	8,5	163	10,3	184	11,6	171	10,8	114	7,2	767	48,5
Moose	570	114	20,0	64	11,2	50	8,8	66	11,6	30	5,3	324	56,8
Großpilze	2.500	73	2,9	93	3,7	94	3,8	90	3,6	155	6,2	505	20,2
Flechten	753	198	26,3	50	6,6	46	6,17	52	6,9	34	4,5	380	50,4
Säugetiere	77	9	11,7	5	6,5	9	11,7	7	9,1	6	7,8	36	46,8
Vögel	196	16	8,2	22	11,2	22	11,2	16	8,2	15	7,7	91	46,4
Lurche und Kriechtiere	26	2	7,7	1	3,8	6	23,1	11	42,3	2	7,7	22	84,6
Fische	45	11	24,4	6	13,3	8	17,8	6	13,3	–	–	31	68,9
Mollusken	184	5	2,7	23	12,5	9	4,9	31	16,8	9	4,9	77	41,8
Weberknechte und Webspinnen	642	7	1,1	3	0,5	38	5,9	133	20,9	55	8,6	236	37,8
Laufkäfer	386	22	5,7	25	6,5	43	11,1	69	17,8	12	3,1	171	44,3
Blatthorn- und Hirschkäfer	104	11	10,6	13	12,5	9	8,7	17	16,4	7	6,7	57	54,8
Bockkäfer	136	9	6,6	29	21,3	21	15,4	18	13,2	10	7,4	87	63,9
Wasserkäfer	211	15	7,1	18	8,5	26	12,3	37	17,5	12	5,7	108	51,2
Heuschrecken	56	6	10,7	3	5,4	7	12,5	13	23,2	5	8,9	34	60,7
Libellen	61	5	8,2	10	16,4	14	23,0	10	16,4	1	1,6	40	65,6
Pflanzenwespen	435	10	2,3	32	7,4	58	13,3	40	9,2	30	6,9	170	39,1
Grabwespen	187	19	10,2	27	14,4	20	10,7	31	16,6	15	8,2	112	61,2
Tagfalter	120	19	15,8	–	–	8	6,7	27	22,5	25	20,8	79	65,8
Eulenfalter	418	47	11,2	35	8,4	35	8,4	45	10,8	23	5,5	185	44,3
Spanner	334	38	11,4	38	11,5	24	7,2	28	8,4	22	6,6	150	45,0
Schwebfliegen	283	17	6,0	19	6,7	25	8,8	37	13,1	34	12,0	132	46,6

Quelle: STEFFENS (1997)

TABELLE 2
Aktualisierte Gefährdungszahlen
n. STEFFENS (1997)

Ignoranz gegenüber fachkundiger Beratung. Auch von ihm wird die Anbindung des Naturschutzes in der exekutiven Zuständigkeit an den Bereich Land- und Forstwirtschaft bedauert [vgl. S. 22]. Die Notwendigkeit neuer Wertvorstellungen und bildungsmäßiger Anstrengungen für die Öffentlichkeit begründete er mit dem oft vergessenen Hinweis, dass der Mensch selbst Teil der Natur ist, sich nicht über sie stellen oder der Ideologie ihrer völligen Beherrschbarkeit [vgl. S. 26] folgen darf. Europaweit sollten bis zu 15 Prozent der Landesflächen in möglichst naturnahem Zustand erhalten bleiben, weil nur so das Naturerbe bewahrt werden könne, das als Folge aller Nutzungseingriffe bereits spürbar geringer geworden sei. Neben der bleibenden Leistungsbereitschaft des ehrenamtlichen Naturschutzes, der besonderen Rolle der neu zu organisierenden Landschaftsplanung und einer aktiven und gut funktionierenden Naturschutzverwaltung fasst er sein Credo in folgender Passage zusammen:

»Ohne die gesetzlich geforderten Beiträge der beteiligten Rechts- und Interessenträger und ohne eine breite demokratische Anteilnahme ist unser selbstloses Mühen als Naturschutzbeauftragte auf Sand gebaut. Wir bitten daher alle politischen Parteien und Gruppierungen, im Rahmen einer gedeihlichen Umweltpolitik der Bewahrung unserer Heimatnatur die nötige Aufmerksamkeit zu widmen und die gesellschaftliche Fürsorge für die Naturbewahrung als Verfassungsauftrag zu formulieren.«

Mit diesem kurzen Rückblick auf die abgelaufene Entwicklung und der knappen Beschreibung der neuen Herausforderungen für den Naturschutz in Sachsen darf zu den Ereignissen und Erfahrungen der Zeit nach der Landtagswahl im Oktober 1990 übergegangen werden.

2.2 LÄNDERGRÜNDUNG – LANDTAGSWAHL UND REGIERUNGSBILDUNG – ORGANISATIONSSTRUKTUREN UND INHALTE

Nach der Volkskammerwahl vom März 1990 wurden schrittweise die Voraussetzungen inhaltlicher und struktureller Art geschaffen, um die Folgen der Teilung zu überwinden und ein einheitliches Deutschland zu gestalten. Der Staatsvertrag von 18. Mai 1990 zur Schaffung der Währungs-, Wirtschafts- und Sozialunion beider deutscher Staaten begründete in Verbindung mit dem Umweltrahmengesetz der DDR vom 29. Juni 1990 eine Umweltunion zur Übernahme bestehender Regelungen auch in Ostdeutschland. Das am 22. Juli 1990 verabschiedete Ländereinführungsgesetz hingegen bildete die Grundlage zur Wiedergründung Sachsens als Bundesland. Alle Anstrengungen dieser Art kumulierten im sog. »Einigungsvertrag« vom 6. September 1990, der in Artikel 34 für die Belange des Umweltschutzes den neuen gesetzgebenden Versammlungen in Ostdeutschland auferlegte, »die natürlichen Lebensgrundlagen des Menschen unter Beachtung des Vorsorge-, Verursacher- und Kooperationsprinzips zu schützen und die Einheitlichkeit der ökologischen Lebensverhältnisse auf hohem, mindestens jedoch dem in der Bundesrepublik Deutschland erreichten, Niveau zu fördern«. Vor diesem Hintergrund fand am 14. Oktober 1990 eine Landtagswahl statt. Dabei erhielt die CDU einen eindeutigen Wählerauftrag (54,1 %) zur Regierungsbildung, während den ebenfalls in den Landtag gewählten Parteien SPD, Linke Liste PDS, FDP und Bündnis 90 / Grüne die Oppositionsrolle zufiel. Da die Landesgesetzgebung in allen gesellschaftlichen Bereichen, und somit auch im Umwelt- und Naturschutz, fehlte, galt, wie im Einigungsvertrag geregelt, teilweise das alte DDR-Recht mit Übergangsbestimmungen oder direkt das Bundesrecht bis zur Verabschiedung eigener, sächsischer Gesetze. Für das Sachgebiet Naturschutz und Landschaftspflege galt das Bundesnaturschutzgesetz (BNatSchG) in der Fassung vom 12. März 1987 direkt, allerdings in Verbindung mit der Naturschutz-Verordnung von 1989 [vgl. 2.1] zunächst bis zur Verabschiedung eines »Vorschaltgesetzes« im Juli 1991. Die Mehrheitsfraktion entschloss sich zur Bildung eines Sächsischen Staatsministeriums für Umwelt und Landesentwicklung (SMU). Der Zuschnitt durfte als modern und zukunftsorientiert bezeichnet werden, denn die Erfahrungen der »alten Länder« über Mängel und Unzulänglichkeiten beim Vollzug des Gesetzesrahmens zum Umweltschutz ganz

allgemein machten deutlich: Es würde in Sachsen zunächst keine Zersplit-
terung von Umweltbelangen im Ressortzuschnitt geben. Im Gegenteil, die
bewusste Entscheidung zur Aufnahme von Landesentwicklung und Raumordnung in das Umweltressort nach dem Vorbild Bayerns stärkte vom Ansatz her den Querschnittscharakter des Umweltministeriums und führte
gerade im Hinblick auf die Landschaftsplanung zu einer notwendigen Stärkung des Naturschutzanliegens.

Im Aufbau der Verwaltung wurde konsequent ein dreistufiger Ansatz verfolgt [vgl. Abb. 13]. Das SMU als oberste Naturschutzbehörde war zuständig für die Grundsatzfragen, Konzepte und Programme sowie die Ausarbeitung von Gesetzentwürfen. Es übte die Dienst- und Fachaufsicht über
den gesamten nachgeordneten Bereich aus und war für die Ausweisung
von Nationalparks, Biosphärenreservaten sowie Naturparks zuständig. Das
Sächsische Landesamt für Umwelt und Geologie (LfUG) stand dem Ministerium als obere Fachbehörde zur Seite, deren Aufgabe vorrangig die Beratung des Staatsministeriums in allen wissenschaftlichen Fragen des
Umwelt- und Naturschutzes sowie die Erarbeitung und Veröffentlichung
von Daten zur Umweltsituation (z. B. Umweltberichte mit umfangreichen
Kapiteln zum Naturschutz), zu einzelnen Sachgebieten (Materialien zur
Wasserwirtschaft oder zur Landesentwicklung), aber auch die Herausgabe
der »Naturschutzarbeit in Sachsen« war. Ebenso lag die Erarbeitung eines
landesweiten Schutzgebietsprogramms oder anfänglich des Biotopsiche-
rungsprogramms, später die Vorbereitung, Durchführung und Laufendhal-
tung der Biotopkartierung in der Zuständigkeit des LfUG.

Im Verwaltungsvollzug fungierten die Regierungspräsidien als Mittelbe-
hörde, wobei sie im Einzelnen den Vollzug zentraler Vorschriften des Naturschutzes sicherstellten, als Widerspruchsbehörde arbeiteten, die Fachaufsicht über die unteren Naturschutzbehörden besaßen und größtenteils
auch die Dienst- und Fachaufsicht über die Staatlichen Umweltfachämter
[s. u.] ausübten. Zu den Aufgaben der höheren Naturschutzbehörde gehörten jedoch auch die Ausweisung von Naturschutzgebieten sowie die
Umsetzung der Artenschutzprogramme. Anfänglich oblag ihnen noch die
Verwaltung der vor 1990 festgesetzten Landschaftsschutzgebiete von zentraler Bedeutung.

Landkreise und kreisfreie Städte bildeten für ihren Zuständigkeitsbereich
die unteren Verwaltungsbehörden und sind bis heute insbesondere für
den Vollzug der per Gesetz oder Rechtsverordnung übertragenen Aufgaben und Vorschriften zuständig. Im Sinne ihrer kommunalen Selbstver-
waltung sind bei der Organisation unterschiedliche Modelle anzutreffen.
So tritt verschiedentlich Umwelt- mit Naturschutz als eigenes Dezernat
in Erscheinung, ist aber vielfach mit anderen kommunalen Aufgaben kom-
biniert. Zur Unterstützung der unteren Naturschutzbehörden wurden
mit Organisationserlass vom 16. September 1991 fünf Staatliche Umweltfachämter (StUFA) in Plauen, Leipzig, Chemnitz, Dresden-Radebeul und
Bautzen eingerichtet. Ihre Funktion bestand hauptsächlich in der Beratung zum Vorschriftenvollzug (»Naturschutzfachbehörde«) durch die Land-

kreise, kreisfreien Städte, Gemeindeverbände u. ä., aber auch der Regierungspräsidien besonders bei der Überwachung der Einhaltung von Schutzvorschriften. Außerdem obliegt den unteren Behörden die Ausweisung von Landschaftsschutzgebieten, Natur- und Flächennaturdenkmalen sowie der geschützten Landschaftsbestandteile, die allerdings innerhalb bebauter Gebiete durch Satzung der Gemeinden endgültig festgesetzt werden.

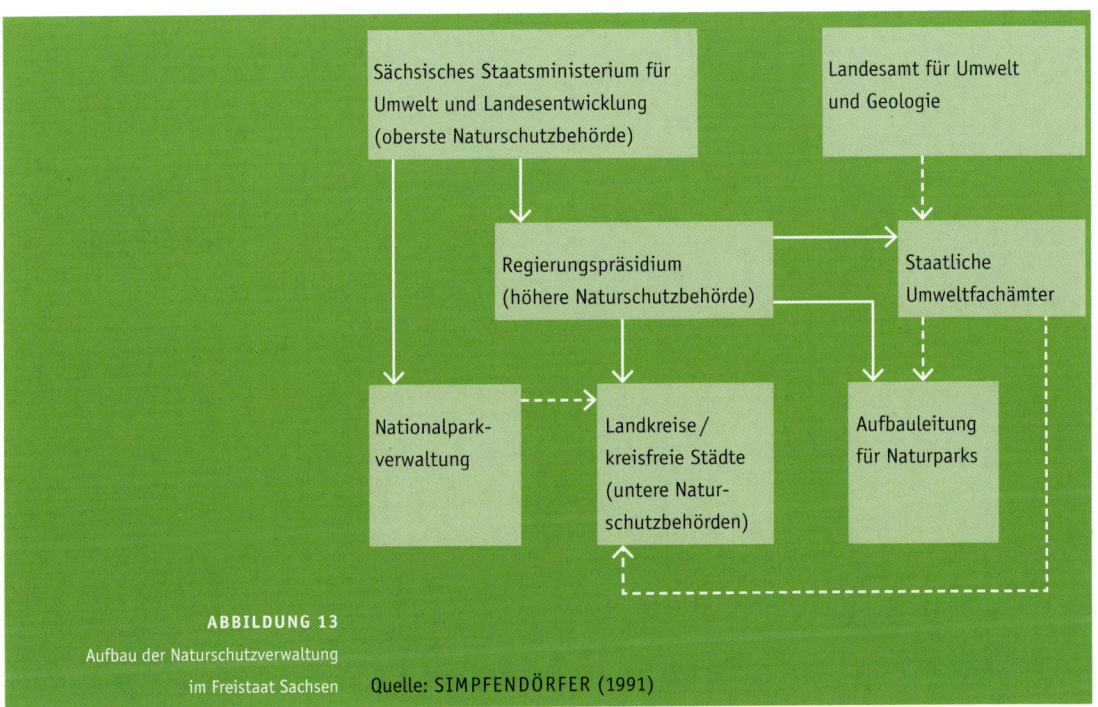

ABBILDUNG 13
Aufbau der Naturschutzverwaltung
im Freistaat Sachsen   Quelle: SIMPFENDÖRFER (1991)

Für alle Fachgebiete des Umweltbereiches bestand somit ab Mitte 1991 eine leistungsfähige staatliche Verwaltung einschließlich ihrer fachbezogenen Sonderbehörden. Dieses Modell war eindeutig einer Kommunalisierung der Umwelt / Naturschutzverwaltung wegen der größeren Unabhängigkeit gegenüber kommunalen Eigeninteressen vorzuziehen. Der Charakter als Bündelungsbehörde, die alle Sachgebiete in sich vereint und effizient und ohne Reibungsverluste tätig werden kann, war letztlich auch die Grundlage für die gute Entwicklung des Umwelt- und Naturschutzes in Sachsen nach 1990 und in der gefundenen Organisationsform beispielgebend für ganz Deutschland. Natürlich sind Unvollkommenheiten, subjektive Mängel u. ä. im Laufe der Zeit nicht gänzlich auszuschließen gewesen, aber alle jüngeren Versuche im Zuge von Verwaltungsreformen, gerade im Umwelt- und Naturschutzbereich immer unter dem Deckmäntelchen der Verantwortungsverlagerung nach »vor Ort« begründet, sind nach den Erfahrungen der vergangenen Jahre eher als Versuche zu werten, sich der häufig kritischen oder ablehnenden Positionen der Fachbehörden hinsichtlich verschiedener gesellschaftlicher wie privater Vorhaben in sensiblen Räumen oder zur Erteilung weitreichender Ausnahmeregelungen schlicht und ergreifend zu entledigen.

Das Szenario war ebenso einfach wie unredlich. Da beantragte ein Investor beim zuständigen Landratsamt oder der Gemeinde ein Vorhaben, dessen Eingriffswirkung natürlich durch die zuständige Fachbehörde zu bewerten war. Wenn das Fachamt eine Ablehnung des Antrages empfehlen musste oder die vorgeschlagenen Auflagen den Investor überforderten, wurde in der unteren Verwaltungsbehörde häufig die Stellungnahme des StUFA

ABBILDUNG 14
Der Kulturlandschaftspfad Königswalde vermittelt Wissenswertes über die erzgebirgischen Waldhufenfluren, über Steinrücken, Hohlwege und den ehemaligen Annaberger Flößgraben.

nur mit anderem Briefkopf und mit der Unterschrift des eigentlich Zuständigen, des Landrates, versehen und dem Antragsteller zugesandt. Der suchte in seiner Enttäuschung den Landtagsabgeordneten oder Abgeordnete anderer Ebenen auf, und alle waren sich einig, dass »dieses« Umweltfachamt der eigentlich Schuldige am Nichtzustandekommen des Vorhabens gewesen sei. Von wahrgenommener Verantwortung zeugte so eine Handlungsweise nicht immer, zumal die Aufgabe zur Abwägung miteinander konkurrierender Belange (Arbeitsplätze versus Naturbelange) eindeutig bei Bürgermeister oder Landrat lag. So hat sich im Verlaufe von sechs bis acht Jahren nach 1991 im politischen Raum eine spürbare Abneigung gegenüber den Umweltfachämtern aufgebaut, die letztlich zum Versuch ihrer Auflösung führten.

Der Anfangsversuch durch den damaligen Innenminister Klaus Hardrath im Januar 2000 sah im Zuge einer Verwaltungsreform eine völlige Kommunalisierung von »Sonderbehörden«, zu denen die Umweltämter gerechnet wurden, vor.

Als Vorsitzender des Arbeitskreises Umwelt und Landesentwicklung fand ich im damaligen Chef der Staatskanzlei, Dr. Thomas de Maizière, einen aufmerksamen Zuhörer, der letztlich die Erhaltung der fünf Umweltämter als moderne Querschnittsbehörde einsah und meinen Kompromissvorschlag zur Eingliederung der Umweltfachämter als Abteilung in die Regierungspräsidien als ernstzunehmenden Vorschlag unterstützen wollte. Das zuständige Ministerium blieb bei den Rettungsversuchen für die Staatlichen Umweltfachämter erstaunlich passiv. Die damaligen Verantwortlichen waren möglicherweise wegen deren Kontrollfunktion bei naturschutzfachlichen Auflagen gegenüber Land-, Forst- und Fischereiwirtschaft ohnehin nicht so sehr von dieser Behörde überzeugt. Hintergrund für alle Bemühungen war die Notwendigkeit zu verhindern, dass die Fachverwaltung in ihrer Effizienz zerschlagen wurde, weil die Mitarbeiter auf die 29 Landratsämter und kreisfreie Städte ja nur per »Stückzahl«, aber nicht nach Fachgesichtspunkten (Naturschutz, Gewässerschutz, Abfallwirtschaft usw.) hätten verteilt werden können. Der Widerstand aus den Behörden selbst und überlagernde politische Geschehnisse haben dazu geführt, dass erst nach meinem Ausscheiden aus der Umweltpolitik (Mai 2002) diese Reform wieder aufgegriffen wurde, die dann festlegte, dass zum Ende des Jahres 2004 die Integration in die Regierungspräsidien (RP) stattfand und damit wenigstens ein Teilerfolg, nämlich die Erhaltung einer einheitlichen Fachverwaltung, erreicht werden konnte, der auch dem Naturschutz zugutekommt.

3

DAS NEUE
NATURSCHUTZRECHT

3.1 VORSCHALTGESETZ

Mit dem Ende des SED-Regimes im März 1990 nach der letzten Volkskammerwahl hofften die überwiegend ehrenamtlichen Akteure des Naturschutzes, gleich ob Naturschutzhelfer oder -beauftragte, auf neue und Erfolg versprechende Möglichkeiten zum Schutz und zur Pflege der heimatlichen Natur und Landschaft. Erste Hoffnungen schienen mit dem Nationalparkprogramm erfüllt, das die damalige Regierung (Ministerpräsident Lothar de Maizière) auf Vorarbeit engagierter Wissenschaftler und Politiker noch im September 1990 verabschiedete und das im Hinblick auf die Sächsische Schweiz einen auch in Sachsen lang gehegten Wunsch realisierte. Auch die Aufwertung von Teilen des Oberlausitzer Heide- und Teichgebietes, des Erzgebirges und Vogtlandes als Landschaftsschutzgebiete von zentraler Bedeutung kennzeichnen den Übergang zu mehr Aufmerksamkeit für große Schutzgebiete und den Naturschutz generell. Die Einrichtung zahlreicher Naturschutzstationen als Zentren der Öffentlichkeitsarbeit, der Koordinierung von Pflegemaßnahmen u. ä. auf Kreisebene oder aber die Neu- bzw. Wiedergründung von Naturschutzverbänden als sächsische Gliederungen (Bund für Umwelt- und Naturschutz [BUND], Grüne Liga, Landesverein Sächsischer Heimatschutz, Naturschutzbund Deutschland [Nabu]) kennzeichnen zusätzlich diese Phase neuer Aktivitäten zum Schutz der heimatlichen Natur. Die neue Zeitrechnung aber begann, wenn man es so formulieren will, mit der Regierungsbildung nach der Landtagswahl vom 14. Oktober 1990 sowie der gesetzgeberischen Arbeit durch den Landtag. Obwohl nach dem Einigungsvertrag geregelt war [vgl. 2.2], dass ab 1. Juli 1990 im Gebiet der »Neuen« Länder bis zum Erlass eigener Landesgesetze das BNatSchG unmittelbar und die Vorschriften der §§ 10 – 16 des Landeskulturgesetzes vom Mai 1970 sowie insbesondere die Naturschutzverordnung vom September 1989 ergänzend gelten, kam es verschiedentlich zu Rechtsunsicherheiten und Anwendungsfehlern. In einer Phase, als kommunale Entscheidungsträger hinsichtlich Planung und Umsetzung von Baumaßnahmen und Investitionen nicht nur von Freunden der Natur beraten wurden, waren ein klarer Rechtsrahmen sowie der Aufbau handlungsfähiger und vor allem auch sachkundiger Verwaltungsbehörden dringend erforderlich.

Deshalb legte das Umweltministerium für die Staatsregierung nach entsprechender Aufforderung durch den Umweltausschuss des Parlamentes auch am 4. April 1991 ein »Erstes Gesetz zur Durchführung des Bundesnaturschutzgesetzes« vor. Die Ergänzungen des genannten Rechtsrahmens durch landespezifische Regelungen betrafen in erster Linie Zuständigkeitsvorschriften, Verordnungsermächtigungen, Verfahrensvorschriften und einige materielle Bestimmungen wie die Einführung eines Vorkaufsrechtes für das Land aus Naturschutzgründen, Ergänzungen zur Eingriffsregelung oder Fragen der Entschädigung Dritter als Folge von Naturschutzmaßnahmen. Mit dieser durchaus kurzfristigen Einbringung sowie dem vorgesehenen Regelungsgehalt widerlegte das Ministerium mehr als skeptische Positionen mancher Kritiker [vgl. STEFFENS, 1991], wie es auch andererseits begründet war, aus parlamentarischer Sicht auf rasche Einbringung zu drängen, denn bereits am 18. Februar 1991 hatte die CDU-Fraktion einen Antrag (DS 1/166) eingebracht, der von der Sorge getragen war, die genannten Rechtsunsicherheiten zu minimieren und letztlich zu unterbinden, weil es besonders bei Landschaftsschutzgebieten bereits zu gehäuften Ausnahmegenehmigungen für »landschaftsverändernde Maßnahmen« gekommen war.

ABBILDUNG 15
Auenwald bei Schkeuditz

Die Absicht der o. g. parlamentarischen Initiative, »eine Verbindlicherklärung zur Sicherung von Landschaftsschutzgebieten bis zur Verabschiedung eines Landesnaturschutzgesetzes abzugeben«, aber wurde nicht erreicht. Die Antwort der Regierung vom 14. März 1991 belegte einerseits, dass mit einer Verwaltungsvorschrift vom 2. Januar 1991 bereits auf die Erscheinungen großzügiger Eingriffsgenehmigungen reagiert worden war, machte jedoch zugleich deutlich, dass die angewiesene Verfahrensweise durchaus noch keine Sicherheit bot. Denn lediglich für Landschaftsschutzgebiete von zentraler oder bezirklich-regionaler Bedeutung wurde in der o. g. Vorschrift die höhere Naturschutzbehörde (RP) verantwortlich gemacht, ansonsten blieben Landratsämter und die Stadtverwaltungen der kreisfreien Städte für die Erteilung von Befreiungen und Ausnahmegenehmigungen zuständig. Sinn des Antrages aber war es, gerade diese Vorgänge von der obersten Naturschutzbehörde (Ministerium) prüfen zu lassen und die Befugnisse der unteren Behörde bis zur Vorlage eines Landesgesetzes einzuschränken. Die Beruhigungspille in der Regierungsantwort, dass die Regierungspräsidien doch im Rahmen der Fachaufsicht auf die Entscheidungen der Landratsämter Einfluss nehmen könnten, vor allem beim Abbau von Bodenbestandteilen, bei Bauvorhaben, großflächigen Versiegelungsmaßnahmen oder oberirdischen Leitungskomplexen, vermittelte zwar einen theoretischen Lösungsansatz, gab aber keine Garantie (wie erhofft), auch wenn bereits angekündigt wurde, dass im zu erwartenden Gesetzentwurf die Zuständigkeit für Befreiungen und Erteilung von Ausnahmen komplett bei den Regierungspräsidien liegen sollte.

Der Gesetzentwurf, eingebracht am 4. April 1991, verfolgte grundsätzlich das notwendige Ziel, Zuständigkeitsfragen und organisatorische Details in Ergänzung des bestehenden Rechtsrahmens zu regeln. Seinen Charakter als Durchführungsgesetz und nicht als Vollgesetz bewies die Vorlage auch mit ihren nur 16 Paragrafen, von denen dann auch nur zwei Drittel inhaltlichen Anliegen des Naturschutzes galten. In der Bewertung der Vorlage und den ggf. abzuändernden Inhalten bestand zwischen den Parteien, wie am Anfang der parlamentarischen Arbeit ohnehin, eine verhältnismäßig große Übereinstimmung. So benannte der Vertreter der SPD-Fraktion mehrere Punkte, die er »positiv« fand, und brachte weitergehende Vorstellungen z. B. für einen Landschaftsüberwachungsdienst ein. Differenzen gab es vor allem bei der Frage einer Verbandsklage in einem Vorschaltgesetz sowie der Mitwirkungsrechte der Verbände bei der zukünftigen Landschaftsplanung. Eine wohl zutreffende Situationsbeschreibung zum Anliegen des Naturschutzes in der damaligen Zeit vermittelt mein Redebeitrag vom 23. Mai 1991, bei der 1. Lesung dieses Gesetzentwurfes, der deshalb nochmals abgedruckt werden soll.

Sächsischer Landtag, 1. Wahlperiode, 18. Sitzung am 23. Mai 1991, TOP 2: 1. Lesung des ersten Gesetzes zur Durchführung des Bundesnaturschutzgesetzes – Antrag der Staatsregierung, Drucksache 1/362; Plenarprotokoll 1/18 S. 1004–1005:

DR. MANNSFELD, CDU HERR PRÄSIDENT!
MEINE SEHR VEREHRTEN DAMEN UND HERREN!
Belange des Naturschutzes bedeuten in unserer anthropozentrischen Denkweise im Verhältnis zur Natur immer ökonomische Restriktionen. Daher sind Fragen des Natur- und Artenschutzes nach wie vor unpopulär. Aber die Veränderungen und teilweise die Zerstörungen von Lebensräumen der Tier- und Pflanzenwelt und die Verarmung im Landschaftsbild durch Nutzungsmaßnahmen aller Art, also der Land- und Forstwirtschaft, des Bergbaus, der Fischerei, aber auch der Wasserwirtschaft, des Verkehrs und der sich ausweitenden Siedlungsräume, haben zu erschreckenden Ergebnissen im Artenbestand und damit verknüpft den Genressourcen geführt.
In Sachsen sind – wie in vielen anderen deutschen Bundesländern – etwa 70 Prozent der Süßwasserfischfauna, 65 Prozent der Lurche, 40 bis 50 Prozent der Farn- und Blütenpflanzen in ihrem Bestand bedroht oder bereits ausgestorben. Obwohl das alarmierend ist, bestimmen doch noch immer ungenügend entwickelte Wertvorstellungen in Bezug auf Landschaft und Natur das Denken und Handeln vieler Bürger und Bürgerinnen in Sachsen bis in die Kreise der Politiker.
Die CDU in Sachsen hat im Sommer 1990 in dem an dieser Stelle schon einmal erwähnten Programm der »Grünen Charta« formuliert, dass sie sich bei der Naturschutzpolitik von der Tatsache leiten lässt, dass es sich bei der Artenvielfalt um eine nicht wieder herstellbare Naturressource handelt, unverzichtbar aus ökologischen, ästhetischen wie letztlich auch wirtschaftlichen Gründen. Doch nur 30 Prozent der Organismen sind in der Lage, in besonderen Reservaten, den Naturschutzgebieten oder ähnlichen Schutzkategorien, zu überleben. Die restlichen 70 Prozent sind allein durch

sorgsame Nutzung und Pflege der gesamten Landschaft langfristig in ihrem Bestand zu sichern. Nicht isoliert betriebener Naturschutz auf den von den Bewirtschaftern großzügig überlassenen Restflächen und Refugien kann das Ziel sein, sondern eine Landschaftsnutzung, die das Vorsorge- und Nachhaltigkeitsprinzip zum Leitbild erhebt, eine Landschaftsnutzung, die auf die Rückgewinnung eines größeren Natürlichkeitsgrades aller Nutzungsformen achtet, sowie eine Landschaftsnutzung, die den Aufbau eines großflächigen Biotopverbundsystems auf weiten Teilen der nutzbaren Landesfläche garantiert.

Spätestens an dieser Stelle, verehrte Kolleginnen und Kollegen, muss natürlich darauf hingewiesen werden, dass wir uns heute noch nicht mit dem Landesnaturschutzgesetz beschäftigen, sondern nur mit einem sächsischen Durchführungsgesetz zum Bundesnaturschutzgesetz. Ob kurz vor der Neufassung des Bundesgesetzes ein großer Sinn darin zu sehen ist, eine Zuständigkeits- und Verwaltungsregelung für Sachsen vorzulegen, mag offen bleiben. Aber zumindest hat das Vorschaltgesetz, um ein Bild zu gebrauchen, den Charakter einer Hausordnung, ohne dass das zugehörige – sprich: sächsische – Gebäude bereits steht. Daher sind die Verwaltungs-, Verfahrens- und Zulassungsvorschriften des Entwurfes genau auf den Zusammenhang hin zu prüfen, und ich verhehle nicht, dass zu einzelnen Paragraphen und Grundsatzregelungen Ergänzungsbedarf besteht. Diese Ergänzungen und Erweiterungen sind Aufgabe der Ausschussarbeit. Die CDU-Fraktion stimmt demzufolge der Überweisung in die Ausschüsse zu.

Im Sinne dieser Ankündigung wurde auf der Basis von Anträgen der CDU-Fraktion u. a. die Zuständigkeit der höheren Naturschutzbehörde für LSG von zentraler oder bezirklich-regionaler Bedeutung im Gesetz festgeschrieben, ein »Ermächtigungsparagraph« für das Ministerium, durch Rechtsverordnung die Zuständigkeiten allein zu regeln, wurde zurückgewiesen und somit gestrichen und im Einklang mit anderen Fraktionen die Kategorie des Flächenaturdenkmals zusätzlich zum Naturdenkmal (als Einzelgebilde) aufgenommen. Einer vielfach in der Öffentlichkeit geforderten starken Position des Naturschutzes bei der Eingriffsregelung (§ 7) wurde durch das Votum des Ausschusses auf der Basis mehrerer Anträge Rechnung getragen. Bei Eingriffen und der Beurteilung ihrer Folgen auf Natur und Landschaft wurde festgelegt, dass die Entscheidungen über die Zulässigkeit von der zuständigen Behörde (z. B. Entscheidungen aufgrund eines Bebauungsplanes oder bei der Durchführung eines Raumordnungsverfahrens) nicht, wie von der Regierung gewollt, im Benehmen, sondern im Einvernehmen mit der höheren Naturschutzbehörde zu treffen ist. Damit war von den Rechtsgrundlagen der Naturschutz in Sachsen erstmals in der Lage, im Wettstreit mit konkurrierenden Interessen nicht – wie bisher – von vornherein zu unterliegen; denn Benehmen heißt praktisch: Die Baubehörde informiert den Naturschutz, hört ggf. seine Gegenargumente an und entscheidet dann doch im Sinne des Einzelinteresses, z. B. eben Bebauung. Unterschiedliche Beurteilungen gab es im Rahmen dieses Vorschaltgesetzes lediglich zu der Frage, ob über die Regelungen im Bundesnatur-schutzgesetz (§ 29) zu den Mitwirkungsrechten anerkannter Naturschutz-verbände hinaus ein Verbandsklagerecht aufzunehmen sei. Mit Verweis auf den Charakter dieses Gesetzes, zur raschen Klärung verwaltungstechni-scher Fragen beizutragen (weshalb beispielsweise weitergehende Aspekte zu Schutz-, Pflege- und Entwicklungsmaßnahmen in Natur und Landschaft oder zur Biotopkartierung auch erst im Vollgesetz behandelt werden soll-ten), folgte die Mehrheit im Ausschuss und im Plenum des Landtages nicht dem Ansinnen der Fraktion Bündnis 90 / Grüne. Die bereits angesprochene beachtliche Schnittmenge an Naturschutzzielen ließ es hingegen zu, dass einem Antrag der Grünenfraktion bei den Regelungen zur Landschaftspla-nung zugestimmt wurde, dass den anerkannten Verbänden gleichberechtigt und zusätzlich zu den Kommunen vor Erlass der Rechtsverordnung Gelegen-heit zur Stellungnahme zu geben ist. Am 19. Juni 1991 wurde in der 20. Sitzung des Sächsischen Landtages das Gesetz mehrheitlich beschlossen und bildete für die nachfolgende Zeit bis zum Dezember 1992 die Rechts-basis zum Naturschutz.

3.2 VERFASSUNG [ARTIKEL 10]

Rund 70 Jahre nach der Aufnahme des Artikels 150 Absatz 1 der Reichs-verfassung von 1919, der erstmals eine Grundlage für staatliches Handeln im Natur- und Landschaftsschutz schuf (»Die Denkmäler ... der Natur so-wie der Landschaft genießen den Schutz und die Pflege des Staates«), bot die Wiedervereinigung Deutschlands eine günstige Gelegenheit, den doch mehr oder weniger antiquierten Verfassungsauftrag von 1919 mit staats-zielähnlichen Regelungen auf Bundes- und Länderebene zu aktualisieren und inhaltlich aufzuwerten. Die Bundesebene übrigens tat sich schwer, und erst im Oktober 1994 einigte man sich auf den neuen Artikel 20 a des Grundgesetzes im Kapitel »Der Bund und die Länder«. Vorher bereits aber waren in Landesverfassungen Staatszielbestimmungen aufgenommen wor-den. So hat auch der einzig ernstzunehmende Verfassungsentwurf in Sach-sen (»Gohrischer Entwurf«) von Anbeginn seiner Ausarbeitung einen spe-ziellen Artikel zum »Umwelt- und Lebensschutz« enthalten. Kernaussage der Entwürfe vom Juli 1990 (d. h. noch vor der Ländergründung), jener vom Oktober 1990 und schließlich des Entwurfes, den der Verfassungs- und Rechtsausschuss des Sächsischen Landtages im Juni 1991 zur Anhörung freigegeben hatte, waren verpflichtende Aussagen des Landes, besonders auch in Verantwortung für kommende Generationen, die natürlichen Lebens-grundlagen zu schützen sowie auf sparsamen Gebrauch der Naturressour-cen hinzuwirken. Gleichzeitig wurde das allgemeine Recht auf Genuss der Naturschönheiten und der Erholung in der freien Natur verankert, was insbesondere den ungehinderten Zugang zu den verschiedenen Raum-qualitäten unserer heimatlichen Kulturlandschaft (Berge, Wälder, Flüsse usw.) einschloss. Die parlamentarische Behandlung bestätigte vom Grund-satz her den weitgehend gelungenen Entwurf. Sie nahm redaktionell Ein-fluss auf eine naturwissenschaftlich logische Aufzählung der einzelnen

Bestandteile der Naturgrundlagen (Boden, Luft, Wasser, Tier- und Pflanzenwelt, landschaftlicher Gestaltkomplex und Siedlungsräume).

Vielleicht ist es dennoch nicht uninteressant zu belegen, welche Positionen der Facharbeitskreis der CDU-Fraktion im Frühjahr 1992 zu einer Staatszielbestimmung für den Umweltschutz vertrat. Obwohl eingeräumt werden muss, dass detaillierte Regelungen in Verfassungstexten unüblich sind und insoweit unser Textentwurf sicher nicht diesem Ausdruckstil entsprach, so bleibt doch mit dem zeitlichen Abstand die Feststellung erlaubt, dass sich der verfasste Entwurf natürlich in der später verabschiedeten Verfassung wiederfindet, aber die Philosophie des Artikels 10 (einschließlich einer Ergänzung zum Einleitungsartikel 1) weniger bürokratisch und wohl auch etwas umfassender angelegt war.

ARTIKEL 10 (SCHUTZ DER NATÜRLICHEN LEBENSGRUNDLAGEN)

- Der Schutz der Umwelt als Lebensgrundlage ist eingedenk der Verantwortung für kommende Generationen Pflicht des Landes und seiner Bewohner.

- Die Durchsetzung des Vorsorgeprinzips sichert den Schutz des Bodens, der Luft, des Wassers, der Tier- und Pflanzenwelt sowie der Landschaft als Ganzes.

- Um die Leistungsfähigkeit des Naturhaushaltes zu erhalten, bestimmen der sparsame Verbrauch und die Wiederverwendung von Rohstoffen, Wasser und Energie sowie die Überwindung reinen Nützlichkeitsdenkens im Umgang mit der Natur das Handeln des Einzelnen und der Gesellschaft.

- Eingetretene Schäden sind nach dem Verursacherprinzip zu beheben, und der Nachweis der Umweltverträglichkeit gilt für öffentliche und private Vorhaben. Es besteht Gefährdungshaftung durch Eigentümer und Betreiber von Anlagen.

- Jeder hat das Recht auf den Genuss der Naturgüter und die Erholung in freier Natur. Der Zugang zu Bergen, Wäldern, Gewässern und Naturschönheiten ist zu gewährleisten. Im Interesse des Natur- und Artenschutzes regelt ein Gesetz abweichende Bestimmungen.

- Rechtsfähigen und anerkannten Verbänden ist Gelegenheit zur Mitwirkung zu geben.

Umstritten waren anfänglich Aussagen zur Mitwirkung und den Kompetenzen von anerkannten Naturschutzverbänden, wie von den Oppositionsfraktionen nachdrücklich gefordert. Noch heute darf man sagen, dass der Absatz 2 im Artikel 10 [vgl. S. 56] rein juristisch durchaus verzichtbar gewesen wäre, denn die gewünschten Mitwirkungsrechte waren bereits im Bundes-Naturschutzgesetz grundsätzlich geregelt. Da in den Passagen zur Mitarbeit der Verbände, und damit der ehrenamtlichen Komponente, aber ein wichtiges Signal der besonderen Anerkennung dieses Wirkens gesehen wurde, stimmte die CDU-Fraktion später der Aufnahme zu. (Teilweise sicher auch, um im Gegenzug dafür an anderen strittigen Verhandlungspositionen der Gesamtverfassung Entgegenkommen erwarten zu dürfen). So wollten, nur um einmal die Verhandlungspositionen zu beleuchten, Linke Liste

PDS und SPD eine Passage in die Landesverfassung aufnehmen, die eher zur »Öko-Diktatur« geführt hätte, nämlich dass in der Abwägung mit Interessen von Wissenschaft, Wirtschaft, Landwirtschaft, Verkehr, Bauwesen und Tourismus die ökologischen Erfordernisse stets vorrangig zu behandeln seien. Letztendlich wurde in verhältnismäßig großem Einvernehmen der Artikel 10 der Landesverfassung am 27. Mai 1992 in folgender Fassung angenommen:

ARTIKEL 10

1 Der Schutz der Umwelt als Lebensgrundlage ist, auch in Verantwortung für kommende Generationen, Pflicht des Landes und Verpflichtung aller im Land. Das Land hat insbesondere den Boden, die Luft, das Wasser, Tiere und Pflanzen sowie die Landschaft als Ganzes einschließlich ihrer gewachsenen Siedlungsräume zu schützen. Es hat auf den sparsamen Gebrauch und die Rückgewinnung von Rohstoffen und die sparsame Nutzung von Energie und Wasser hinzuwirken.

2 Anerkannte Naturschutzverbände haben das Recht, nach Maßgabe der Gesetze an umweltbedeutsamen Verwaltungsverfahren mitzuwirken. Ihnen ist Klagebefugnis in Umweltbelangen einzuräumen, das Nähere bestimmt ein Gesetz.

3 Das Land erkennt das Recht auf Genuss der Naturschönheiten und Erholung in der freien Natur an, soweit dem nicht die Ziele nach Absatz 1 entgegenstehen. Der Allgemeinheit ist in diesem Rahmen der Zugang zu Bergen, Wäldern, Feldern, Seen und Flüssen zu ermöglichen.

Wie modern und vorbildlich der Gohrische Entwurf und später der Beschlussvorschlag im Landtag waren, kann man mit einem Vergleichsblick feststellen. Im Januar 1991 nahm auch das Land Hessen (damals mit der Partei der Grünen in der Regierung) ein Staatsziel Umweltschutz auf, welches lautete: »Die natürlichen Lebensgrundlagen des Menschen stehen unter dem Schutz des Staates und der Gemeinden.« Diese Aussage, so notwendig sie ist, erinnert in ihrer Sprödigkeit doch fatal an den Reichsverfassungstext von 1919.

Trotz der erfreulichen sächsischen Textfassung für das Anliegen des Naturschutzes war natürlich nicht zu übersehen, dass zwischen dem Bekenntnis zur Natur- und Umwelterhaltung und der konkreten und realistischen Ausgestaltung dieses Verfassungsauftrages ein »weites Feld« liegt. Das beginnt schon bei der Frage, ob demokratisch verfasste Gesellschaften überhaupt zum freiwilligen Verzicht auf Tätigkeiten oder Güter fähig und bereit sind und in welchem Umfang sie Konsequenzen ziehen wollen. Denn soll die Erhaltung der Schöpfung tatsächlich gelingen, wird es nicht ohne einschneidende Änderungen in unseren Handlungsweisen gegenüber der Natur abgehen. Und die vielfach widersprüchliche Debatte nach dem Umweltgipfel 1992 in Rio hat das Problem ja schlaglichtartig beleuchtet. Wissenschaftler und Politiker kommen auch am Anfang des 21. Jahrhunderts übereinstimmend zu der Einsicht, dass ein Friede der menschlichen Gesellschaft mit unserer Umwelt eine Utopie bleiben wird. Aber gerade

diese Einsicht zwingt uns zum Gebot der Ehrfurcht vor dem Leben und
der Mitlebewelt. Und sollen also soziale und wirtschaftliche Interessen mit
einer gesunden und funktionsfähigen Umwelt überhaupt vereinbar sein
oder vereinbar werden, darf Natur- und Umweltpolitik nicht zum Restpos-
ten im Wettbewerb mit anderen, zumeist wirtschaftlichen oder gar macht-
politischen Aspekten verkommen.

In diesem Sinne lautete denn auch meine Schlusspassage im Redebeitrag
zur Verabschiedung der Verfassung im Mai 1992: »Mit dem vorliegenden
Verfassungstext zum Umweltstaatsziel ergeben sich neue Anforderungen
an das politische System, insbesondere an das Durchsetzungsvermögen
des Staates; denn die praktische Politik entscheidet letztlich über Leitbilder, ein Leitbild, wie es das Umweltstaatsziel nun einmal darstellt. Denn
auch eine allseits akzeptierte Verfassungsaussage bedeutet noch keinen
konkreten Umweltschutz, bedeutet nicht automatisch weniger Gift- und
Schadstoffe in der Umwelt, weniger Landschaftsverbrauch und mehr Lebensqualität.

Mit der neuen, verpflichtenden Herausforderung des Artikels 10 unserer
Verfassung kommen demzufolge anspruchsvolle Wertmaßstäbe für unsere
Arbeit hinzu, die sich entscheidend auswirken müssen – erstens – auf
zukünftige Landesgesetze, – zweitens – auf die Anwendung und Auslegung
des einfachen Landesrechtes und – drittens – auf das Regierungshandeln.
Bezieht man all die von mir in aller Knappheit vorgetragenen Merkmale
in einen Schlusssatz ein, so darf der lauten: Der Artikel 10, das Staatsziel
zum Umwelt- und Lebensschutz, entspricht den Intentionen, wie sie in
dem bekannten Spruch zum Ausdruck kommen, der da heißt: ›Wir haben
die Erde nicht von unseren Vätern ererbt, wir haben sie von unseren Kindern geliehen.‹«

3.3 NATURSCHUTZGESETZ VOM OKTOBER 1992

Natürlich galt das öffentliche Interesse nach Vorschaltgesetz und dem
Artikel 10 der Landesverfassung der Verabschiedung des »Vollgesetzes«
zum Naturschutz.

Die Erarbeitung des Gesetzentwurfes durch das Sächsische Staatsministerium für Umwelt und Landesentwicklung (SMU) wurde mit zahlreichen,
speziell auch durch die Medien transportierten, Forderungen und Erwartungen an den Regelungsinhalt begleitet. Am 24. März 1992 beschloss das
Kabinett einen Entwurf und leitete diesen dem Landtag zu. Am 4. April
bereits fand die 1. Lesung statt, bei welcher sich durchaus kontroverse
Standpunkte zwischen den Fraktionen abzeichneten. Aber grundsätzlich
klang das Urteil anderer Fraktionen wesentlich freundlicher als später nach
den Ausschussberatungen im Herbst. Die Vertreterin von Bündnis 90/Grüne
führte aus: »in weiten Teilen entspricht der Gesetzentwurf auch unseren Intentionen«, und die Umweltfachfrau der SPD-Fraktion erklärte, dass
in Bezug auf den Schutz der Ökosysteme »gute Ansätze im Regierungsentwurf vorhanden sind«, manches aber verbessert werden sollte im Sinne
einer Politik, die »Gegenwart und Zukunft gleichermaßen betrachtet«.

Stellvertretend für unseren Standpunkt zum Gesetzentwurf soll ein weiteres Mal mein damaliger Redebeitrag zitiert werden. Auf die inhaltlichen Schwerpunkte des sächsischen Naturschutzgesetzes wird im Zusammenhang mit der abschließenden Behandlung im Oktober eingegangen.

42. Sitzung des Sächsischen Landtages, 1. Wahlperiode, TOP 6: 1. Lesung des Entwurfs Sächsisches Gesetz über Naturschutz und Landschaftspflege (Sächsisches Naturschutzgesetz), Antrag der Staatsregierung, Drucksache 1/1625:

DR. MANNSFELD, CDU HERR PRÄSIDENT, MEINE DAMEN UND HERREN!
Die Erkenntnis, Natur und Landschaft zu schützen, und zwar gezielt schützen zu müssen, hat in Deutschland im Allgemeinen und in Sachsen im Besonderen eine lange Tradition. Doch machen wir uns nichts vor: Naturschutz ist bis heute durch punktuelle und sektorale Arbeitsweise gekennzeichnet. Seine wichtigsten in der Praxis einsetzbaren Instrumentarien sind erstens die Ausweisung von Schutzgebieten und zweitens Artenschutzprogramme. Alle zweifellos damit im Laufe der Zeit erzielten Erfolge und Fortschritte reichen letztlich, wie ein Blick auf die »Roten Listen« des Artenschutzes zeigt, nicht aus, die Veränderungen und Schäden an Natur und Landschaft aufzuhalten. Selbst wenn wir Anzahl und Flächenumfang der Schutzgebiete, und wir streben für Sachsen immerhin 5 Kategorien flächenhafter und 2 eher punkthafter Schutzgebiete an, wenn wir also Anzahl und Flächenumfang deutlich erhöhen und die Verordnungsinhalte verbessern, so stellt sich doch die Grundfrage, ob hiermit alle Ziele des Naturschutzes und der Landschaftspflege erreicht werden können.
Wenn Naturschutz nicht nur naturnahe Restflächen umfassen soll, sondern ebenso und in ganz besonderer Notwendigkeit genutzte Bereiche einbeziehen muss, so sind sowohl völlig andere theoretische Ansätze als auch und im Besonderen gesetzliche Regelungen erforderlich. Mit traditionell gestalteten Naturschutzgesetzen ist das nicht mehr machbar. In Anbetracht des erreichten Grades der Umwandlung, Beeinträchtigung und Schädigung unserer natürlichen Lebensgrundlagen gibt es nur eine Schlussfolgerung: Flächenhafter Naturschutz ist das Gebot der Stunde. Es möge nun niemand diese zukunftsweisenden Aussagen und Forderungen in trivialer Weise so missverstehen, dass die Fläche eines Staates gleich der Fläche seiner Naturschutzgebiete sein soll. Jedoch das Modell einer differenzierten, aber flächendeckenden Einflussnahme der Landschaftspflege und des Naturschutzes auf alle Formen der Landnutzung und der Wirtschaftstätigkeit muss bei einem modern zu nennenden Gesetz Pate stehen. Wie ist nun unter dieser Prämisse der Gesetzentwurf zu bewerten?
Als Merkmal dafür, dass die Staatsregierung den aktuellen Erfordernissen schon in beträchtlichem Umfang Rechnung getragen hat, sollen hervorgehoben werden: Erstens die Aufstellung von Programmen für Nutzökosysteme, z. B. für eine umweltgerechte Land- und Forstwirtschaft. Weitere solcher Programme für den Weinbau, die Fischereiwirtschaft und den Obst-

bau sind vorgesehen, andere müssen noch folgen. Solche Ansätze wie im § 2 erkennbar haben tatsächlich etwas mit flächenorientierter Sicherung der Leistungsfähigkeit des Naturhaushaltes im Interesse der Erhaltung der Schöpfung zu tun. Weitere Kriterien für positive Beispiele sind die flächendeckende dreistufige Landschaftsplanung, Festlegungen zum Biotopverbund, zum Vertragsnaturschutz und zum Status der ehrenamtlichen Arbeiten auf dem Sektor des Naturschutzes. So gesehen ist der Entwurf zum sächsischen Naturschutzgesetz in vielerlei Hinsicht auf dem richtigen Wege und entspricht modernen Positionen zum Naturschutz und zur Landschaftspflege. Eine Reihe von Regelungen müssen natürlich in Ausschussberatungen noch auf Zweckmäßigkeit und Zielgenauigkeit geprüft werden. Die CDU-Fraktion stimmt der Überweisung in die vom Präsidium festgelegten Ausschüsse zu.

Zur Interpretation der Rede soll angemerkt werden, dass der Schlusssatz, den Entwurf »auf Zweckmäßigkeit und Zielgenauigkeit« prüfen zu wollen, als eine sehr vorsichtige und verschleierte Kritik an unerfüllten Wünschen oder gar als Hinweis auf notwendige Korrekturen zu verstehen war. Dahinter verbarg sich beispielsweise unsere Enttäuschung hinsichtlich der Verbandsklage. Nach der Verankerung dieses Instrumentes in der Verfassung [vgl. Kapitel 3.2] war es für die Umweltpolitiker der Fraktion schwer nachvollziehbar, diese Beschlusslage ignoriert zu sehen. Dennoch war die Tendenz in der Fraktion als auch im zuständigen Ministerium uneinheitlich. Noch am Vorabend der Kabinettsbefassung beriet sich der damalige Umweltminister Vaatz ein weiteres Mal eingehend mit seinen Mitarbeitern und dem Arbeitskreisvorsitzenden der Regierungsfraktion. Am Schluss der Erörterung entschied der Minister kämpferisch, in das Kabinett eine Fassung mit Verbandsklage einzubringen, die inhaltlich meiner Kompromissformel entsprach, nämlich ihre Zulässigkeit auf Befreiungen von naturschutzrechtlichen Verboten und Geboten sowie auf Vorgänge eines Planfeststellungsverfahrens im Nationalpark, dem Biosphärenreservat, den Naturschutzgebieten und den Flächennaturdenkmalen festzulegen. Jedoch aus der Ministerrunde kam der Umweltchef ohne dieses Instrument wieder heraus! Nun war es klar, dass der Facharbeitskreis seinen Standpunkt, die Verbandsklage in der oben kurz beschriebenen Form aufzunehmen, zum Standpunkt der Gesamtfraktion machen musste, damit die Regierungsvorlage korrigiert werden konnte. Um diese Zustimmung der Fraktion zu erlangen, waren mehrere »Konsensgespräche« mit den beteiligten Arbeitskreisen (Finanzen, Wirtschaft, Land- und Forstwirtschaft, Bau und Verkehr) erforderlich. Nachdem Ende Juni 1992 eine Einigung erreicht zu sein schien, war nach der Sommerpause Anfang September wieder alles offen, und erst Ende des Monats beschloss dann die Fraktion, der Forderung des Umweltarbeitskreises zu entsprechen, und beauftragte ihn, im Umweltausschuss für die Beschlussempfehlung des Landtages die Verbandsklage in der definierten Fassung aufzunehmen. Andere Streitpunkte waren beispielsweise der Härtefallausgleich (hier vermuteten die Finanzpolitiker zu hohe Belastungen für die kommenden Haushalte), und auch die umweltgerechte Landwirtschaft, welche nun nicht als Eingriff galt, wurde von zahlreichen Abgeordneten angezweifelt. Zu einem weiteren Konfliktfeld entwickelte sich das Thema Landschaftsplanung. Obwohl diese Thematik teilweise auch das im Juni 1992 verabschiedete Landesplanungsgesetz berührte, ist und bleibt das Bindeglied zwischen beiden Fachgesetzen die im Naturschutzgesetz verankerte Landschaftsplanung als die Fachplanung des Naturschutzes. Sie soll die Ziele und Maßnahmen des Naturschutzes in den kommunalen Planungen (Flächennutzungsplan, Bauleitplan) verankern. Auf dieser Grundlage kann sowohl eine Zustandsbewertung erfolgen, wie zugleich die Umsetzung notwendiger Maßnahmen zur Erhaltung oder Sanierung der ökologischen Grundlagen verankert wird. Die Landschaftsplanung für das jeweilige Gemeindegebiet war 1992 angesichts der ausufernden Planungs- und Bautätigkeit zahlreicher Kommunen und Landkreise eine unverzichtbare Notwendigkeit, um Wildwuchs und Naturzerstörung zu vermeiden. So war es z. B. schwer verständlich, warum allein im Umfeld der Landeshauptstadt Dresden 17 (!) Anträge auf Golfplätze vorlagen oder im Landkreis Annaberg Planungen für 72 Gewerbe- und Wohnungsbaugebiete bestanden. Diese ehrgeizigen Vorhaben der Kommunen zur Schaffung neuer Arbeitsplätze aber konzentrierten sich vorrangig auf die Außenbereiche, also im nicht überplanten Bereich herkömmlicher Landnutzungsformen z. B. der Landwirtschaft, von Streuobstwiesen oder sog. Ödländereien und damit viel zu häufig in potentiell naturschutzfachlich sensiblen Räumen. Insoweit entwickelte sich der Abschnitt 2 des Gesetzentwurfes mit dem Inhalt zur Landschaftsplanung (Landschaftsprogramm, Landschaftsrahmenplan, Landschafts- und Grünordnungsplan) zu einem Hauptkonfliktfeld zwischen den Umwelt- und den Kommunal- bzw. Wirtschaftspolitikern der Fraktion. Da mit den verabredeten Regelungen zur Verbandsklage, zur Eingriffsregelung (Einvernehmen!), zur Ausgleichsabgabe, zur Erweiterung der Schutzgebietskategorien und zum speziellen Biotopschutz eine größere Anzahl von Paragrafen von der Fraktion getragen wurde, denen durchaus kein einheitliches Meinungsbild zugrunde lag, kam es in Bezug auf die Landschaftsplanung zum »Show-down«. Um die gut gelungenen Gesetzestexte zu den §§ 4 bis 7 im Abschnitt Landschaftsplanung substantiell nicht zu gefährden, musste ein Kompromiss gefunden werden, der sich dann im § 65, den Übergangsvorschriften, finden sollte, nämlich, dass die Landschafts- und Grünordnungsplanung auf die Dauer von fünf Jahren auf eine Bewertung des Zustandes von Natur- und Landschaft beschränkt werden dürfe. Auch bei der Suche nach Kompromissen muss mitunter ein Weg beschritten werden, der zwar »vom Pfad der Tugend« wegführt, der aber eine erträgliche Nebenstraße ist, welche den Anschluss an den Hauptweg wiederfindet.

Dieser Kompromiss, der die Zustimmung zum Gesamtpaket eröffnete, bedeutete schließlich keinesfalls, auf die Berücksichtigung der Belange des Natur- und Landschaftsschutzes verzichten zu wollen. Die Bestimmung war auch dem Realismus geschuldet, dass die zum damaligen Zeitpunkt noch 1.623 Gemeinden im Freistaat Sachsen nicht von heute auf morgen umfassende Landschafts- und Grünordnungspläne aufzustellen in der Lage waren, auch aus Gründen der Planungskapazitäten. Andererseits durfte auch nicht der Eindruck entstehen, dass die Bauleitplanungen erst in Angriff genommen werden können, wenn jeweils die Landschaftsplanung vorliegt. Dafür hätten die Bürger, speziell bei der Aufbruchstimmung jener

ABBILDUNG 17
Erhaltung alter Obstsorten –
Streuobstwiese im Dresdner Süden

Zeit, kaum Verständnis gehabt. Auch bedeutete kommunale Planungshoheit keinesfalls, dass unsere Gemeindevertreter grundsätzlich gegen die Natur wirtschaften wollten, was auch auf Grund der bestehenden Rechtslage gar nicht möglich gewesen wäre. So sind bei der Aufstellung der Bauleitplanung die »Träger öffentlicher Belange« zu beteiligen, also im speziellen Fall die untere Naturschutzbehörde. In dieser Planungsphase konnte demnach durchaus erreicht werden, dass aus der verbindlichen Zustandsbeschreibung die richtige Schlussfolgerung hinsichtlich Naturschutz und Landschaftspflege gezogen wird. Schließlich geht der Bebauungsplan an das Regierungspräsidium, so dass wieder eine Naturschutzbehörde beteiligt ist, und wenn man auf dieser Stufe der Plangenehmigung erkennt, dass offensichtlich die Belange des Naturschutzes (vor allem als Grundlage für die Beurteilung und den Ausgleich von Eingriffen) nicht ausreichend Beachtung gefunden haben, dann wird eine solche Bauleitplanung nicht genehmigungsfähig sein. Völlig unbeachtet geblieben ist in der Debatte, dass die Paragrafen des Gesetzes nicht selektiv wirken. Demzufolge waren die Bedenken, die Kommunen könnten die eingeräumte zeitliche Frist zur

Schaffung der ökologischen Grundlagen für die Bauleitplanung auch unge-
bührlich ausnutzen, insofern schwer zu verstehen, weil bereits im § 1, Ziffer
7 die Aufgaben bei der Aufstellung von Flächennutzungs- und Bebauungsplänen hinsichtlich der von Bebauung freizuhaltenden Teilen der Landschaft oder von Naturelementen im besiedelten Bereich klar und unmissverständlich im Sinne einer zwingenden Vorschrift (»... es ist darauf zu
achten ...«) geregelt war. Indem wir als Umweltpolitiker darauf achteten,
dass im § 1 keine Änderung vorgenommen wurde, glaubten wir eine zeitliche Streckungsphase für fertige Planungen verantworten zu können, was
die nachfolgenden Jahre dann auch eindrucksvoll bestätigt haben. Natürlich war es ein Kompromiss, der aber viele konstruktive Einflussmöglich-
keiten zur Verhinderung von Schäden besaß, weshalb man ihn mit Blick
auf die gewonnene Gesamtzustimmung vertreten konnte. Allen Kritiken
und besonders allen Prophezeiungen über die Zerstörung sächsischer Natur
durch diese Übergangsregelung zum Trotz hat die kommunale Landschaftsplanung letztendlich einen erfolgreichen Verlauf genommen. Die lokal
tatsächlich eingetretenen Schäden oder Versäumnisse lagen im Vollzug
der eigentlichen Regelungen für Belange des Naturschutzes, nicht an der
Übergangsbestimmung für die komplette Landschaftsplanung!
Im Zeitraum bis 1998 wurde das Instrument Landschaftsplan dennoch bereits von über 300 Gemeinden, die rd. 50 % des sächsischen Territoriums
abdecken, genutzt. Insbesondere bei den Kommunen, die einen Flächennutzungsplan aufstellten, waren die meisten, trotz der bestehenden Übergangsregelung, daran interessiert, eine vollständige Landschaftsplanung
durchzuführen, d. h. die Verzahnung mit der Bauleitplanung sicherzustellen. Zu dieser Entwicklung haben auch umfangreiche Fördermittel des Freistaates beigetragen. Die Qualität der Landschaftsplanung aber war nicht,
so zeigte es die Praxis [REINKE, 2002], von der umstrittenen gesetzlichen
Übergangsregelung abhängig, sondern vor allem von der fachlichen Kompetenz in Planungsbüros mit ihren sehr unterschiedlichen Kenntnissen
über sächsische Raumstrukturen und der Realisierbarkeit von Vorstellungen unter den Bedingungen des Aufholprozesses in Ostdeutschland, somit
auch in Sachsen.
Diesen erörterten Sachkomplex im Zusammenhang mit der Verabschiedung
des Naturschutzgesetzes möchte ich aber nutzen, eine Besonderheit der
Landschaftsplanung im System der räumlichen Planung innerhalb des sächsischen Rechtsrahmens kurz anzusprechen. Von Anfang an bestand die
Vorstellung einer engen Verzahnung der Regelungen zur Landschaftsplanung im Naturschutzgesetz (§§ 4–7) mit den Vorschriften aus dem Landesplanungsgesetz. Unter dem Stichwort der Primärintegration wurde
hier, durchaus abweichend von der Handhabung in anderen Bundesländern,
eine frühestmögliche Verknüpfung der Landschaftsplanung mit den Plan-
werken der Landesentwicklung und Raumordnung angestrebt.
Als Bestandteil des Landesentwicklungsplanes wird so das Landschaftsprogramm von der Obersten Naturschutzbehörde (Umweltministerium) aufgestellt. In diesem Programm werden die landesweiten Ziele des Natur-

schutzes und der Landschaftspflege im Hinblick auf die Sicherung der Leistungsfähigkeit des Naturhaushaltes und der schutzwürdigen Landschaftsteile festgelegt. Andererseits stellen die Regionalen Planungsverbände Landschaftsrahmenpläne als Teil ihrer Regionalplanung auf. In diesen Landschaftsrahmenplänen erfolgt dann die räumliche Konkretisierung der Naturschutzziele für die jeweilige Planungsregion (von denen es in Sachsen fünf gibt) bis hin zur Ableitung erforderlicher Maßnahmen zur Erreichung der Ziele. Der Ansatz zur Primärintegration landschaftlicher Planwerke in das System der räumlichen Planung, wie es im Landesplanungsgesetz vorgegeben ist, hat sich vollauf bewährt.

Doch zurück zu den Diskussionen um die Verabschiedung des Landesnaturschutzgesetzes. Mit der Vorlage einer Beschlussempfehlung des federführenden Umweltausschusses war der Weg frei für die 2. Lesung im Parlament und die Verabschiedung des Gesetzes. Trotz lautstarker Proteste von Parteien und verschiedenen Interessengruppen, trotz bewusster oder unbewusster Übertreibungen wie auch böswilliger Unterstellungen wurde am 13. Oktober 1992 auf der 53. Sitzung des Landtages das Gesetz verabschiedet. In der beantragten namentlichen Abstimmung votierten 84 Abgeordnete dafür und 49 dagegen. Über einige der bereits erörterten Schwierigkeiten einerseits und Beweggründe für Kompromissformeln andererseits hinaus hat aber das Naturschutzgesetz vom Herbst 1992 eine objektive und anerkennende Würdigung verdient. Deshalb sollen nachfolgend die Kernpunkte dieses Gesetzes von 1992 völlig wertfrei dargestellt werden.

Am Anfang muss jedoch die Aussage stehen, dass der Erfolg bereits in der einheitlichen Rechtsgrundlage bestand, welche das umfassende Gesetz für Sachsen darstellte. Bis dahin galt das Bundesnaturschutzgesetz direkt, das Vorschaltgesetz und galten Teile des übergeleiteten DDR-Rechtes (Naturschutzverordnung). Diese Tatsache verdient im Hinblick auf die behördliche Arbeit und das Informationsbedürfnis der Öffentlichkeit besondere Hervorhebung. Lediglich die schon bis dahin gültige Baumschutzverordnung blieb noch bis 1998 in Kraft.

- Im neuen Gesetz wurde die über das bestehende Bundesrecht hinausreichende (d. h. dort bis 1990 nicht vorgesehene) Schutzgebietskategorie des Biosphärenreservates (§ 18) als »Kulturlandschaft mit reicher Naturausstattung« ausgewiesen und damit von den Richtlinien des UNESCO-Programms »Man and Biosphere« Gebrauch gemacht, und auch das flächenhafte Naturdenkmal wurde im § 21 als eigenständige Schutzgebietsvariante festgeschrieben.

- Für den § 20 (Naturparks) wurde eine ganz wesentliche Erweiterung des Regelungsgehaltes im Hinblick auf den Naturschutz erreicht. Bei alleiniger Übernahme der im Bundesnaturschutzgesetz getroffenen Festlegung über den Schutzzweck (Gebiete, die vorrangig für Belange der Erholung geplant, gegliedert und erschlossen werden sollen) wäre die Stellung der Kategorie Naturpark zur Erhaltung oder Wiederherstellung gefährdeter Restnatur sehr vage und unbestimmt geblieben. Der sächsische Gesetzgeber hat im Abs. 2 des § 20 erstmals dem

Erholungszweck den Naturschutzzweck gleichrangig zur Seite gestellt und darüber hinaus auch eine innere Zonierung (Schutzzonen) als direkten Ansatzpunkt für Naturschutz und Landschaftspflege geöffnet. Darüber hinaus wurde klargestellt, dass die Rechtsverordnungen für die im Naturparkgebiet eingeschlossenen Schutzgebiete uneingeschränkt gültig bleiben.

- Das Gesetz zielt über die im § 20 c des Bundesgesetzes aufgeführten Biotope hinaus auf sächsische Besonderheiten, so dass sich in unserem § 26 u. a. Moorwälder, Halbtrockenrasen, Bergwiesen, Ginsterheide, höhlenreiche Altholzinseln, Steinrücken, Trockenmauern oder Schluchtwälder finden. Alle diese Biotope (= abgrenzbarer Lebensraum einer spezifischen Lebensgemeinschaft von Pflanzen und Tieren, der durch einheitliche Lebensbedingungen gekennzeichnet ist) sind auch ohne Rechtsverordnung von jeglicher Beeinträchtigung geschützt. Als Spezifikum ist für Sachsen geregelt, dass die Zulässigkeit des Felskletterns (z. B. in der Sächsischen Schweiz) in der bisherigen Art und im bisherigen Umfang bei Beachtung bestimmter Auflagen gewährt wird, weil offene Felsbildungen ansonsten deutschlandweit als Biotop gelten.

- In der Eingriffsregelung (§ 8) ist zunächst, auch zur Erleichterung für die Vollzugsbehörden, ein Katalog von Tatbeständen aufgeführt, die als Eingriff gelten und deren Zulässigkeit entweder verneint (also untersagt) werden muss oder die in gestaffelter Weise kompensiert oder ausgeglichen werden können. Wenn trotz Zulässigkeit vom Grundsatz her ein Ausgleich (gleichwertige Ersatzmaßnahme für gestörte Funktionen im Naturhaushalt oder im Artenbestand) nicht voll erreicht wird, so ist durch den Verursacher eine sog. Ausgleichsabgabe an den einzurichtenden Naturschutzfonds (§ 47) zu entrichten. Bei den zahlreichen Verwaltungsverfahren zur Beurteilung von Zulässigkeit oder Untersagung ist speziell bei Gestattungen nach anderen Rechtsvorschriften (z. B. Wassergesetz) das Einvernehmen mit der zuständigen Naturschutzbehörde herzustellen. Lapidar wird im § 8 Abs. 3 festgestellt, dass die ausgeübte Land-, Forst- und Fischereiwirtschaft im Sinne der Eingriffsdefinition nicht als solche gilt. Diese Sonderstellung im Rahmen der Anstrengungen zur Naturerhaltung findet sich zwar schon im Bundesgesetz, ist aber nach wie vor Gegenstand strittiger Erörterungen. In einem eigenen § 3 definiert der sächsische Gesetzgeber aber erstmals in Deutschland Handlungen, welche möglicherweise unterlassen oder gefördert werden sollen, damit diese Privilegierung gerechtfertigt werden kann. Demzufolge verwendet das sächsische Gesetz auch den Begriff der »umweltgerechten« Land-, Forst- und Fischereiwirtschaft, für den sonst im deutschen Naturschutzrecht das Attribut »ordnungsgemäß« genutzt wird. Die erwähnten Kriterien betreffen eine solche Anwendung von Pflanzenschutzmitteln, die nachteilige Auswirkungen auf die Umwelt vermeidet, eine standortgerechte und am Pflanzenwachstum orientierte Düngung, eine

fischereiliche Nutzung, welche die gewässerökologischen Belange berücksichtigt, und eine Waldnutzung, die die Funktionen des Naturhaushaltes erhält und sichert.

- Für alle Anforderungen, die über die sog. Sozialpflichtigkeit des Eigentums (Artikel 14 Abs. 2 Grundgesetz) hinausgehen, und vermeintlicher-
weise auch oft für ganz herkömmliche Rücksichtnahmen im Interesse
des Natur- und Artenschutzes erwarten die Vertreter der landnutzenden Wirtschaftszweige eine Regelung zum Härtefallausgleich für unver-
hältnismäßige Belastungen durch naturschutzbedingte Einschränkungen des Grundeigentümers oder Nutzungsberechtigten. Gleichzeitig
aber wurde mit dem § 39 die entscheidende Regelung für das Konfliktfeld zwischen Nutzerinteressen und den Schutzerfordernissen, der Vertragsnaturschutz, im Gesetz verankert. Grundsätze und Erfahrungen
dazu sollen im Kapitel 6.4 näher behandelt werden.

- Unverzichtbares Element erfolgreichen Naturschutzes ist und bleibt
das ehrenamtliche Engagement vieler Naturfreunde. Eingedenk der
langen Tradition [vgl. Kapitel 1.2 und 2.1] kam es bei diesem Gesetz
darauf an, die Voraussetzungen zum weiteren Beitrag ehrenamtlicher
Naturschutzarbeit klar und unmissverständlich im Gesetz zu verankern,
wie es auch darauf ankam, durch die Schaffung von Naturschutzbei-
räten auf allen Verwaltungsebenen und die Organisation des Naturschutzdienstes (Gewinnung, Ausbildung und Anleitung von Natur-
schutzhelfern; Bestellung ehrenamtlicher Beauftragter für Kreise und
Regierungsbezirke; Bestellung hauptamtlicher Naturschutzwarte für
besondere Schutzgebiete wie Nationalpark oder Biosphärenreservat)
diese entscheidende Säule des Naturschutzanliegens zu stärken. Es
war dem Gesetzgeber insgesamt wichtig, dass die materielle Rechtsgrundlage den bereits bis 1990 verhältnismäßig gut funktionierenden ehrenamtlichen Naturschutz als Rückgrat der Umsetzung aller
Schutzbestrebungen in der Fläche weiter stabilisiert und damit auch
zur weiteren Mitarbeit motiviert.

Im Ganzen gesehen erfüllte das Gesetz die Ansprüche an einen modernen
und flexiblen Ordnungsrahmen für die Erhaltung der natürlichen Existenz-
grundlagen. Leider drehte sich in der Berichterstattung alles nur um die
5-jährige Periode, in welcher Kommunen nicht verpflichtet waren, die Bauleitplanung zwingend mit der Landschaftsplanung zu verzahnen, und um die
in den Augen mancher Kritiker zu restriktive Fassung der Verbandsklage.
Nach einer durchaus kooperativen Haltung zur 1. Lesung im April 1992
[s. o.] ist es mir noch heute nicht begreiflich, wie die Oppositionsparteien,
mit Ausnahme der FDP, so wenig bereit waren, den fortschrittlichen Regelungsgehalt des Gesetzes wenigstens ansatzweise anzuerkennen. Leidtra-
gender war der Naturschutz im Lande, der tatsächlich eine Zeitlang glau-
ben musste, die Rechtsgrundlage sei unvollständig. Weil sich die öffentliche
Auseinandersetzung so einseitig auf die beiden o. g. Sachverhalte konzen-
trierte, muss dann auch gesagt werden, wie denn das unabhängige Gericht
die Sachlage beurteilt hat.

Nach der Gesetzesverabschiedung haben Abgeordnete der Fraktionen SPD und Bündnis 90/Grüne eine Normenkontrollklage zum Sachverhalt Verbandsklage beim Sächsischen Verfassungsgericht eingereicht. Ihrer Meinung nach war dem Verfassungsauftrag nicht ausreichend oder gar nicht entsprochen worden. Sie betrachteten die Klagebefugnis für Verbände bei Eingriffen ohne Berücksichtigung der Landschaftsschutzgebiete als unvollständig. Zur allgemeinen Erläuterung der Situation 1993/94 wäre noch hinzuzufügen, dass das gültige Bundesgesetz damals keinerlei Verbandsklageregelung vorsah und auch nur 8 der übrigen 15 Bundesländer Klagebefugnisse eingeräumt hatten. Im Dezember 1993 konnte man in Dresden im Zusammenhang mit der Ansiedlung der Siemens-Chipfabrik auf einem völlig verwahrlosten ehemaligen sowjetischen Militärgelände, das sich aber innerhalb des LSG »Dresdner Heide« befand, genau die erwartete Haltung eines Teiles der anerkannten Verbände erleben, die nämlich mittels Klage die Investitionsmaßnahme verhindern wollten. Heute ist die Anerkennung dieses Wirtschaftsstandortes allseitig, zumal die unumgänglichen Ausgleichsleistungen für die Natur mehr gebracht haben als die Beibehaltung einer kontaminierten Militärfläche in einem Landschaftsschutzgebiet. Am 20. April 1995 gab das Verfassungsgericht sein Urteil bekannt und stellte klar, dass das Sächsische Naturschutzgesetz mit dem Artikel 10 der Verfassung in Einklang steht! Mit seinem Urteil hat das Gericht seinerzeit in besonderer Weise verdeutlicht, dass erfolgreicher Naturschutz in Sachsen nicht vom Umfang des Verbandsklagerechtes abhängig ist, sondern von dem eigentlichen Regelungsgehalt eines Gesetzes zum Schutz von Natur und Landschaft. Und dieser Gehalt war im Naturschutzgesetz ausreichend und solide und in einzelnen Paragrafen sogar vorbildlich geregelt. Insofern hieß die Botschaft des Gerichtsurteils: Sachsens Naturschutzgesetz erfüllt in Gänze die Ansprüche an eine ausgewogene Rechtsmaterie, welche den Schutz der natürlichen Lebensgrundlagen in angemessener Weise auch mit wirtschaftlichen und sonstigen gesellschaftlichen Anforderungen verbindet. Nicht in der ständigen Konfrontation zwischen Naturschutz und sonstigen gesellschaftlichen Interessen liegt ein erfolgreicher Ansatz zur Erhaltung heimatlicher Natur, sondern in einer gelebten Kooperation. Inwieweit der Vollzug des Gesetzes, seine Anwendung und Weiterentwicklung, auch durch das untergesetzliche Regelwerk (Rechtsverordnungen, Verwaltungsvorschriften), dem beschriebenen hohen Anspruch genügen konnte, soll im weiteren an den dafür geeigneten Textstellen untersucht und bewertet werden.

Auch mit großem zeitlichem Abstand bleibt es schwer erklärlich, warum die Diskussion um das Naturschutzgesetz so einseitig und so wenig fachbezogen ablief. Einmal abgesehen von parlamentarischen Ohnmachtsgesten gleich zu Beginn von Verhandlungen zur Beschlussempfehlung im federführenden Umweltausschuss, die Beratung mit dem Hinweis zu verlassen, man sähe keine Erfolgsaussichten (z. B. SPD-Fraktion), ist vor allem die Argumentation schwer nachvollziehbar gewesen. Gleich in zwei Redebeiträgen der verantwortlichen Sprecherin dieser Fraktion wurde während der

ABBILDUNG 18
Das verwahrloste ehemalige sowjetische Militärgelände im Dresdner Norden wurde in den zurückliegenden Jahren zu einem wichtigen Wirtschaftsstandort.

Plenardebatte der Fundamentalvorwurf erhoben: »Es kann nicht sein, dass mit diesem Gesetz nur eine nutzungsbezogene Einschätzung der Schutzwürdigkeit der Natur gegeben wird.« (Plenarprotokoll I / 53, S. 3679 und 3682). Betrachtet man im § 1 (Ziele und Grundsätze des Naturschutzes und der Landschaftspflege) die Ziffern 1 und 2 von der Formulierung her, dann betreffen beide Grundsätze den Schutz von Pflanzen, Tierarten und Landschaftsschönheiten nicht aus Nutzungserwägungen (das Wort Nutzen für den Naturschutz taucht nirgendwo im Gesetz auf), sondern aus Gründen der Erhaltung und Entwicklung der Lebewesen und Lebensgemeinschaften

ABBILDUNG 19
Die Neuansiedlung des Chipherstellers Infineon, des Technologiezentrums u. a. Firmen und Institute auf dem ehemaligen Militärgelände hat für Aufschwung und Arbeitsplätze gesorgt.

um ihrer selbst willen. Eine vom Rahmenrecht des Bundes abweichende Zielstellung (Eigenrecht der Natur) erschien uns nicht zweckmäßig, wichtiger war eine klare Diktion der Zielstellung, auch wenn sie »anthropozentrisch« genannt wurde.

Zur damaligen Zeit besonders beliebt war die Diskussion eines eher philosophischen Problems, nämlich ob im Naturschutz ein anthropozentrischer oder ökozentrischer Ansatz zu verfolgen ist. Die Erörterung des durchaus bedenkenswerten Dualismus hinter einem begrifflichen Nebelvorhang hat zu keiner Lösung geführt. Ich verstehe die bis heute beibehaltene Position eines anthropozentrischen Ansatzes nur in dem Sinne, dass jede ernstgemeinte Erhaltung der Schöpfung als Lebensgrundlage der Existenz des Menschen zwingend einschließt, die Ökosysteme unserer Welt (»die Mitlebewelt«) zu erhalten und zu sichern, weil sonst die Beeinträchtigung der Natur zugleich auch die natürlichen Lebensgrundlagen gefährden würde. Der philosophisch anmutende Streit muss also kein unversöhnliches Entweder-oder sein, sondern sollte zu einer synthetischen Betrachtung führen, welche in ein aus Menschensicht geprägtes Naturverständnis (anthropozentrisch) jegliche Verantwortung für die belebte Mitwelt, und insofern auch für ihren Eigenwert, integriert. Inzwischen, 14 Jahre später, ist dieser scheinbare Grundkonflikt im Naturschutzverständnis nur noch eine Randerscheinung. Denn wollten wir nicht einer solchen synthetischen Betrachtung [s. o.] folgen, würden die gelegentlich auftauchenden Diskussionen über eine missverstandene ökozentrische Sicht zum Sprengstoff für den Naturschutz werden. Denn nicht selten wird beispielsweise beklagt, dass die Gesellschaft Geld für Krötentunnel u. ä. ausgibt (und manchmal nicht wenig Geld!), während für eine Ampel am Schulweg unserer Kinder das Geld in der Kommune fehlt. Und genau deshalb haben wir seinerzeit entsprechenden Änderungsanträgen auch nicht zugestimmt, um diesen Konflikt gar nicht erst aufkommen zu lassen.

Im direkten Aufeinandertreffen der Meinungen und Positionen wurde häufig übersehen, dass es von diesen letztlich randlichen Aspekten abgesehen, vor allem mit dem sächsischen Naturschutzgesetz darum ging, wie Minister Vaatz es damals formulierte, »naturschutzkonform in die Zukunft planen zu können«. Die zur Schau gestellte Enttäuschung der Vertreter der Fraktion Bündnis 90/Grüne, dass wir mit unseren 40 Änderungsanträgen (es waren auch Schreibfehlerkorrekturen dabei) zur Aufweichung des Gesetzes »in allen wesentlichen Aussagen« beigetragen hätten und somit »aus einem konservativen Gesetzentwurf mit einigen modernen Ansätzen das schlechteste, wirklich das schlechteste Landesnaturschutzgesetz in Deutschland« gemacht hätten, war wohl doch nur Theaterdonner, zumal z. B. nie eingestanden wurde, dass es der Mehrheitsfraktion zu verdanken war, dass überhaupt eine Verbandsklage ins Gesetz kam. All diese düsteren Prophezeiungen jedenfalls haben sich in den nachfolgenden Jahren, wie zu erwarten war, als völlig haltlos erwiesen. Wenn es Rückschläge oder Fehlentscheidungen gab, dann waren sie nicht in den gesetzlichen Grundlagen begründet, sondern trugen subjektiven Charakter durch die Handelnden auf den verschiedenen Zuständigkeitsebenen; d. h. wie erfolgreich das Gesetz mit Leben erfüllt wird, unterliegt anderen »Gesetzen«, die aber nicht dem juristisch fixierten Text anzulasten sind.

3.4 NOVELLIERUNGEN VON 1993 BIS 2003

Im Verlauf des zu betrachtenden Zeitraumes wurden am sächsischen Naturschutzgesetz einige Änderungen vorgenommen, die zumeist im Zusammenhang mit Neufassungen anderer Rechtsmaterien (Bauordnung, Hochwasser, Landesplanung u. ä.) standen, die allerdings Auswirkungen auf das Naturschutzrecht hatten. Einige Bestimmungen dieser Gesetzesnovellen hatten positive wie negative Änderungen der materiellen Rechtsgrundlage zur Folge, andere waren eher redaktioneller Art (z. B. Korrektur der Bezeichnung Staatliches Liegenschaftsamt von 1992 in Staatsbetrieb Sächsisches Immobilien- und Baumanagement 2002 u. ä.), welche im Folgenden unerwähnt bleiben.

Da die beiden substantiell wirkenden Novellierungen (Aufbaubeschleunigungsgesetz von 1994 und FFH-Richtlinie) jeweils etwas umfänglicher behandelt werden sollen [vgl. Kap. 5.4 und 5.5], kann in diesem Falle eine kurze chronologische Übersicht zu den jeweiligen Gesetzesänderungen als ausreichend angesehen werden. Das ursprüngliche, am 16. Dezember 1992 veröffentlichte Gesetz (erschienen im Sächsischen Gesetz- und Verordnungsblatt Nr. 37 vom 28. Dezember 1992) wurde darüber hinaus zu folgenden Anlässen ergänzt und verändert:

- **a** 18.03.1999   Vereinfachungen im Baurecht
- **b** 28.06.2001   Anpassungen durch Einführung des Euro
- **c** 14.12.2001   Landesplanungsgesetz
- **d** 06.06.2002   Artikelgesetz zur Aufhebung von Rechtsvorschriften
- **e** 14.11.2002   Hochwasserschutz und Wiederaufbau nach der Flut
- **f** 11.12.2002   Haushaltbegleitgesetz (Eingriffsregelung)
- **g** 01.09.2003   Gesetz zur Umweltverträglichkeitsprüfung

zu **a** Im Zusammenhang mit dem Gesetz zur Vereinfachung des Baurechtes wurden hauptsächlich Verwaltungs- und Verfahrensvereinfachungen beschlossen. So regelt, ähnlich wie bei Ausgliederungsverfahren von Flächen aus Landschaftsschutzgebieten, ein zusätzlicher Absatz im § 26 (Schutz bestimmter Biotope) die Vermeidung von Doppelarbeit, wenn die Ausnahmeerteilung nach Naturschutzrecht zur Veränderung eines geschützten Biotops bereits im Zuge einer Gestattung (z. B. nach Bau-, Wasser- oder Planungsrecht) erfolgt ist.

Ergänzung: Bereits vorher waren die Belange des Naturschutzes und der Landschaftspflege durch geändertes Bundesrecht (§ 8 a BNatSchG) im Zusammenhang mit der Erteilung von Baugenehmigungen betroffen. Dieser Änderung des Bundesgesetzes zufolge (vorwiegend mit Verfahrensverkürzungen in Ostdeutschland motiviert) wurde über die Naturschutzbelange bereits im Bauleitplan in der Abwägung nach § 1 Baugesetzbuch des Bundes entschieden. Demzufolge wirkten in der Bauleitplanung bei Eingriffen nur noch das »Vermeidungsgebot« sowie die Ausgleichs- und Ersatzpflicht durch Festlegungen im Bauleitplan. Unsere weitergehende landesrechtliche Regelung (§ 9 Abs. 4), bei nicht vollständig durch Kompensationsleistungen ausgleichbaren Eingriffsfolgen eine Ausgleichsabgabe zu zahlen, war damit hinfällig. Eine wichtige Lenkungsfunktion zum schonenden Umgang mit den natürlichen Grundlagen war weggefallen. Eine weitere Ausgestaltung hatte der nun gültige Grundsatz »Baurecht vor Naturschutzrecht« bereits im Aufbaubeschleunigungsgesetz erfahren, zu dem im Abschnitt 5.4 etwas ausführlicher Stellung genommen wird.

zu **b** Im Zusammenhang mit der Einführung des Euro wurden die festgesetzten Beträge bei Ordnungswidrigkeiten und Bußgeldvorschriften rechnerisch umgestellt.

zu **c** Im Zusammenhang mit einem neuen Landesplanungsgesetz wurden Änderungen im 2. Abschnitt des Naturschutzgesetzes, der sich mit Landschaftsplanung befasst, vorgenommen.

Durchaus einschneidend darf die Neufassung der diesbezüglichen §§ 4–7 genannt werden. Die Primärintegration des Naturschutzrechtes in die Raumordnung wurde weiter gestärkt, die Aufgaben und Inhalte der Landschaftsplanung im Vergleich zu 1992 erheblich konkretisiert und an spezielle Erfordernisse des Naturschutzes angepasst. Besonders die im § 4 Ziffer 1 aufgenommene zwingende Ausarbeitung von Leitbildern für Naturräume und Landschaftseinheiten als Grundlage für gesamträumliche Entwicklungskonzeptionen ist eine begrüßenswerte

Ergänzung gewesen, welche für die allgemeine Zielstellung eines nachhaltigen Schutzes natürlicher Grundlagen und entsprechender Pflege- und Entwicklungsmaßnahmen eine Verbesserung darstellt. Die in der ersten Generation der Regionalpläne ausgearbeiteten Leitbilder für die landschaftlichen Großeinheiten des Freistaates [MANNSFELD/RICHTER, 1995] sind ein Anfangsschritt in Richtung detaillierter Zielstellungen auf dieser Planebene, aber dennoch zu wenig konkret [vgl. Abb. 20]. Die Voraussetzungen zur Umsetzung wurden mit ergänzenden Festlegungen im § 43 hinsichtlich der Aufgaben von Fachbehörden, speziell des Landesamtes für Umwelt und Geologie, Abt. Naturschutz, geschaffen. Zusätzlich zu dem bisherigen Aufgabenspektrum (Landschaftsprogramm, Artenschutzprogramme, Dokumentation naturschutzfachlicher Gegebenheiten u. a.) wurde der Entwurf eines landesweiten »Fachbeitrages« als Synthese aus Landschaftsprogramm und Landschaftsrahmenplänen ins Gesetz aufgenommen, dessen Realisierung Ende 2006 aber noch aussteht. Der auf der ursprünglichen Gesetzesbasis 1994 vorgelegte Landesentwicklungsplan konnte aus verständlichen Gründen diese Ansprüche noch nicht umfänglich erfüllen, während im Anhang zum Landesentwicklungsplan von 2003 alle fachplanerischen Inhalte des Landschaftsprogramms, die nicht vorrangig für Belange der Raumordnung erforderlich sind, erstmals eine konkrete Auflistung erfahren, deren Bindungswirkung aber nur aus dem Naturschutzrecht erwächst, die jedoch von öffentlichen Stellen bei allen Planungen zu berücksichtigen sind.

zu **d** Im Zusammenhang mit einem Artikelgesetz zur Aufhebung von Rechtsvorschriften wurden insbesondere für die Übergangs- und Schlussbestimmungen des bisherigen Gesetzes nennenswerte Veränderungen angenommen. Dazu zählt im § 63 die Aufhebung der bisherigen Regelungsfortdauer der Baumschutzverordnung der DDR, die letztmalig eine Übergangsfrist bis 2007 erhält, weil bis dahin die Naturschutzbehörden für Landschaftsschutzgebiete und (flächenhafte) Naturdenkmale neue Rechtsverordnungen oder die Gemeinden Satzungen zum Schutz von Bäumen und Baumgruppen in »Geschützten Landschaftsbestandteilen« (§ 22) erlassen müssen. In den Übergangsvorschriften des § 65 wurde die umstrittene Regelung zur zeitweiligen Reduzierung einer kompletten Landschaftsplanung auf eine Zustandbewertung endgültig aufgehoben, weil seit 1997 ausgelaufen. Auch die bis zur Vorlage entsprechender Rechtsverordnungen gültigen Kennzeichnungsregeln für die Schutzgebiete konnten gestrichen werden.

zu **e** Im Zusammenhang mit gesetzlichen Konsequenzen zu einem wirksameren Hochwasserschutz (Reaktion auf das extreme Hochwasserereignis vom August 2002) wurden hauptsächlich Verfahrensvorschriften im Sinne der Beschleunigung und Vereinfachung von Verwaltungsabläufen geändert. Das findet beispielsweise im § 10 (Allgemeine Verfahren bei Eingriffen) sowie analog in den Paragrafen 11 (Eingriffe aufgrund von Fachplänen) und 53 (Befreiungen) seinen Niederschlag

ABBILDUNG 20

Naturschutzfachliche Ziele im Leitbild
für Naturräume in Regionalplänen

Regionalisierte Leitbilder für Natur und Landschaft

Die im **Mulde-Lösshügelland** markanten Durchbruchstäler der Freiberger und der Zwickauer Mulde sowie der Zschopau sollen in ihrer charakteristischen Ausprägung, ihrer hohen landschaftlichen Erlebniswirksamkeit und wegen ihrer günstigen Voraussetzungen für eine ruhige Erholung bewahrt werden. Dazu sollen

- Hangwälder, Felsflurvegetationen und Silikatmagerrasen besonders geschützt und Ackerflächen in den Auen schrittweise in Grünland umgewandelt werden,

- der Waldanteil durch Arrondierung bestehender Wälder sowie naturnahe, standort- und funktionsgerechte Aufforstungen an bisher ackerbaulich genutzten, erosionsgefährdeten Hanglagen wirksam erhöht werden,

- ackerbaulich genutzte Plateauflächen mit Hecken und Gehölzen angereichert werden,

- der hohe Grünlandanteil der Bachauen erhalten und dabei besonders trockene wie besonders nasse Wiesen extensiver bewirtschaftet werden,

Regionalplan Westsachsen
Verbindlicher Plan gemäß Genehmigung vom 15.03.2001

Oberes West- und Mittelerzgebirge

Das Obere West- und Mittelerzgebirge soll als waldreiches, in den kammnahen Lagen dünn besiedeltes Gebiet mit herausragender Naturschutzbedeutung, klimatischer und hydrologischer Ausgleichsfunktion sowie traditionell bedeutsamer Erholungs- und Tourismusfunktion erhalten und unter Berücksichtigung der grenzübergreifenden landschaftlichen Beziehungen weiterentwickelt werden.

Dazu sollen

- das ausgedehnte Waldgebiet des kammnahen Raumes in seiner Geschlossenheit erhalten und zunehmend naturnah entwickelt werden

- Aufforstungen in den offenen Rodungsbereichen der Siedlungen begrenzt, in den Wiesenauen grundsätzlich vermieden werden

- Bergwiesen und Borstgrasrasen als charakteristische Elemente des Berglandes erhalten, ihre Regenerierung und Wiederausbreitung durch extensive Nutzung gefördert werden

- als charakteristische Landschaftselemente neben naturnahen Bereichen wie unverbauten Fließgewässern mit ihren Auen und Laubmischwaldresten in Steilhangabschnitten vor allem nutzungsbedingte Strukturen wie Feldgehölzstreifen entlang ursprünglicher Nutzungsgrenzen und Streuobstwiesen gesichert, wiederhergestellt bzw. landschaftsgerecht ergänzt werden

Regionalplan Südwestsachsen
In Kraft getretener Plan gemäß Genehmigung vom 28.01.02

durch mehrere Einfügungen, welche die Fristen für naturschutzfachliche Stellungnahmen der Behörden oder die Entscheidungen über Ausgleichs- und Ersatzmaßnahmen erheblich reduziert, nämlich von zwei Monaten auf zwei Wochen. Der Hintergrund wird in den neu gefassten Texten deutlich erkennbar, denn wenn der Eingriff z. B. »der Beseitigung von Schäden, die durch außergewöhnliche Ereignisse, besonders Naturkatastrophen hervorgerufen wurde«, dient, gilt diese erhebliche Fristverkürzung auf 14 Tage. Aus Gründen verstärkter Prävention vor Naturkatastrophen, wie beispielsweise des Hochwassers, wird im § 36 eine Ausweitung der Vorkaufsrechte des Freistaates an Grundstücken, die (so die zusätzliche gesetzliche Regelung) »bei Hochwasser überflutet werden«, vorgenommen.

zu f Im Zusammenhang mit dem Haushaltbegleitgesetz zum Doppelhaushalt 2003/2004 (technisch gesehen ein Artikelgesetz) wurden mehrere Ergänzungen im Naturschutzrecht vorgenommen, die sich aus der Notwendigkeit ergaben, die erheblich verspätet in Bundesrecht umgesetzte europäische Richtlinie zum Schutz des europäischen ökologischen Netzes Natura 2000 (kurz: FFH-Richtlinie) in Landesrecht zu überführen. Einerseits wurde das Konzept Natura 2000 durch einen neuen Absatz 2 im Einleitungsparagraf 1 (Ziele und Grundsätze des Naturschutzes und der Landschaftspflege) berücksichtigt, was den Stellenwert des Anliegens verdeutlichen sollte, und andererseits wurde der vierte Abschnitt des sächsischen Gesetzes (Schutzgebiete) beträchtlich erweitert. Die gebietliche Komponente der FFH-Richtlinie und die Festlegungen zu den notwendigen Erhaltungszielen von nach europäischem Recht besonders schützenswerten Arten und Lebensräumen sowie der europäischen Vogelschutzgebiete wurden im § 22 a geregelt. Die Zulässigkeit bzw. Verträglichkeit von Projekten und Planungen in solchen Gebieten, die zwingendere Erhaltungskriterien kennt als das deutsche (sächsische) Recht, wird im § 22 b beschrieben, während zur Vervollkommnung der europäischen Dimension dieser Neuregelung sich ein § 22 c mit den grenzüberschreitenden Aspekten bei der Zulässigkeit von Vorhaben und Maßnahmen in FFH-Gebieten bzw. auch deren unmittelbarer Umgebung befasst.

Da zu dem europäischen Schutzgebietsgedanken auch zwingend ein wissenschaftliches Beobachtungsprogramm (Monitoring) und zukünftig konkrete Managementpläne gehören, wurden in das Aufgabenspektrum der Fachbehörden des Landes (Landesamt für Umwelt und Geologie sowie die fünf Staatlichen Umweltfachämter – ab 2005 die Abteilungen Umweltschutz in den Regierungspräsidien) einschlägige Aufgaben zur Erfüllung dieser Anforderungen aufgenommen. Der Gesetzgeber nutzte den notwendigen Novellierungsbedarf zugleich zum Beschluss über einige aktuell aufgetretene Ergänzungsnotwendigkeiten. Eine umfangreiche Ergänzung erfuhr der § 15, der die allgemeinen Vorschriften für Schutzgebiete behandelt. Nicht nur die generelle Handhabung, in allen Gebietskategorien Zonen mit abgestuftem Schutzzweck einführen zu können, sondern auch

ABBILDUNG 21
Broschurentitel: »Natura 2000« –
Europäische Schutzgebiete in Sachsen

die ausdrückliche Schaffung von beratenden Einrichtungen für Nationalpark, Biosphärenreservat und Naturparks ist eine Stärkung der Naturschutzarbeit, zumal in diesen Gremien Vertreter kommunaler Gebietskörperschaften und Verbänden oder Sachverständige mit den Behörden
zusammenarbeiten sollen. Inhaltlich stehen Erörterungen aller Planungen, Vorhaben und Maßnahmen, welche die genannten Großschutzgebiete
und die beiden Naturparks betreffen, im Mittelpunkt. Auch eine sinnvolle
Zuständigkeitsänderung im § 17, welche das Agieren von Forstamt und
Nationalparkamt innerhalb der Nationalparkregion Sächsische Schweiz
berührt, wurde vorgenommen. Die Verschmelzung zu einer erweiterten
Nationalparkverwaltung enthält jedoch auch den vorher lange umstrittenen, aber zweifelsfrei notwendigen Zusatz, dass die Fachaufsicht dieser
gemeinsam handelnden Verwaltung der obersten Naturschutzbehörde
(Umweltministerium, Abt. Naturschutz) obliegt.

Der Vollständigkeit halber sollen noch die Gesetzesänderungen kurz aufgeführt werden, die nach dem gewählten Betrachtungszeitraum bis 2002 im Sächsischen Landtag beschlossen worden sind.

Im Zusammenhang mit einem Gesetz über Umweltverträglichkeitsprüfungen von Planungen und Programmen im Jahre 2003 wurde im Sinne des Naturschutzes folgende Klarstellung vorgenommen: Bei Inanspruchnahme von Ödland oder naturnahen Flächen (was das ist, wird aber nicht definiert) für intensive Landwirtschaft sowie für Skipisten und die zugehörigen Einrichtungen werden die jeweiligen Vorhaben UVP-pflichtig, wenn es sich um eine Flächeninanspruchnahme von mehr als 5 ha, in Schutzgebieten von mehr als 2 ha oder bei Umwandlung vorher extensiv genutzter Flächen in Schutzgebieten von mehr als 3 ha handelt.

Eine weitere Überarbeitung des Naturschutzrechtes erfolgte im Mai 2004 in einem Artikelgesetz zu Verwaltungsvereinfachungen. Inhaltlich betrafen diese vorrangig Festlegungen zu Tiergehegen, speziell zu Betreiberpflichten, sowie neben redaktionellen Klarstellungen, z. B. Ministerium für Umwelt und Landwirtschaft anstelle Umwelt und Landesentwicklung, erweiterte Regelungen im § 49, welcher besondere Zuständigkeiten im Artenschutz regelt. Eine deutliche Stärkung des Naturschutzes bewirkt eine Ergänzung im § 26 (Schutz bestimmter Biotope), wonach zukünftig für Baumaßnahmen, die ohne Erlaubnis in Flächen geschützter Biotope begonnen wurden, der vollständige Rückbau angeordnet werden kann.

Im Juni 2005 schließlich erfolgte eine weitere Gesetzesnovellierung als ergänzende Regelung zur europäischen Vogelschutzrichtlinie von 1979, die nach Ansicht der EU-Kommission in zahlreichen deutschen Bundesländern nicht ausreichend umgesetzt worden ist. Auch Sachsens Meldung 1992 von 20 Vogelschutzgebieten für rd. 78 000 ha (= 4,25 % der Landesfläche) galt als unzureichend, und insgesamt drohten Deutschland Sanktionszahlungen (rückwirkend ab 2002), die allein für Sachsen 80 Mio. EUR Zwangsgelder bedeutet hätten. Solange naturschutzfachlich (teilweise auch durch anerkannte Verbände) ermittelte Vogelschutzgebiete nicht flächengenau festgesetzt sind, was angesichts der Lebensgewohnheiten von Vögeln wohl auch kein ganz eindeutiges Verfahren darstellt, handelt es sich um »faktische Vogelschutzgebiete«, in welchen, um einen Begriff aus dem Baurecht zu gebrauchen, »Veränderungssperre« herrscht, d. h. in jenen Gebieten sind Projekte und Vorhaben jeglicher Art unzulässig. Mit der Festsetzung von Gebieten im Sinne kartographisch fixierter Areale, die öffentlich bekannt gemacht werden, deren schützenswerte Arten einschließlich der Erhaltungsmaßnahmen beschrieben sind, wird ein »Grundschutz« für Vogelschutzgebiete – ähnlich den FFH-Gebieten – gewährt, der nicht mit den strengen Regelungen eines Naturschutzgebietes gleichzusetzen ist, der aber klare Schutzinstrumente anwendet (Einfügung eines Absatz 6 im § 22 a). Dennoch aber können mittels Verträglichkeitsprüfungen (Artikel 7 der FFH-Richtlinie) bei Beachtung des Verschlechterungsverbotes Eingriffe ermöglicht werden, zu denen neben Straßen oder Ansiedlungen eben auch die bisherige Flächenbewirtschaftung zählt, solange sie den Kriterien der umweltgerechten Land- und Forstwirtschaft entspricht. Auf der Basis von zu vereinbarenden Erhaltungsmaßnahmen mit Bewirtschaftern und Eigentümern können dann auch Ausgleichszahlungen erfolgen. Das letztere Instrument ist dabei die Hauptvoraussetzung gewesen, dass die umfangreiche sächsische Nachmeldung ohne allzu lautstarke Proteste verlief. Jeder potentielle Investor weiß jetzt, dass ein Vorhaben, wenn auch oft unter strengen Auflagen und erheblichen Kompensationsleistungen, möglich sein kann, was zur Planungssicherheit beiträgt. Eine besondere Beschleunigung für die ausgeweitete Umsetzung der Vogelschutzrichtlinie stellten möglicherweise auch die einschlägigen Planungen zur Leipziger Olympiabewerbung dar. Dort war nämlich ein Teil der neuen Regattastrecke in einem »faktischen Vogelschutzgebiet« vorgesehen, für das es nur über den gesetzlichen Weg des Grundschutzes möglich gewesen wäre, eines Tages Sportwettkämpfe durchzuführen. Obwohl dieser punktuelle Anlass ab 2004 nicht mehr bestand, hat der wachsende Druck aus Brüssel und von der Bundesebene die deutschen Gebietsmeldungen beschleunigt. Die für Sachsen vorgesehene Erweiterung auf 77 Gebiete mit rd. 250 000 ha (= 13,6 % der Landesfläche) wird aber einem freiwilligen Anhörungsverfahren mit den Nutzern und Eigentümern unterzogen, so dass der Abschluss des Vorganges noch nicht endgültig absehbar ist.

Noch immer ist das sächsische Naturschutzgesetz ein griffiges und facettenreiches Instrument zur Beachtung der Belange des Naturschutzes und der Landschaftspflege; dennoch bleibt zu hoffen, dass weitere Überarbeitungen und Ergänzungen, die sicherlich auch in den kommenden Jahren nicht auszuschließen sein werden (bereits bis 2005 hätte das Bundesnaturschutzgesetz von 2002 umgesetzt sein müssen), nicht die Substanz angreifen. In diesem Sinne möge das Naturschutzrecht im Freistaat Sachsen für alle, die sich um die Naturerhaltung sorgen und für sie einsetzen, ein sicherer Hafen sowie ein echtes Bollwerk gegen Naturzerstörung bleiben.

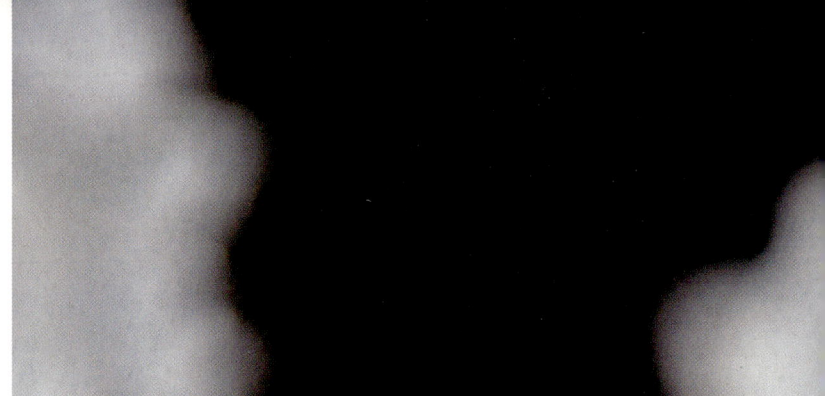

4

POSITIONEN DER POLITISCHEN KRÄFTE

4.1 ALTERNATIVE GESETZENTWÜRFE, PROGRAMME, PLENARDEBATTEN

4.1.1 PROGRAMME: »GRÜNE CHARTA«

Der unaufhaltsame Zug in Richtung einer deutschen Wiedervereinigung forderte bereits Anfang 1990 von den Akteuren des Neubeginns auch thematische Vorarbeiten. Im März 1990 hatte der Landesvorstand der CDU seiner »Arbeitsgruppe Umwelt« den Auftrag zur Erarbeitung einer entsprechenden Programmatik gegeben. Durch Kontakte mit baden-württembergischen Politikern fiel mir als Leiter dieser Arbeitsgruppe eine »Grüne Charta Baden-Württemberg« vom Oktober 1985 in die Hände. Sehr schnell war mir klar, dass unser Arbeitstitel (Umwelt- und Naturschutzprogramm für Sachsen) in seiner Griffigkeit durch Übernahme des süddeutschen Vorbildes stark gesteigert werden könnte. (Der Vollständigkeit halber sei erwähnt, dass die baden-württembergische Union den Titel ihres Programms der »Grünen Charta von der Mainau« entlehnt hatte, die 1961 aus Expertengesprächen zu Fragen der Landespflege entstanden war und für die Bundesrepublik ein allgemeines Signal zu schonender Landschaftsnutzung darstellte. Zur Durchsetzung der Zielstellungen dieser Charta wurde immerhin 1962 der Deutsche Rat für Landespflege ins Leben gerufen, der sich als unabhängiges Gremium bleibende Verdienste für die Beachtung der Themen Landschaftsgestaltung und Naturschutz im Westen Deutschlands erworben hat.)
Es war offensichtlich eine zulässige Adaption, das gesamte Umweltprogramm der sächsischen Union unter diese eingängige Überschrift zu stellen. Es wurde dann im September, zur Vertiefung der Wahlplattform für die Landtagswahl im Oktober 1990, von einem Landesparteitag angenommen. In der eigentlichen Wahlplattform waren hingegen nur zwei naturschutzrelevante Aussagen enthalten. Eine CDU-geführte Landesregierung wollte »im Natur- und Artenschutz den bedrohlichen Rückgang heimischer Tier- und Pflanzenwelt sowie den Verlust landschaftlicher Schönheiten aufhalten und durch neue inhaltliche und materielle Zielstellungen eines Landesnaturschutzgesetzes dazu beitragen, den Reichtum der sächsischen Kulturlandschaft wieder herzustellen« und »die Schaffung der Nationalparkregion Sächsische Schweiz unterstützen«.
Für die Grüne Charta lieferte ein verdienstvoller ehrenamtlicher Naturschützer (Dr. Kandler, Dresden) das fachliche Rohmanuskript zum Naturschutzkapitel, während die Arbeitsgruppe die speziellen und wohl auch politisch durchsetzbaren Zielstellungen zum Naturschutz redigierte. Folgende Grundsätze sollten die künftige Naturschutzpolitik bestimmen:
- sich dem bundesdeutschen Gesetzesrahmen anzupassen,
- den Besonderheiten des Landes Sachsen Rechnung zu tragen,
- seine Eigenständigkeit in der Gesetzgebung festzuschreiben sowie
- Positives der Vergangenheit zu bewahren und fortzusetzen,
- Novellierung des Sächsischen Landesnaturschutzgesetzes unter Einbeziehung des Sachverstandes erfahrener haupt- und ehrenamtlicher Naturschutzmitarbeiter,

- Entwicklung einer wissenschaftlich fundierten Konzeption für die Naturschutzarbeit, die sich mit Biotopkartierung / Reservatsystem, floristischen und faunistischen Kartierungen, Pflegemaßnahmen an geschützten Objekten, Öffentlichkeitsarbeit und Bildung befasst,
- Beibehaltung des bewährten Systems der Naturschutzbeauftragten und der Objektbetreuer für das Vorkommen seltener Tier- und Pflanzenarten. Bei der Landesebene sind Beauftragte für Vogelberingung und für Wasservogel- und Feuchtgebietsschutz (Konvention von Ramsar) einzusetzen.
- Den staatlichen Naturschutzbehörden der verschiedenen Ebenen sind Beiräte zuzuordnen, in denen Naturschutzverbände, ehrenamtliche Kräfte und wissenschaftliche Einrichtungen vertreten sind.
- Weiterer Ausbau von Naturschutzstationen und Aufbau einer leistungsfähigen Nationalpark- und Naturparkverwaltung (Nationalpark »Sächsische Schweiz«).
- Ankauf und Pflege von Naturschutzobjekten sowie Aufbau eines Biotopverbundsystems, das 10 – 15 % der Landesfläche umfasst.
- Förderung umweltschonender, naturschutzgerechter Landnutzung durch Steuerbegünstigung bzw. Entschädigungen, wenn aus Gründen des Naturschutzes Nutzungsbeschränkungen und angepasste Nutzungsformen erforderlich werden.
- Einführung einer Naturbelastungsabgabe [vgl. Kap. Boden] bei erhöhtem Flächenverbrauch durch Bebauung oder ähnliche Nutzungsansprüche.
- Abbau des bestehenden Pflegedefizits bei Naturschutzobjekten durch ökonomisch umfassende Angebote, um Betreiber an der Pflege solcher Objekte zu interessieren.

Zahlreichen, oft recht diffusen Forderungen in dieser Zeit vor der Ländergründung und kurz danach wurde so ein klarer Handlungsrahmen entgegengestellt, obwohl durchaus die eine oder andere Aussage von noch nicht so intimer Kenntnis legislativer und exekutiver Aufgabentrennung zeugte und gelegentlich in der Wortwahl noch etwas die frühere Begriffswelt durchschimmerte. Andererseits muss ergänzend darauf hingewiesen werden, dass speziell auch die hier nicht zu kommentierenden Zielstellungen des Boden- und Gewässerschutzes oder die Aussagen zu den Konfliktfeldern wie Land- und Forstwirtschaft u. ä. dem Gedanken eines umfassenden Schutzes der Belange des Naturhaushaltes verpflichtet waren.

Von anderen politischen Kräften in Sachsen ist eine derartig komplexe Zustandsbeschreibung mit daraus abgeleiteten Handlungsoptionen nicht bekannt geworden. Somit war die Grüne Charta vom September 1990 nach dem Auftrag zur Regierungsbildung für die CDU-Fraktion und damit auch für die Regierung letztlich bindender sachlicher Hintergrund.

Einige Jahre später wurde im Juni 1993 von dem zwischenzeitlich bei der Landespartei gebildeten »Landesfachausschuss Landesentwicklung, Umwelt und Verkehr« eine überarbeitete Fassung der Grünen Charta vorgelegt. Während in Bezug auf einige Umweltaspekte eine redaktionelle Anpassung und Aktualisierung auch nach relativ kurzer Zeit sinnvoll war (Abfallwirtschaft, Luftreinhaltung, Energiefragen u. ä.), blieb es auf dem Gebiet des

Natur- und Artenschutzes weitgehend bei der Positionsbestimmung des Jahres 1990, was auch daran erkennbar wird, dass die Forderungen [s. o.] im Wesentlichen übernommen wurden. Mit der besonderen Betonung des Konfliktfeldes Naturschutz und Tourismus trug man den ersten Erfahrungen der häufig konkurrierenden Interessen beider gesellschaftlicher Anliegen Rechnung.

Im Dezember 2003 haben CDU-Landtagsfraktion (Arbeitskreis Umwelt und Landesentwicklung und der Fachbeirat Umwelt) erneut eine aktualisierte Fassung zu Leitlinien und Arbeitszielen für die Natur- und Umweltpolitik unter der Überschrift »Herausforderung Zukunft – Grüne Charta 2004«, zugleich als Wahlprogrammatik, vorgestellt. Die mit einer Darstellung der bis 2003 grundsätzlich erfolgreichen Naturschutzpolitik verbundenen Schwerpunkte für die nachfolgende Zeit sind, mit Ausnahme des Aspektes verbesserter internationaler Zusammenarbeit, noch immer vergleichbar mit dem Katalog von 1990, nur sind diese Ziele (das ist zunächst eher Feststellung als schon Befürchtung) viel unverbindlicher und allgemeiner formuliert als 13 Jahre vorher! Ob das Ausdruck einer gewissen Sättigung aufgrund des Erreichten in Umsetzung der seinerzeit konkret umrissenen Aufgaben ist oder vielleicht doch Ausdruck eines geringer gewordenen Stellenwertes der Naturschutzpolitik in der damals noch als Mehrheitsfraktion handelnden Partei, muss zunächst offen bleiben.

4.1.2 ALTERNATIVER GESETZENTWURF ZUM NATURSCHUTZ BÜNDNIS 90 / GRÜNE

Im November 1991 legte die Fraktion Bündnis 90/Grüne einen eigenen Gesetzentwurf für den parlamentarischen Geschäftsgang (»Sächsisches Gesetz für Naturschutz und Landschaftspflege«) vor, der allerdings ein Modellgesetz aus Niedersachsen für alle ostdeutschen Bundesländer war. Das erklärte auch einige Defizite hinsichtlich der Berücksichtigung sächsischer Besonderheiten. Der Entwurf kam mit ablehnendem Votum aus dem Umweltausschuss im Oktober 1992 mit dem Regierungsentwurf [vgl. Kap. 3.3] zur endgültigen Abstimmung in den Landtag, fand aber dort ebenfalls keine Mehrheit.

In den Grundzügen ist der Gesetzentwurf hinsichtlich seines naturschutzfachlichen Regelungsgehaltes mit dem eingereichten Entwurf der Staatsregierung vom Frühjahr 1992 durchaus vergleichbar. Abweichungen, z. B. keine Primärintegration der Landschaftsplanung, nur zweistufiger Verwaltungsaufbau, erheblich ausgeweitete Verbandsklage, stehen absolut vergleichbare Ansätze gegenüber, zu denen überraschenderweise auch gehörte, Land-, Forst- und Fischereiwirtschaft nicht als Eingriff zu behandeln, wenn bestimmte Bewirtschaftungsweisen eingehalten werden. Dass der Entwurf im Vergleich zu dem Gesetz der Regierung diese Bewirtschaftungskriterien nicht definierte, ist hingegen wieder ein Unterscheidungsmerkmal.

Andererseits sind im Entwurf der Oppositionsfraktion eine Reihe handwerklicher Mängel nicht zu übersehen, wenn z. B. gefordert wird: Die Träger der

Bauleitplanung stellen den Landschaftsrahmenplan gemeinsam mit der unteren Naturschutzbehörde auf [§ 5 Abs. 1 dieses Entwurfes]. Eine solche Verfahrensweise ist juristisch nicht haltbar, zumal Landschaftsrahmenpläne nur für größere Gebietseinheiten (also nicht Kommunen) wie Regionale Planungsverbände aufgestellt werden. Andere Forderungen waren völlig überzogen, so die Vorschrift, Abgrabungen und Aufschüttungen ab 30 m² sollten genehmigungspflichtig sein. Im sächsischen Naturschutzgesetz wurde später dann auch nicht diese »Wohnzimmergröße« festgelegt, sondern ein Flächenumfang von 300 m². Auch konnte nicht befriedigen, dass für die wichtigsten Schutzgebiete nicht festgelegt war, welche Ebene für die Ausweisung zuständig sein sollte. Nur für Nationalparks sollte das Ministerium zuständig sein, ansonsten wechselweise die Landratsämter und / oder das Ministerium.

Sächsischer Landtag
1. Wahlperiode

DRUCKSACHE 1/ **1066**

Gesetzentwurf

der   Fraktion Bündnis 90/GRÜNE

Titel

Sächsisches Gesetz für Naturschutz und Landschaftspflege
(SäNatSchG)

Eingegangen am: **19.11.1991**
....

Ausgegeben am: **25.11.1991**
....

ABBILDUNG 24
Alternativer Gesetzentwurf
der Fraktion Bündnis 90/Grüne vom
November 1991 zum Naturschutz

Die Einrichtung eines »Landschaftsüberwachungsdienstes« zur besseren Einhaltung gesetzlicher Vorschriften war sicher eine gut gemeinte Überlegung. Aber sowohl die dafür nicht vorhandenen Haushaltmittel als vielmehr noch die Vermischung mit Polizeiaufgaben, zumindest im Sinne des vorgesehenen Textes, minimierten die parlamentarische Bereitschaft zur Umsetzung. Nach meiner Auffassung bot die konsequente Arbeit der Naturschutzbehörden in Verbindung mit dem Naturschutzdienst (ehrenamtliche Kräfte) durchaus die Garantie für die laufende Beobachtung und damit auch Einhaltung aller Vorschriften, speziell im Außenbereich. Ein echter Mangel war auch die einseitige Übernahme des Kataloges geschützter Biotope nach dem Bundesgesetz, während im Regierungsentwurf sächsische Spezifika der Biotopausstattung richtigerweise gebührend berücksichtigt worden waren. Schließlich wurden an mehreren Stellen im »Bündnisentwurf« Finanzmittel für kommunale Vorhaben gefordert, die ausschließlich über das Finanzausgleichsgesetz (FAG) in eigener Zuständigkeit der Kommunen zweckentsprechend zu realisieren gewesen wären, ohne dafür einen eigenen Haushalttitel im Naturschutzgesetz erwarten zu können.

Wenn man in Betracht zieht, dass es einer verhältnismäßig kleinen Fraktion durchaus ein ernstzunehmendes Anliegen war, einen eigenen gesetzlichen Rahmen vorzulegen, dann ist es doch bemerkenswert (und enttäuschend) zugleich, dass die parlamentarischen Gruppen, welche am heftigsten das sächsische Naturschutzgesetz kritisiert haben, keinerlei eigenständige Vorstellungen zur Gesetzgebung entwickelt haben. Wenn, wie gesagt, der »Grüne«-Entwurf (Drucksache 1/1066) auch stellenweise unserem Verständnis nach nicht zustimmungsfähig war und insgesamt eine zu stark ausschmückende Inhaltsbestimmung (z. B. Kataloge zur Eingriffsdefinition) besaß, so soll doch auch Jahre später die Anerkennung für das Bemühen um angemessene gesetzliche Regelungen nicht versagt werden.

4.2 PARLAMENTARISCHE INITIATIVEN

4.2.1 MASSNAHMEKATALOG UMWELTSCHUTZ

Im Mai 1991 stellte meine Fraktion den Antrag [1/427], die Staatsregierung möge dem Parlament einen konkreten Maßnahmekatalog hinsichtlich aller umweltrelevanten Belange (wir hatten sieben Bereiche unterschieden, zu denen Natur- und Landschaftsschutz gehörte) vorlegen. Grund war hauptsächlich die erschreckende Bilanz, die der Umweltbericht 1991 nach 40 Jahren DDR-Regime in Sachen Umwelt- und Naturschutz erkennen ließ. Auch erwarteten wir Aussagen über notwendige Gesetzesinitiativen sowie Finanzierungsansätze zu den einzelnen Themenfeldern. In der Antwort der Regierung vom 14. Juni 1991 wurde dieser Katalog zugesagt und Aussagen im Sinne der genannten Erwartungen getroffen.

Dazu zählte auch die Ankündigung, für den Freistaat Sachsen eine Schutzgebiets- und Biotopschutzkonzeption auszuarbeiten [s. u.]. Der Landtag wiederum hatte am 12. Juli den beantworteten Antrag durch Zustimmung zum Beschluss des Plenums erhoben. Am Rande sei vermerkt, dass die Ausarbeitung des Maßnahmekataloges zunächst keine Sternstunde der Exekutive wurde, denn die zugesagte Erarbeitung bis zum Jahresende 1991 konnte, mit wenig überzeugenden Begründungen, nicht eingehalten werden.

Erst im Spätsommer 1992, also weit über ein Jahr nach der parlamentarischen Initiative, wurde die erbetene Übersicht vorgelegt. Nach einer kurzen Situationsbeschreibung konzentrierten sich unter Ziffer 7 die Ziele und die zu deren Umsetzung erforderlichen Maßnahmen auf die bereits vielfach benannten und veröffentlichten Schwerpunkte. Während unter den Zielen die Erweiterung des Schutzgebietssystems, die Biotoperhaltung und ihre Vernetzung, die Renaturierung gestörter oder beeinträchtigter Flächen sowie vor allem eine umweltgerechte Landnutzung (besonders durch Extensivierung) herausragten, bestimmten im eigentlichen Maßnahmekatalog das noch näher zu beleuchtende Schutzgebietsprogramm, die flächendeckende Biotopkartierung auf der Basis einer im Frühjahr 1992 durchgeführten Befliegung (Color-Infrarot) und der Grundstückserwerb für Naturschutzzwecke auch erste Vorstellungen zum Vertragsnaturschutz sowie zur Einrichtung einer Fortbildungs- und Ausbildungsstätte (spätere Akademie für Natur und Umwelt) den Inhalt. Abgesehen von der verzögerten Vorlage aber war dieser Maßnahmekatalog für den gesamten Umweltsektor ein äußerst notwendiger, weil sehr solide verfasster Bericht mit klarer Bestimmung der Vorhaben für die kommende Zeit, auch und gerade für den Natur- und Landschaftsschutz.

SCHUTZGEBIETSPROGRAMME
1992 – 1994 [A] UND 1995 – 1999 [B]

[a] Weitgehend parallel zur Gesetzgebung ließ das Umweltministerium im Landesamt für Umwelt und Geologie, Abt. Naturschutz, ein Schutzgebiets- und Biotopschutzprogramm für den Freistaat Sachsen erarbeiten, das mit Stand vom Februar 1992 der Öffentlichkeit vorgelegt wurde. Da jedoch noch kein Landesnaturschutzgesetz verabschiedet war, mussten die Schutzkategorien des Bundesgesetzes zugrunde gelegt werden. Folglich konnte über ein Biosphärenreservat zunächst nur »philosophiert« werden, und auch die im sächsischen Gesetz später [vgl. Kap. 3.3] erfolgte Aufwertung des Schutzzweckes von Naturparks hinsichtlich Naturschutz und Landschaftspflege konnte nicht berücksichtigt werden. Ansonsten aber wurden auf der Grundlage einer sachlichen und objektiven Beschreibung der vorgefundenen Situation [Text im Programm abschnittsweise vergleichbar mit dem Aufsatz STEFFENS, 1991] klare Handlungsnotwendigkeiten und Zielstellungen für den kommenden dreijährigen Zeitraum abgeleitet.

Zu den wichtigsten inhaltlichen Zielsetzungen gehörte:

■ die Erweiterung des Flächenschutzes für wertvolle Landschaftsteile und Einzelbiotope, einschließlich der Ausweisung von Pufferzonen um schützenswerte Objekte, Räume und Gebiete,

■ der Aufbau bzw. die Weiterentwicklung eines Biotopverbundsystems durch Extensivierung aller Formen der Flächennutzung oder durch gezielte Renaturierung,

■ eine naturverträglichere Wirtschaftsweise in der Land-, Forst- und Fischereiwirtschaft,

■ die generelle Vermeidung von Eingriffen in Natur und Landschaft bei gleichzeitiger Minimierung unvermeidbarer Eingriffe bzw. deren bestmöglicher Kompensation,

■ die Ausarbeitung und Umsetzung spezieller Programme für besonders bedrohte Tier- und Pflanzenarten.

Regional von großem Interesse war der Textanhang, welcher die beabsichtigte Neuausweisung oder flächenhafte Erweiterung von Naturschutzgebieten umfasste, wozu im Programm 50 Einzelvorhaben benannt waren. Für diese Gebiete wurde eine Kurzcharakteristik der Schutzziele und bestehenden Gefährdungseinflüsse hinzugefügt. An dieser Stelle muss einfach noch einmal erwähnt werden, dass mit der Erarbeitung von Schutzverordnungen für die zu sichernden und später festzusetzenden Gebiete, vor allem aber für die Überarbeitung der bis 1990 bereits bestehenden rd. 155 Gebiete eine ungeheuer umfangreiche und konfliktbeladene Arbeit von den Naturschutzbehörden zu leisten war. Da gleichzeitig auch Landschaftsschutzgebiete (mit und ohne zu DDR-Zeiten bestätigten Landschaftspflegeplänen), der Nationalpark, das Biosphärenreservat und andere Verordnungsaufgaben zu bewältigen waren, muss man den personell keinesfalls komfortabel ausgestatteten Verwaltungen auch im Nachhinein höchste Anerkennung zollen, gerade auch wegen der Notwendigkeit, die Verordnungen »wasserdicht« abzufassen. Schließlich waren für jedes Gebiet Unterlagen zu erarbeiten, die [Zitat aus dem Programm S. 10] »genaue Abgrenzung, Analyse und Bewertung der Naturausstattung, ausführliche Formulierung des Schutzzweckes, der Verbote und Gebote, der Pflege- und Entwicklungsziele sowie die erforderlichen Maßnahmen« enthalten mussten. Die Folge dieser Gegebenheiten waren, vor allem wegen der Widersprüche Betroffener mit den entsprechenden Verwaltungsverfahren, sich lang hinziehende Bearbeitungszeiten, die oft mehrere Jahre in Anspruch nahmen.

Für die mit der Biotopkartierung verbundenen großen Aufgaben, auch unter Einbeziehung des ehrenamtlichen Naturschutzes – speziell auch der Vertreter verschiedener Wissenschaftsdisziplinen –, muss auf die umfangreiche Spezialliteratur verwiesen werden [u. a. BUDER, 1991; BUDER, 1995; BUDER u. KUHNERT, 1996; HARTDKE u. IHL, 2000].

[b] Eine Einschätzung der erreichten Ergebnisse zum Schutzgebietsprogramm von 1992 sowie eine Aktualisierung der Schwerpunkte und Zielstellungen enthält das 2. Schutzgebietsprogramm für den Zeitraum von 1995 bis 1999. Das Papier vertieft einleitend nochmals die Notwendigkeit zur Konsolidierung und Weiterentwicklung des vorhandenen Schutzgebietssystems, vor allem durch Anpassung der Schutzvorschriften an die neue Rechtslage, sowie die Erarbeitung qualifizierter

ABBILDUNG 25

Naturschutz in der Großstadt,

»Alte Ziegelei« – FND Dresden-Prohlis

Pflege- und Entwicklungsdokumente für festgesetzte Gebiete. Hinsichtlich der Erweiterung des bestehenden Spektrums schützenswerter Ökosysteme nennt das Programm mit besonderer Priorität u. a. Bergwiesen, Feucht- und Nasswiesen, Moorwälder, Moorheiden und Waldmoore sowie Sandheiden, Bachwälder und auch Eichen-Hainbuchen-Wälder einschließlich trocken-warmer Standorte im mittelsächsischen Hügelland.

Die angefügten Übersichten zum Stand der Festsetzung von Gebieten weichen von der Systematik des 92er Papiers ab und erschweren daher den direkten Vergleich. Jetzt bildet eine Anzahl dringlicher Ausweisungsvorgänge den Anhang 1, der 24 Gebiete zur erstmaligen Festsetzung bzw. zur Erweiterung umfasst. Der besondere Handlungsbedarf innerhalb dieser Gruppe wurde besonders bei den großen Truppenübungsplätzen wie Königsbrück oder Gohrischheide oder großflächigen Schutzwünschen in der Muldenaue oder im Niederspreer Teichgebiet gesehen, um konkurrierende Nutzungsansprüche durch Überwindung des Status »einstweilige Sicherstellung« erfolgreich abzuwehren. Ein Anhang 2 listet noch einmal jene Gebiete von 1992 auf, die dort in der Gruppe von 50 neu auszuweisenden Naturschutzgebieten verzeichnet waren. Davon konnten 13 Gebiete durch Verkündung im Amtsblatt als vollwertig gesichert angesehen werden. Eine dritte Gruppe umfasste nochmals 29 Areale, für welche die rechtlichen Grundlagen wie auch die Pflege- und Entwicklungsziele (zumeist aus der Zeit von 1960 bis 1980) nicht mehr den neuen Anforderungen entsprachen. Zum Stichtag 1. Januar 1998 legte das Referat 53 (Schutzgebiete / Eingriffsregelung) des damaligen Staatsministeriums für Umwelt und Landesentwicklung eine Übersichtsliste zum Stand der Umsetzung des Programms 1995 bis 1999 vor. Diesem Material ist zu entnehmen, dass von den 1995 zur raschen Ausweisung und Festsetzung vorgesehenen 24 Gebieten zwischenzeitlich vier Fälle endgültig gelöst waren. Aus der Kategorie Anhang 2 waren weitere 11 Gebiete endgültig festgesetzt, während aus dem Anhang 3 (übergeleitete NSG mit vordringlichem Anpassungsbedarf) drei Jahre später noch kein einziges (!) Verfahren abgeschlossen war. Hingegen konnten in dem bis Ende 1997 absolvierten Programmzeitraum 20 weitere, ursprünglich nicht im Programm vorgesehene Gebiete endgültig festgesetzt werden. Als Gesamtergebnis lässt sich somit festhalten (zu Einzelheiten gibt Tabelle 3 Auskunft, die mit freundlicher Unterstützung des Sächsischen Staatsministeriums für Umwelt und Landwirtschaft zusammengestellt werden konnte), dass von Februar 1992 bis Ende 1997 in Sachsen 48 Naturschutzgebiete endgültig festgesetzt (auf rd. 14.000 ha) und weitere 11 einstweilig gesichert (rd. 11.000 ha) werden konnten. Das war in Anbetracht der andeutungsweise erwähnten Schwierigkeiten [vgl. Seite 84] eine außerordentlich gute Leistung. Geringfügige Abweichungen zu dem von der Fachabteilung des Ministeriums veröffentlichten Zahlenwerk enthält eine Übersicht, welche in einer zusätzlich zur Regierungsantwort auf einen PDS-Antrag vom März 2000 dann im Juli 2000 dem Landtag übermittelt worden war. Dieser Darstellung folgend sind minimale Korrekturen dahingehend erforderlich, dass sich zwischen den einzelnen Kategorien [s. o.] Verschiebungen ergaben. Das hängt auch damit zusammen, dass diese Übersicht im Sommer 2000 einen längeren Bezugszeitraum umfasste, so dass beispielsweise die Zahl der außerhalb des Schutzgebietsprogramms zusätzlich festgesetzten NSG von 20 auf 25 angestiegen war.

Schutzgebiete im Freistaat Sachsen (Stand 1. Januar 2005)

Regierungsbezirke	Zahl der NSG	Flächenumfang [ha]	Bezirks- bzw. Landesfläche [%]
Chemnitz	85	5.932	0,97
Dresden	86	32.242	4,07
Leipzig	44	11.005	2,51
Freistaat Sachsen	215	49.180	2,67

TABELLE 3
Schutzgebiete im Freistaat Sachsen
(Stand 1. Januar 2005)

Das Schutzgebietsprogramm wurde trotz einer bis heute schwer verständlichen Entscheidung des Umweltministeriums ein Erfolg. Diese Entscheidung betraf einen Erlass des Ministers vom Juli 1999, welcher vorsah, die weitere Festsetzung von Naturschutzgebieten einstweilig auszusetzen. Die magere Begründung bestand in dem Hinweis, dass die personellen Ressourcen nur zur Anpassung der übergeleiteten Schutzgebiete ausreichten und selbst entscheidungsreife (!) Verordnungen bei den Regierungspräsidien für neue Schutzgebiete zurückstehen sollten. Als Antwort auf einen diesbezüglichen PDS-Antrag wurde nahezu unverhohlen diese Entscheidung als Beitrag zur Abwehr landwirtschaftlicher Nutzungsbeschränkungen (!) beschrieben. Selbst für abgeschlossene Verfahren sollte erneut eine Konsensbildung von Naturschutzbehörden und Betroffenen stattfinden. Von der Logik her war diese Übereinkunft ja längst erzielt, sonst wäre das Verfahren nicht bis zur Ziellinie gekommen. Aber es war die Absicht des Ministers, mit den seiner Ansicht nach ausufernden Unterschutzstellungen aufzuräumen.

Glücklicherweise hat der Erlass die befürchteten Auswirkungen nicht gehabt, denn nicht die Flächennutzer haben bestimmt, wann und wo ein Schutzgebiet toleriert wird. So wurden auch von 1999 bis 2004 ca. 25 Naturschutzgebiete neu festgesetzt, und insofern bewiesen die zuständigen Behörden mehr Flexibilität als die Urheber des Erlasses. Im April 2000 erkundigte sich ein SPD-Antrag über die Auswirkungen der Vorschrift. Inzwischen trug ein neuer Umweltminister Verantwortung, der über diese Frage offensichtlich nicht erfreut war, denn er handelte nach dem bekannten Muster, auf ungeliebte Nachfragen gibt es eine knappe Antwort, in diesem speziellen Falle also nur einen Verweis auf eine Drucksache, die sich zu ähnlichen Fragen bereits geäußert hatte. Ansonsten war man der Meinung, dass es keine neuen Erkenntnisse gibt. Immerhin wurden auch in der Antwort noch vier Beispiele benannt, wie die im Erlass enthaltene Einzelfallentscheidung im Sinne von Unterschutzstellungsverfahren genutzt worden war. Die entscheidende Frage aber, ob mit Ende des 2. Schutzgebietsprogramms der Erlass hinfällig sei, wurde ausdrücklich verneint und damit aus meiner Sicht eine Chance vertan, zumindest die restriktive Position als erkennbares Signal für den Naturschutz in Sachsen zu verlassen. Alle Beteiligten wissen um die Engpässe und benutzen das Instrument flächenhafter Unterschutzstellung verantwortungsbewusst. Der Verbotscharakter belastet jedenfalls für mein Empfinden das sonst doch weitgehend partnerschaftliche Klima. Dass aber weitere fünf oder gar sechs Jahre später dieser Erlass nicht nur noch immer gültig ist, sondern mehr oder weniger aktualisiert wurde, verlangt den Verfechtern des Naturschutzgedankens schon viel Geduld ab. Mit Datum vom 31. August 2005 (!) wurde der Anfangserlass von 1999 ausdrücklich durch das SMUL bekräftigt, lediglich der Hinweis auf die weiter gewachsenen Aufgaben (bei keineswegs gesteigertem Personalbestand) durch die Umsetzung von FFH- und Vogelschutzrichtlinie weckt vom rein formalen Gesichtspunkt ein wenig Verständnis; auch ist zu akzeptieren, dass im lokalen bis regionalen Kontext mitunter die Gefahr einer zu raschen Ausbringung dieser Flächenkategorie nicht zu übersehen ist. Dennoch bleibt die Tatsache eines fortgeltenden Erlasses, der den Naturschutz in der Ausnutzung eines seiner grundlegenden Elemente beschränkt, bedauerlich, weil in einem diskursiven und partnerschaftlichen Prozess ein gleichartiges Resultat, beschränkte Nutzung des Instrumentes Naturschutzgebiet, erreichbar gewesen wäre.

Obwohl in der Neuausweisung von Naturschutzgebieten, gerade auch im Kontext mit zusätzlich geschützten Flächen aus dem Natura-2000-Konzept, in Sachsen ein objektiver Trend zu einer Sättigungsgrenze erreicht ist und bisher verantwortungsvoll mit den gesetzlichen Möglichkeiten umgegangen wurde, ist die Verlängerung des Erlasses ein »unfreundlicher Akt« gegenüber dem Naturschutz. Auch ohne Verbotsvorgabe käme m. E. das gleiche Ergebnis zustande: Wenige Schutzgebiete zur Vervollständigung von relevanten Lebensraumtypen oder Artenkombinationen werden noch gebraucht und wahrscheinlich trotz des Erlasses auf Grund der Einzelfallregelung (im Erlass von 2005 als Ausweisung in übergeordnetem Interesse genannt) auch gesichert und festgesetzt. Die überflüssige Drohgebärde musste das an vielen Stellen so gute Zusammenwachsen von staatlichem und privatem Naturschutz und den Vollzugsbehörden nicht zusätzlich belasten. Schade.

4.2.2 ANTRÄGE UND GROSSE ANFRAGEN ZUM NATURSCHUTZ
Zweimal im betrachteten Zeitraum der 12 Jahre von 1990 bis 2002 wurde auf der Basis parlamentarischer Fraktionsinitiativen eine Bestandsaufnahme zum Naturschutz vorgenommen. In Abhängigkeit von ihren zeitlichen, inhaltlichen und geschäftsordnungsmäßigen Unterschieden sollen sie auch getrennt behandelt und kommentiert werden.

ANTRAG DER CDU-FRAKTION VOM 29. MÄRZ 1995

NATURSCHUTZ IM FREISTAAT SACHSEN

Sowohl als kontrollierende Maßnahme zur Umsetzung des Schutzgebiets- und Biotopkartierungsprogramms für den Freistaat (1992–1995) wie auch als Beitrag zum Europäischen Naturschutzjahr 1995 sollte der Antrag Anliegen, Probleme, aber auch die erreichten Erfolge im sächsischen Naturschutz offen legen und damit zur besseren Verankerung des Naturschutzgedankens in der Öffentlichkeit beitragen. In sieben Fragenkomplexen (Schutzgebietsausweisung, Stand der kommunalen Landschaftsplanung, Stand der Biotopkartierung, Umsetzungskonsequenzen aus der EU-Richtlinie »Fauna-Flora-Habitat«, Arbeitsstand regionalisierter Leitbilder für Natur und Landschaft, Anzahl und Zukunft von Naturschutzstationen, Erfahrungen zum Vertragsnaturschutz) sollte das Gesamtproblem dargestellt und beleuchtet werden, wobei natürlich aus erkennbaren Defiziten auch weitere parlamentarische Initiativen abgeleitet werden sollten. Die umfangreiche Regierungsantwort wurde am 6. Oktober 1995 in einem lebhaften Meinungsstreit in einer Landtagsdebatte erörtert und war nach Zustimmung durch die Mehrheit des Landtages zukünftig von allen Ebenen der staatlichen Verwaltung zu berücksichtigen. Strittige Aspekte der Debatte bezogen sich auf die vom Umweltministerium vorgebrachten Gründe für eine nur zögerliche Umsetzung des Schutzgebietsprogramms [vgl. 4.2.1]: Personalengpässe und mangelnde Haushaltmittel (z. B. Mittel für kartographische Voraussetzungen bei der Erarbeitung von Schutzgebietsunterlagen) oder die komplizierte Rechtslage wurden genannt, welche sich bei Ausgliederungsanträgen aus Landschaftsschutzgebieten für Bauleitplanungen nachteilig auswirkten.

Die aus der Sicht der Mehrheitsfraktion wichtigsten Positionen und Ziele dürfen stellvertretend ein weiteres Mal aus meinem Redebeitrag nachgezeichnet werden:

»Ziemlich genau drei Jahre nach Verabschiedung des sächsischen Naturschutzgesetzes, das sich trotz aller anders lautenden Aussagen als modernes Gesetz erwiesen hat und das auch einer Normenkontrollklage standhielt, war es Anliegen meiner Fraktion, die Ergebnisse der Naturschutzarbeit in Sachsen zu würdigen, aber auch über neue Ansätze und Impulse nachzudenken. Naturschutz steht immer ein wenig im Schatten des technischen Umweltschutzes und ist auch in der öffentlichen Bewertung häufig von vielen offenen Fragen begleitet. Insofern ist es auch Ziel unseres Antrages, Bedeutung und Stellenwert des Naturschutzes im Rahmen allgemeiner Strategien zur Erhaltung der natürlichen Lebensgrundlagen deutlicher werden zu lassen.

Wie sieht die Situation aus? Nun, meine sehr verehrten Damen und Herren, die jüngste Studie des Bundesamtes für Naturschutz legt offen, dass 69 % aller Lebensraumtypen in Deutschland als gefährdet einzustufen sind und davon wiederum knapp 70 % stark gefährdet oder von direkter Vernichtung bedroht sind. Es bedarf also mehr als der bisher oft sektoralen oder gar isolierten Maßnahmen des Naturschutzes, um diese Entwicklung zu kompensieren. Stellt man der Gefährdung die Verursacher dieser

Situation gegenüber, erkennt man unschwer, dass es unsere effektorien-
tierte Wirtschaftsweise in nahezu allen Branchen und Bereichen ist, die
zu diesem Ergebnis führt. Auch in Sachsen belegen die Zahlen keine heile
Welt, sind doch immerhin, bezogen auf Artengruppen, 30 % der Säugetiere, der Vögel, der Farn- und Blütenpflanzen und sogar 55 % der Fische
stark gefährdet oder vom Aussterben bedroht. Wollte man die Zahlen der
Kategorie »gefährdet« noch einbeziehen, würde diese Zahlengruppe noch
wesentlich bedenklicher.

Doch genau in dieser Situation beweist auch der Naturschutz selbst, dass
er in einer Krise steckt, denn der noch immer vorherrschende Einzelarten-
schutz ist den Anforderungen nicht angemessen. So müßig es auch ist
und in einer politischen Debatte wohl auch nicht angebracht, über einen
anthropozentrischen oder ökozentrischen Ansatz zu diskutieren, aber auch,
wenn man vom Selbstverständnis des Menschen aus Naturschutz betreibt,
bleibt nur die Einsicht, dass ohne einen größeren Respekt vor dem Eigenwert der Natur Naturschutz auch aus Sicht christlicher Umweltethik nicht
zu erreichen ist. Diese beiden Anmerkungen zum Verständnis führen kon-
sequenterweise zu der Schlussfolgerung, dass Naturschutz im weitesten
und nicht im engen Sinne auf der gesamten Nutzfläche das Ziel sein muss,
wie es aus wissenschaftlicher Sicht auch schon seit über 15 Jahren belegt
ist. Die häufig zu hörende Fragestellung, wie viel Fläche braucht denn
Naturschutz, also der Arten- und Biotopschutz, ist völlig falsch. Die Frage
muss lauten, wie viel Fläche wir dem Artenschutz eingedenk der eingetretenen Entwicklung denn wirklich zubilligen wollen, wie viel wir uns
wirklich leisten wollen. Viel wichtiger noch die Frage, wie das Leitbild
der Kulturlandschaft der Zukunft aussieht. Pauschale Flächenforderungen
für den Naturschutz von 10 bis 15 % sind dieser Einsicht nicht adäquat,
um daraus politisches Handeln ableiten zu können. Notwendig ist eine
inhaltliche und eine regionale Präzisierung dieser Zahlen.

Insofern macht die Antwort zur Drucksache auch schon deutlich, welche
Defizite auf dem Weg zu einer sinnvollen Naturschutzstrategie in Sachsen
zu überwinden sein werden, denn die Hinweise auf Personalengpässe und
den Mangel an Haushaltsmitteln sprechen für sich. Andererseits belegt
auch die Antwort der Staatsregierung hinsichtlich der Ausweisung von
Schutzgebieten eine begrüßenswerte Entwicklung, die sich in rd. 3,7 Flä-
chenprozenten für den strengeren und 37 % im Landschaftsschutz wider-
spiegelt. Nehmen wir noch die über 14.000 kartierten Biotope mit einer
Flächenrepräsentanz von fast 55.000 Hektar hinzu, was noch einmal drei
Flächenprozente ergibt, so sehen wir tatsächlich eine begrüßenswerte
Entwicklung. So gesehen ist das Schutzgebietssystem auch weitgehend
vervollständigt, kommt es doch jetzt vor allem darauf an, die besonders
geschützten Flächen vor schädlichen Eingriffen und Einflüssen zu bewahren und im Vollzug der Rechtsvorschriften bei der Abwägung mit anderen
gesellschaftlichen Interessen zwar konsequent, aber niemals dogmatisch
zu verfahren. Ich erinnere ganz bewusst an den Extensivierungsprozess
in der Landwirtschaft. Wir müssen begreifen, dass die Grundidee vom

Naturschutz auf der Gesamtfläche zwangsläufig eine wieder vielseitigere Flora und Fauna nach sich zieht, ohne dass man aus überholter Reservatsvorstellung heraus immer neue Schutzgebiete ausweisen kann. Aber gerade die noch immer geläufige Verfahrensweise, jedes wiederentdeckte Lebewesen durch ein Flächennaturdenkmal oder anderweitig zu schützen, zeigt, dass Naturschutzpolitik heute noch zuviel aus der Sicht des Städters gemacht wird, der den Naturraum gar nicht mehr kennt und erst recht nicht seine Bewirtschafter.

An dieser Stelle wenigstens noch eine Anmerkung zu dem sonst immer wieder benannten Konflikt zwischen Landwirtschaft und Naturschutz. An dem scheint hier weniger der Landwirt als die Landwirtschaftspolitik schuld zu sein. Da aber in Sachsen das Konzept der umweltverträglichen Wirtschaftsweise und das Instrument des Vertragsnaturschutzes gilt, sollten alle Weichen für ein gedeihliches Miteinander von Landwirtschaft und Naturschutz in Sachsen gegeben sein, wie es auch die jüngste Verwaltungsvorschrift zur Flurbereinigung gezeigt hat. Wenn wir auch aus der Sicht des Natur- und Artenschutzes Vorranggebiete für bestimmte unumgängliche Schutzziele brauchen, so können wir unserer Kulturlandschaft keine realitätsferne Naturschutzdynamik überstülpen. Auf gegenseitige Akzeptanz und das Abwägungsgebot setzt unsere Naturschutzpolitik.«

Als Erwiderung auf Diskussionsbeiträge anderer Fraktionen wurden später nochmals folgende Gedanken vertieft:
»Gestatten Sie mir noch, meine Damen und Herren, einige Erwiderungen auf einiges, was hier vorgetragen wurde. Frau Klein, abgesehen von dem Ruf nach dem Staat, den Ihre Fraktion immer wieder sehr schnell einbringt, muss ich Ihnen einmal sagen: Wenn Sie das ehrenamtliche Engagement im Naturschutz mit Ihrer Äußerung relativ gering geschätzt haben, so zeigen Sie eigentlich nur, dass sie von dem Naturschutz, insbesondere dem, was auch der Naturschutz ehrenamtlich in der D D R über diese schwierige Phase in die Gegenwart gerettet hat, wohl wenig Ahnung haben, weil gerade das ehrenamtliche Engagement die Basis ist, die wir zur Komplementierung des staatlichen Handelns benötigen.

Ein Fazit ergibt sich für mich aus der Gesamtdiskussion. Menschliche Eingriffe in die Natur werden sich auch künftig nicht vermeiden lassen. Sie dürfen aber nicht zur Zerstörung der Lebensgrundlage führen. Darin sind wir uns sicherlich auch in den unterschiedlichen Fraktionen und Parteien alle einig. Deswegen muss man auch einmal sagen, dass Natur- und Artenschutz in Wahrnehmung menschlicher Verantwortung gegenüber der Natur auch als Sicherung der Existenzbedingungen der Menschen begriffen werden muss und insofern Natur- und Artenschutz mehr ist als Schutz vor dem Menschen. Er ist Dienst am Menschen. In dieser Grundauffassung und den Dingen, die der Staatsminister sehr ausführlich über das Instrumentarium dargestellt hat, hat diese Anfrage einen wichtigen Stellenwert für unsere Naturschutzarbeit gehabt.«

NATURSCHUTZ IN SACHSEN

Die ein Jahr später von der SPD eingebrachte »Große Anfrage« (Anträge werden beschlossen, Große Anfragen sind nach der Aussprache ohne Votum erledigt) legte ihr Augenmerk besonders auf die Schutzgebietsentwicklung und speziell auf die Erscheinung von Ausgliederungsersuchen aus Landschaftsschutzgebieten zum Zwecke der Bebauung, Versiegelung u. ä. Die übrigen (sehr zahlreichen) Fragepunkte (u. a. Naturschutzstationen, Biotopkartierung, Vertragsnaturschutz) waren weitgehend identisch mit dem vorherigen CDU-Antrag. Lediglich die in der Antwort zu unserem Antrag [s. o.] von der Regierung selbst getroffene Feststellung personeller Defizite wurde in einigen Nachfragen vertieft. Aus der parlamentarischen Debatte vom 24. Januar 1997 lassen sich mit gewissem Zeitabstand zwei interessante Erkenntnisse gewinnen.

Einerseits dokumentierte das mitgeteilte Ergebnis über die Ausgliederungsanträge und ihren Flächenumfang, dass dieser Eingriff in Natur und Landschaft mit Verabschiedung des Aufbaubeschleunigungsgesetzes [vgl. Kap. 5.4] tatsächlich eine Steigerung erfahren hatte, denn während vom 1. Januar 1990 bis zum 4. Juli 1994 (also in viereinhalb Jahren) nur 55 erfolgreiche Verfahren für rd. 305 ha stattfanden, steigerte sich die Zahl der Ausgliederungsanträge von Mitte Juli 1994 bis zum 31. Dezember 1995 (also in anderthalb Jahren) auf 132 genehmigte Anträge für rd. 360 ha. Andererseits stellen die 187 genehmigten Ausgliederungsanträge mit ca. 660 ha Fläche angesichts der 150 LSG mit ca. 470.000 ha (also in der Größenordnung von 0,1 % der LSG-Fläche) zweifellos bedauerliche Vorgänge dar, die aber auch kein Anlass zur Weltuntergangsstimmung waren.

Interessanter für mich und auch in gewisser Weise stellvertretend für die vorgefundene Situation in der Fraktion war die in Plenarprotokollen dokumentierte Einstellung verschiedener CDU-Abgeordneter. Als Beleg für die beschriebene Stimmungslage in der Mehrheitsfraktion beim Naturschutzgesetz [vgl. Kap. 3.3 oder Kap. 5.4] demonstrieren Zwischenrufe anlässlich der Plenardebatte Ende Januar 1997 die anhaltende Distanz zahlreicher Unionspolitiker zu Naturschutzbelangen. Wenn auch im Detail auf den Seiten 3674 und 3675 von der 51. Sitzung des Landtages in der 2. Wahlperiode nachlesbar, soll doch wenigstens von der Intention her die obige Feststellung belegt werden. Im Zusammenhang mit der vom Abgeordneten Gerlach (SPD) vorgetragenen Sorge zur Erteilung zahlreicher Ausgliederungsgenehmigungen aus Landschaftsschutzgebieten, damit Hotels, Supermärkte oder Ähnliches gebaut werden können, ruft ihm ein CDU-Kollege zu: »Wir wollen Arbeitsplätze haben«, und als der Redner kurz darauf am Beispiel der Sächsischen Schweiz diesen Vorgang konkreter behandelt, bekommt er von einem anderen Wirtschaftspolitiker der CDU-Fraktion zugerufen: »Aber das ist besser für die Menschen.« Der Geist der Grünen Charta hatte offensichtlich keinen anhaltenden Atem und hat wohl manchen in der Fraktion nie erreicht!

Deshalb war es wichtig, in dieser Debatte neben anderen Aspekten folgenden Zusammenhang nochmals zu verdeutlichen und meiner eigenen

Fraktion quasi ins Stammbuch zu schreiben: »Die Öffentlichkeit reagiert bekanntlich immer sehr heftig bei belasteter Luft, bei verschmutztem oder gar verseuchtem Wasser, weil das unmittelbare Auswirkungen auf das menschliche Wohlbefinden hat. Aber bei Belangen des Naturschutzes ist das anders, weil die Folgen von Störungen und Eingriffen hier oft erst als Langzeitwirkungen auftreten, so dass – wir haben das an diesem Pult bei den Debatten zum Naturschutz schon mehrfach beschrieben – der Naturschutz häufig einen wesentlich geringeren Stellenwert in Politik, Wirtschaft und Gesellschaft besitzt. Aber gerade weil das so ist, muss der Naturschutz im Sinne einer ausgewogenen Umweltpolitik gleichwertig behandelt werden, obwohl nicht alle naturschutzfachlichen Zielstellungen auch realisierbar sind. Diese Feststellung muss hier auf jeden Fall getroffen werden, geht es doch zuallererst um eine bewahrende und erhaltende Politik, um im Sinne der viel beschriebenen Nachhaltigkeit auch künftigen Generationen den natürlichen und genetischen Reichtum weiterzugeben, der dem Leitbild einer ökologischen Funktionsfähigkeit in unserer Kulturlandschaft entspricht.«

Natürlich verdeutlichten beide Debatten, wie auch viele andere der 1. und 2. Legislaturperiode zum gleichen Thema, dass eine Seite alles Positive betont und die Defizite freundlich darstellt, während die Oppositionsfraktionen ein genau spiegelbildliches Verhalten an den Tag legen, also alle Negativa aufbauschen und die nicht zu übersehenden Fortschritte beiläufig erwähnen – wenn überhaupt –, wobei die Erfahrung zeigte, dass zwischen den anderen Parteien und Fraktionen Unterschiede im Grad ihrer Einseitigkeit bestanden. Beide Naturschutzdebatten hatten letztendlich aber ihren Erfolg, weil das Thema zu größerer öffentlicher Aufmerksamkeit führte und in den jedermann zugänglichen Antworten der Regierung viele inhaltliche Aussagen getroffen waren, welche auch dem ehrenamtlichen Naturschutz zugute kamen.

4.2.3 UMWELTBERICHTE DER JAHRE 1994, 1998 UND 2002

Wenn auch nicht direkt parlamentarische Initiativen, so aber doch eine Bühne für parlamentarische Erörterungen und Schlussfolgerungen waren die als Belege für die jeweilige Gesamtumweltsituation erarbeiteten Umweltberichte, die das zuständige Ministerium 1994, 1998 und 2002 der Öffentlichkeit und damit auch dem Landtag (als Material »Unterrichtung durch die Staatsregierung« mit Parlamentsdrucksachennummer) zugänglich machte.

Das Naturschutzthema stellte in diesem Zusammenhang jeweils ein gewichtiges Teilkapitel dar. Man könnte geneigt sein, seinen Stellenwert am jeweiligen Seitenumfang des Berichts zu messen. Obwohl durchaus drucktechnische und konzeptionelle Unterschiede nicht verkannt werden sollen, fällt dennoch auf, dass die Situationsdarstellung von 336 Seiten über 189 auf 57 Seiten im Jahre 2002 zurückging und sich folgerichtig auch der Umfang der Naturschutzkapitel von 35 über 15 auf 9 Seiten reduzierte. Natürlich war die Problemfülle zum Umwelt- und Naturschutz

ABBILDUNG 26
Umweltbericht 1995–1998

noch vier bzw. acht Jahre nach der Wiedervereinigung größer, die Palette der zu lösenden Aufgaben vielfältiger, aber das äußere Merkmal bleibt doch auffällig.

Dennoch stellt jeder Bericht ein objektives Zeugnis für die erreichten Ziele bzw. die noch ungelösten Probleme dar, und diesbezüglich darf sich der Eindruck nicht manifestieren, dass die sehr knappe Fassung der Naturschutzsituation 2002 Spiegelbild des erreichten Grades an Naturbewahrung ist. Insofern verdeutlicht der Umweltbericht von 1994, der die Jahre 1990 bis 1993 erfasst, welch gewaltiges Aufgabenspektrum vor dem staatlichen und privaten Naturschutz lag. In elf Sachkategorien werden die Belange des Natursektors abgehandelt. Besonders die Kapitel zum Arten- und Biotopschutz mit dem dokumentierten Gefährdungsstand ausgewählter Arten, für die bis Ende 1993 Rote Listen erarbeitet worden waren (Säugetiere, Vögel, Lurche und Kriechtiere, Fische, Tagfalter, Großpilze, Moose, Farn- und Blütenpflanzen), die Naturschutz-Großprojekte (Presseler Heidewald- und Moorgebiet, Osterzgebirge zwischen Geisingberg und Oelsen, Dubringer Moor/Biela-Weißig sowie Niederspree), die Landesschwerpunkte (Großhartmannsdorfer Teich, Großer Weidenteich, Frauenteich, Königsbrücker Heide, Eschefelder Teiche, Leipziger Auenwaldsystem und das Grüne Band / ehem. Grenze zwischen Sachsen und Bayern) oder die Artenprogramme (Wassernuss, Fischotter, Elbebiber, Flussperlmuschel und Weißstorch) zeugen von den umfangreichen Anstrengungen. Alles in allem ist der Berichtsteil zu Natur und Landschaft eine profunde Informationsquelle zu den seit 1990 erreichten Fortschritten, die sich weiterhin in den gestiegenen Flächen zur Unterschutzstellung und einstweiligen Sicherungen zeigten.

Aber dennoch führte kein Weg an der Feststellung vorbei, dass der negative Trend im Artenrückgang und die anhaltende Beeinträchtigung eines funktionsfähigen Naturhaushaltes anhalten und für den zu schaffenden Biotopverbund daraus eine zusätzliche Hürde und Beschwerung erwächst. Der Gesamtbericht wurde im Mai 1994 im Landtag diskutiert, allerdings lag das Schwergewicht der Erörterung auf Fragen des technischen Umweltschutzes (Abwasser, Abfall, Luftreinhaltung aus der Sicht der Energieerzeugung oder des Verkehrs u. a.), obwohl die bemerkenswerte Entwicklung bei der Schutzgebietsausweisung und der Biotopkartierung stellvertretend für den Naturschutzbereich hinreichend Erwähnung fand.

Schwerpunkt des Naturschutzkapitels im Umweltbericht von 1998 waren die Ergebnisse der Biotoperfassung. Ausgehend von den beiden Kartierungsdurchläufen nahm aber neben der quantitativen Seite (über 14.000 ausgewiesene Biotope) vor allem der qualitative Aspekt breiten Raum ein. Diesbezüglich zeigte sich, dass 80 % aller Einzelbiotope unter 5 ha groß, also klein und häufig unvernetzt waren, was zu dem ernüchternden Eingeständnis führte, dass der Zustand der kartierten Biotope grundsätzlich als kritisch zu bewerten ist [S. 174]. Die Gefährdungszahlen wichtiger Tier- und Pflanzenarten waren gegenüber 1994, wie erwartet in positiver wie negativer Richtung, unverändert geblieben. Neben detaillierten Aussagen über die Bearbeitungsfortschritte an den Roten Listen (Heuschrecken, Libellen, Schwebfliegen, Hautflügler, Land- und Süßwassermollusken) fanden sich auch erste Ergebnisse zum Artenmonitoring (z. B. auch wegen der Schadensproblematik durch Kormorane), erste Mitteilungen zur sächsischen Gebietsmeldung für die FFH-Richtlinie sowie einschlägige Erfahrungen zur Ausgleichsverordnung. Auch die positiven Entwicklungen beim Teilkapitel Landschaftspflege und Vertragsnaturschutz sind zu erwähnen. Breiten Raum nahm eine Kommentierung der neuen gesetzlichen Bestimmungen zur Eingriffsregelung im Rahmen der Bauleitplanung ein. Diese grundsätzlich negativen Folgen für Natur und Landschaft werden im Kapitel 5.4 (Aufbaubeschleunigungsgesetz) vertieft kommentiert.

Die Landtagsdebatte zum Bericht im Januar 1999 widmete sich erneut überwiegend den »sonstigen« Umweltthemen, die aufgrund ihrer sozialen und gesellschaftlichen Relevanz (Gebühren und Beiträge) nach wie vor besonderes Interesse beanspruchen. In meinem Redebeitrag versuchte ich, die notwendige Grundstrategie zu erfolgreichem Natur- und Artenschutz zu skizzieren. Aus damaliger Sicht (und möglicherweise noch heute) sollte sie darin bestehen, eine Einheit von Schutz, Nutzung und Pflege des Naturdargebots zu erreichen. Ein solcher Grundsatz soll sowohl den Menschen mit seinen Bedürfnissen integrieren wie auch sicherstellen, dass Naturschutz nur mit und nicht gegen Menschen gemacht werden kann. Insofern, so mein Plädoyer, bedürfe es einer sauberen Argumentation hinsichtlich des Wechselverhältnisses von Schutz und Nutzung. So waren zur damaligen Zeit vernehmbare Äußerungen aus dem neuen Ministerium für Umwelt und Landwirtschaft etwa in dem Sinne, Bauern und Förster seien Naturschützer schlechthin, genauso abwegig wie die oft undifferenzierte Einordnung der Land- und Forstwirtschaft als Naturzerstörer, wie es nicht selten aus Verbandskreisen zu hören war. Der insgesamt vermittelte Eindruck von langsamen, aber greifbaren Fortschritten im Natur- und Artenschutz gibt Veranlassung auch im Zusammenhang mit dem 98er Umweltbericht, die anhaltenden Bemühungen der Naturschutzverwaltungen, vor allem aber auch des ehrenamtlichen Naturschutzes als Voraussetzung für diese Entwicklung zu benennen und zu würdigen.

Während sicher zufällig, oder vielleicht doch Ausdruck des Stellenwertes, 1994 und 1998 der Naturschutz stets Schlusskapitel der Umweltberichte war, überraschte die in ihrem Umfang stark ausgedünnte Vorlage im Jahre 2002 mit einer inhaltlichen Beschränkung auf vier komplexe Schwerpunkte, unter denen nun Naturschutz und Landschaftspflege die Ziffer 1 einnahmen. Die durchaus sinnvolle Tendenz, umfangreiche Erläuterungskapitel durch vermehrten Einsatz von Tabellen und Übersichten zu ersetzen, verstärkte den Eindruck, dass anhand der einzelnen Kriterien wie Arten- und Biotopschutz, Schutzgebietsausweisungen einschließlich der Gebiete zu »Natura 2000« nach EU-Richtlinie [vgl. Kap. 5.5], Vertragsnaturschutz und Landschaftspflege grundsätzlich ein positiveres Bild entsteht als noch vier Jahre zuvor. Das wird zudem durch Vergleiche zu 1990 und der Jahrtausendwende untermauert. Die Dimension der Naturschutzherausforderungen nach ca. 60 Jahren Raubbau und Zerstörung wird aber auch dadurch erneut sichtbar, dass trotz partieller Verbesserungen und Sanierungen der Artenschwund nicht signifikant gestoppt ist und z. B. noch immer 50 % der Wirbeltiere oder der Farn- und Blütenpflanzen auf der Roten Liste stehen bzw. in der Bestandsentwicklung ausgewählter Tierarten neben durchaus erfreulichen Zunahmen (Elbebiber, Fledermausarten, Seeadler, der Brutvogelfauna insgesamt) gleichzeitig in unseren Tagen schmerzliche Rückgänge zu verzeichnen sind wie bei Steinkauz, Birkhuhn, Großtrappe oder Flussperlmuschel. Das Ziel des komplexen Naturhaushaltschutzes, anders ausgedrückt, einer flächenhaften Naturerhaltungsstrategie auch und gerade im Zuge von Nutzungsvorgängen, ist noch lange nicht erreicht und muss nach wie vor von allen Beteiligten und Verantwortlichen, und das ist eben nicht nur der ehrenamtliche Naturschutz, angestrebt werden. Für mich Ausdruck des nachlassenden Interesses am Naturschutzthema im politischen Raum insgesamt ist auch die Tatsache, dass der im Spätherbst 2002 vorgelegte Bericht, im Vergleich zu seinen Vorgängern, zu keiner Erörterung im Sächsischen Landtag mehr führte.

ABBILDUNG 27
Der Sächsische Landtag in Dresden

4.2.4 WEITERE PLENARDEBATTEN
4.2.4.1 NATURSCHUTZ IM SPIEGEL DER LANDESHAUSHALTE

Durchaus Höhepunkte im parlamentarischen Geschehen waren die jährlichen, seit 1999 zweijährlichen Debatten zum Landeshaushalt. Wenn auch nicht immer rhetorische und argumentative Höhenflüge zu verzeichnen waren, so blieben die Entscheidungen über die für den Naturschutz zur Verfügung stehenden Finanzmittel doch von höchster Tragweite für die Erfüllung der notwendigen Aufgaben und Zielstellungen auf diesem wichtigen gesellschaftlichen Feld.

Der erste Landeshaushalt wurde im Juli 1991 für das Kalenderjahr 1991 beschlossen, wobei es durch einen Änderungsantrag meiner Fraktion gelungen war, dem Naturschutz mit ca. 11 Mio. DM eine Summe zur Verfügung zu stellen, von der man in den Jahren bis zur Wiedervereinigung nicht einmal zu träumen gewagt hätte. Die schon in der Debatte angekündigte Notwendigkeit zukünftig wachsender Haushaltumfänge für den Bereich Naturschutz und Landschaftspflege erwies sich beim nächsten Landeshaushalt im März 1992 als durchaus richtige Weichenstellung, denn es konnte eine reale Steigerung des Haushaltansatzes für den Naturschutz auf 20 Mio. DM erreicht werden. In meinem Redebeitrag wurde die Hoffnung ausgesprochen, die Mittelausstattung werde Verwaltung und Verbände in die Lage versetzen, fühlbare Beiträge für den Naturschutz zu leisten, vor allem bei Pflege- und Sanierungsmaßnahmen in Schutzgebieten, z. B. an Teichgruppen, im Feuchtgrünland oder bei Bergwiesen. Auch die Finanzierung eines weiteren Bildfluges (Colorinfrarot) zur Unterstützung der Biotopkartierung sollte damit bewerkstelligt werden. Im Februar 1993 stand die umweltschutzbezogene Erörterung zum Haushaltplan unter dem Motto »Von der Umweltreparatur zur Umweltvorsorge«. Für das Naturschutzkapitel stellte besonders die neue Titelgruppe von Maßnahmen zur Verbesserung des ökologischen Gewässerzustandes ein hoffnungsvolles Zeichen dar.

Ansonsten begann mit dem Haushaltjahr 1993 das später immer wiederkehrende »Spiel« abgesenkter Mittelansätze für die Naturschutzbelange im jeweiligen Regierungsentwurf, mit dem Ergebnis, dass der Facharbeitskreis der Mehrheitsfraktion die Ansätze mit Unterstützung der Gesamtfraktion wenigstens wieder auf die Höhe der Vorjahre korrigierte. Doch auch dieses Verfahren wurde immer schwieriger, weil die Aufstockungen nicht durch Steigerungen aus dem Gesamthaushalt erreichbar waren (anfänglich hatte der Finanzminister immer noch eine kleine Reserve für Gestaltungswünsche des Parlamentes), sondern nur durch Umschichtungen innerhalb des Einzelplanes Umwelt und Landesentwicklung, was verständlicherweise nie ohne Auseinandersetzungen mit dem Ministerium und den einschlägigen Fachtiteln (Abwasser, Abfall!) abging.

Erstmals wurde im Dezember 1993 dann ein Haushalt für das bevorstehende Kalenderjahr beschlossen, was landesweit zu größerer Planungssicherheit in Finanzierungsfragen führte. Im Naturschutz konnten für das Jahr 1994 zusätzliche Mittel für den Vertragsnaturschutz ausgehandelt werden. Das erschien deshalb besonders lohnend, weil eine flächenhaft Ressourcen schonende und Arten erhaltende Wirtschaftsweise, insbesondere in der Landwirtschaft, erst Eingang bei den Bewirtschaftern finden musste und der Ausgleich für erbrachte Nutzungsbeschränkungen im Interesse des Natur- und Artenschutzes dabei eine wichtige Rolle für dauerhafte Beiträge dieser Art spielte. Im Jahre 1995 gab es noch einmal einen »Rückfall« in den Aufstellungsfristen für den Landeshaushalt, weshalb erst im März 1995 der Haushalt verabschiedet wurde. Sofern das Naturschutzthema gegenüber den »Schwergewichten« Wasser / Abwasser und Abfall überhaupt eine Rolle spielte, dann stand unser Bemühen im Vordergrund, mittels Umschichtungen die durch die Regierung abgesenkten Ansätze wieder auszugleichen und zugleich für den Vertragsnaturschutz, vor allem für kommunale Träger und Umweltverbände, 3 Mio. DM zusätzlich einzustellen, womit Artenschutzprogramme, Renaturierung von Fließ- und Standgewässern oder die Wiederherstellung linearer Landschaftsstrukturen (Hecken, Gehölze u. a.) finanziert werden sollten. Seit 1996 ist dann das o. g.

Prinzip der Einbringung von Haushaltplänen konsequent eingehalten worden, so dass es seit dieser Zeit stets Mitte Dezember eines Jahres die Haushaltdebatten gibt.

Am Jahresende 1995 jedenfalls gab es einen heftigen Schlagabtausch zwischen den Fraktionen zum Umwelthaushalt in Bezug auf die Förderdimension für den technischen Umweltschutz und die nach Ansicht der Opposition zu geringen Mittelansätze für regenerierbare Energien oder Umweltprojekte in Naturschutzstationen. Dabei lag das Schwergewicht der Naturschutzbedingungen für 1996 auf der Verdoppelung des Ansatzes für die inzwischen auf sechs angewachsenen anerkannten Naturschutzverbände (wobei man noch rd. zehn Jahre später über die Sinnhaftigkeit der Anerkennung für den Jagdverband streiten könnte!) sowie der Finanzierung einer Geschäftsstelle der Landesarbeitsgemeinschaft aller Verbände. Die Zuwendungen für die Verbände war vom CDU-Arbeitskreis bewusst erstritten worden, zumal das Ministerium dieser Geste freiwillig nicht folgen wollte. Die Oppositionsparteien fanden unsere Initiative richtig, aber den finanziellen Ansatz viel zu gering. Andererseits aber sollte unserer Ansicht nach gewürdigt werden, welch großen Aufwand die ehrenamtlichen Kräfte neben ihren Objektarbeiten mit ihren Stellungnahmen zu Bebauungsplänen, Raumordnungsverfahren, Planfeststellungsverfahren, Ausgliederungsanträgen u. ä. im gesamtgesellschaftlichen Sinne leisten. Die Gesamtsituation änderte sich auch Ende 1996 für das Haushaltjahr 1997 wenig, lediglich eine erneute kleine Steigerung (1,5 Mio. DM) für die Titelgruppe Naturschutz und Landschaftspflege mit vorrangiger Verwendung im Vertragsnaturschutz war ein kleiner Erfolg für uns.

Im letzten Jahr vor Einführung der Doppelhaushalte musste für 1998 erstmals angesichts der Gesamtfinanzlage des Freistaates wieder ein spürbarer Rückgang des Umwelthaushaltes hingenommen werden, obwohl einige Umweltvorhaben, wie z. B. die Sanierung in Braunkohleabbaugebieten oder der Wismut-Bergbauregion, der Emissionsschutz im Erzgebirge oder die Elbe-Reinhaltung, auch aus Finanzquellen realisiert werden konnten, die nicht zum unmittelbaren Landeshaushalt (Quellen waren Bundes- oder EU-Mittel) gerechnet wurden. Ende Dezember 1998 wurde erstmals ein Doppelhaushalt [1999 – 2000] beschlossen, und zugleich fand nach der Wahl des vorherigen Staatsministers Vaatz in den Bundestag eine Zusammenlegung der vormals selbständigen Ministerien Umwelt/Landesentwicklung und Landwirtschaft/Forsten und damit auch eine Zusammenführung der vorherigen Einzelhaushalte statt. Es war zugleich eine Zeit in der sächsischen Umweltpolitik, in welcher die Oppositionsfraktionen im Landtag und große Teile der Öffentlichkeit das Umweltthema auf die Gebühren und Beitragssituation im Wasser- und Abwassersektor reduzierten. Im Redebeitrag vor dem Landtag habe ich offen benannt, dass die ohnehin nicht übermäßige Finanzausstattung im Naturschutzbereich in der Regierungsvorlage schmerzlich gekürzt war und es großer Anstrengungen bedurft hatte, diese beabsichtigte Entscheidung zu korrigieren, indem die Gesamtfraktion unsere internen Umschichtungen zugunsten des Naturschutzes mitgetragen

hatte. Gleichzeitig hatten wir erreicht, dass die gegenseitige Deckungsfähigkeit von Umwelttiteln mit jenen für Naturschutz und Landschaftspflege aufgehoben wurde, dafür aber nicht abgeflossene Mittel aus dem
Wasserbereich im Naturschutz (also eine einseitige Deckungsfähigkeit) eingesetzt werden konnten. Darüber hinaus wurde in der Parlamentsdebatte
mit Nachdruck darauf verwiesen, dass die Einstellung aller Bürger gegenüber unserer Mitlebewelt stark verbesserungsbedürftig sei und dass es
angesichts der fortschreitenden Sanierungserfolge im Bereich des technischen Umweltschutzes erforderlich sei, ein Leitbild der Kulturlandschafts-
entwicklung in Sachsen zu entwerfen und zukünftig als Grundlage für Haus-
haltsansätze zu verwenden. Auch uns schmerzte das viele Geld, welches
u. a. in die Wasser-Abwasser-Infrastruktur fließen musste, wohl wissend,
dass ein beträchtlicher Anteil nicht aus natürlichen Bedingungen heraus
oder aus echten Bedarfsgründen entstand, sondern kommunalen Planungs-
fehlern und anderen, zumeist örtlichen, Versäumnissen geschuldet war.
Nun, es ist bei der Anregung zu einem solchen Leitbild als Grundlage auch

TABELLE 4

Förderbilanz Naturschutz – Finanzmittel
für den Naturschutz im Freistaat Sachsen
1992 bis 2004

Förderbilanz Naturschutz

Finanzmittel für den Naturschutz im Freistaat Sachsen 1992 bis 2004

| | Förderung Landschaftspflege [Naturschutz-Rl.] | | Vertragsnaturschutz | | | | | | NAK | | | | Summe | |
| | | | Landwirtschaft | | Binnenfischerei | | Forst | | Naturschutzmaß. | | Teiche | | | |
	TEUR	ha	TEUR	ha	TEUR	ha	R	ha	TEUR	ha	TEUR	ha	TEUR	ha
1992	4.888		542	2.100	695	4.500	10	60					6.136	6.660
1993	4.607	4.040	41	150	966	5.010	10	60					5.624	9.260
1994	6.984	4.990	56	230	1.462	6.390	10	60					8.513	11.670
1995	6.360	4.200	184	1.040	1.084	5.020	10	60					7.639	10.320
1996	6.320	4.600	373	1.490	1.232	5.450	10	60					7.935	11.600
1997	8.349	4.940	522	2.050	1.268	5.560	10	40					10.149	12.590
1998	6.739	5.160	527	2.090	1.253	5.510	10	40					8.528	12.800
1999	6.647	5.000	404	1.600	1.334	5.990	5	40					8.390	12.630
2000	7.526	1.361	230	820	297	670	5	30	1.488	3.970	2.142	6.631	11.688	13.482
2001	5.728	2.034							5.614	14.993	2.383	7.322	13.724	24.349
2002	5.221	2.087							7.661	19.467	2.643	8.020	15.525	29.574
2003	4.936	2.922							8.756	21.358	1.351	8.394	15.043	32.674
2004	5.378	2.976							9.723	25.834	2.512	7.880	17.613	36.690

Quelle: Sächsisches Staatsministerium für Umwelt und Landwirtschaft

haushalterischer Entscheidungen geblieben, weil es nicht zuletzt ein Ein-
stellungsproblem ist, ob Haushalte nach dem Motto gestaltet werden: »Wir
haben es schon immer so gemacht«, oder ob man einmal bereit ist, neue
Wege zu beschreiten. Aus der Fusion von Umwelt- und Landwirtschafts-

ministerium resultierte in finanzieller und zumindest theoretisch auch in naturschutzfachlicher Hinsicht ein positiver Impuls. Dieser ergab sich aus der Möglichkeit, aus europäischen Fördermitteln, die im Agrarbereich beträchtlichen Umfang hatten, einen Teil für eine besonders naturverträgliche Wirtschaftsweise in Land-, Forst- und Fischereiwirtschaft einzusetzen. Dadurch konnten seit dem Jahre 2000 nennenswerte Beträge (6 bis 9 Mio. EUR/a) auch Naturschutzzielen zugute kommen, was zunehmend zu einer Verdoppelung des Gesamtvolumens für Naturschutz und Landschaftspflege beitrug. Von durchaus vorhandenen »Mitnahmeeffekten« und ähnlichen Unschärfen abgesehen, hat das neue Programm NAK (»Naturschutz und Erhalt der Kulturlandschaft«) sehr positive Auswirkungen auf die Realisierung der Anliegen des Arten- und Biotopschutzes entfaltet. Das NAK-Programm ging aus der »Richtlinie zur Förderung von Maßnahmen des Naturschutzes und der Landschaftspflege im Freistaat Sachsen« zur Umsetzung von § 39 des sächsischen Naturschutzgesetzes und dem Kulturlandschaftsprogramm – KULAP – aus dem Programm »Umweltgerechte Landwirtschaft« des früheren Landwirtschaftsministeriums hervor. Eine mit freundlicher Unterstützung des Ministeriums für Umwelt und Landwirtschaft zustande gekommene Übersicht [vgl. Tabelle 4] vermittelt einen guten Überblick über die finanzielle Situation im Naturschutz der vergangenen Jahre. Mit gewisser Befriedigung darf man festhalten, dass unter Einschluss des Jahres 1991 [s. o.] in den Landeshaushalten rd. 135 Mio. EUR für Naturschutzanliegen (Vertragsnaturschutz im Sinne § 39 für Biotoppflege und -gestaltung, Artenschutzprogramme, Renaturierung vorrangig in Schutzgebieten, für Härtefallausgleich und Entschädigungszahlungen, aber auch Aufwandsentschädigungen für Ehrenamtliche, für Grunderwerb und Publikationen) eingesetzt werden konnten. Berücksichtigt man Bundes- und EU-Mittel (für Naturschutzgroßprojekte, F&E-Vorhaben sowie die erwähnten Fördermittel zur dauerhaften Erhaltung von noch vorhandenen naturnahen Restflächen innerhalb von Acker- und Grünlandflächen als Rückzugsareale gefährdeter Tier- und Pflanzenarten oder für naturverträgliche Bewirtschaftung von Wiesen, Äckern, Streuobstwiesen, für Futteranbau mit veränderten Schnittterminen u. a.), dann erhöht sich der Umfang eingesetzter Mittel um weitere rd. 90 Mio. EUR auf rd. 225 Mio. EUR. Letztendlich ist das ein mehr als zufrieden stellendes Ergebnis, an dem viele Akteure ihren Anteil haben, für das ihnen Anerkennung zu sagen ist und das auch dementsprechend hervorgehoben werden soll.

4.2.4.2 FACHREGIERUNGSERKLÄRUNGEN

Im betrachteten Zeitraum wurden zwei Fachregierungserklärungen abgegeben, welche im Parlament jeweils zu einer umfangreichen Debatte führten, die je nach Blickwinkel zwischen, wenn auch partiell kritischer, Zustimmung und beinahe bitterböser Ablehnung der praktizierten Naturschutzpolitik schwankten. Bereits die jeweiligen Überschriften »Umwelt und Landesentwicklung« (1995) und »Agrar- und Umweltpolitik« (2001) lassen erkennen, dass das Naturschutzthema im Verhältnis zu anderen Aspekten der Ressortzuständigkeit eine zunehmend bescheidenere Aufmerksamkeit erlangte. Dennoch steckte in beiden Debatten etwas Symptomatisches im Hinblick auf das Naturschutzverständnis. Im November 1995 stellte der damalige Minister Vaatz den Naturschutzgedanken (ob Zufall oder nicht kann nicht bewertet werden) an den Anfang seiner mehr als einstündigen Rede. Zunächst würdigte er, völlig zu Recht, das Wirken des ehrenamtlichen Naturschutzes in Sachsen auch für die Zeit vor 1990, um danach die positiven Anzeichen eines besseren Zusammenwirkens des Naturschutzes mit der Land-, Forst- und Fischereiwirtschaft (»Schulterschluss«) mittels des Instrumentes des Vertragsnaturschutzes zu beschreiben. Auch die ersten Ergebnisse des Schutzgebietsprogramms wurden kommentiert, und richtigerweise unterstrich der Minister, dass nur mit größerer Akzeptanz in der Öffentlichkeit für den Gedanken der Naturbewahrung weitere Fortschritte erreichbar sein werden, wenn klar ist, dass Naturschutz keine Beeinträchtigung, sondern eine Bedingung für die gesunde Entwicklung des Landes darstellt.

Was dann an Redebeiträgen zum Thema Naturschutz von den beiden Oppositionsparteien vorgetragen wurde, ist eigentlich nur peinlich gewesen. Eine Rednerin formulierte, dass der Landschaftsschutz (?) in Sachsen zur Fata Morgana verkommen sei, und wiederholte den Vorwurf, 1992 sei nur das »Gerippe« eines Naturschutzgesetzes in Kraft getreten. Eine weitere Rednerin meinte, dass, aus Sicht der jungen Generation geurteilt, in Sachsen bald der letzte Baum unter Glas für 1 DM besichtigt werden könnte. Ich vertrete noch heute den Standpunkt, dass das Thema eine solche Behandlung nicht verdient hatte. Mein Bemühen zu einer angemessenen Betrachtung des Themas Naturschutz und Landschaftspflege bestand neben der Zurückweisung der geäußerten Plattheiten einerseits in der Wiederholung des Zieles: Schutzgebiete durch eine naturverträgliche Wirtschaftsweise auf allen Flächen sinnvoll miteinander zu vernetzen und damit zu stärken. Andererseits wurden auch von mir Vollzugsdefizite benannt (z. B. wurde die vom Finanzministerium blockierte Verwaltungsvorschrift zum Härtefallausgleich eingefordert, wie zugleich Zuständigkeitsänderungen für Schutzgebietsausweisungen oder auch eine Stärkung der kommunalen Naturschutzstationen durch Übertragung staatlicher Aufgaben thematisiert wurden).

Im Mai 2001, rd. zweieinhalb Jahre nach Zusammenlegung der früher eigenständigen Umwelt- und Landwirtschaftsministerien, hatte das Ziel der Regierungserklärung »Eine moderne Agrar-Umweltpolitik für Sachsen: verbraucherfreundlich – nachhaltig – wettbewerbsfähig«, wie schon am Titel erkennbar, eine andere Richtung als die Behandlung des Themas 1995. In der langen Rede von Minister Flath wurde demzufolge fast ausschließlich auf Sachverhalte Bezug genommen, die mit Land- und Forstwirtschaft (BSE, umweltgerechte Landwirtschaft, Mehrgefahrenabsicherung, Ernährungsfragen, Ökolandbau, Tiertransporte u. ä.) zusammenhingen. Sicher alles wichtige Themen in diesem Kontext, aber eine klare Aussage zum Naturschutz hätte dem Redebeitrag gut getan. Einmal aber kam doch der

Begriff Naturschutz vor, als der Minister ausführte (Plenarprotokoll vom
17. Mai 2001, 39. Sitzung, S. 2738), dass mehr Leistungen im Naturschutz und in der Landschaftspflege mit Hilfe marktwirtschaftlicher Instrumente bezahlt werden müssten, was immer das auch für das Thema bedeuten sollte, denn vom Unternehmerergebnis wird im Lande kein Naturschutz
»bezahlt«. Es war neben der später noch folgenden Feststellung über die
Wichtigkeit einer gut gepflegten Kulturlandschaft der einzige Anknüp-
fungspunkt, der doch gerade im Spannungsverhältnis von Land-, Forst-
und Fischereiwirtschaft zum Naturschutz geradezu prädestiniert gewesen
wäre, das Thema etwas grundsätzlicher zu behandeln, wofür sich im Freistaat zahlreiche Vorgänge geeignet hätten. Nahezu zwangsläufig gingen
auch die Redner der verschiedenen Fraktionen auf andere Schwerpunkte
der Agrar- oder Forstwirtschaft ein, obwohl eine Rednerin der PDS-Fraktion immerhin zu der Feststellung kam, dass Wirtschaften nicht zum Aussterben von Tieren und Pflanzen beitragen soll.
Auch ich habe mich in der Debatte anfänglich mit Fragen der Versiegelung
von ehemals landwirtschaftlich genutzten Böden und Fragen der Boden-
erosion beschäftigt. Die zwei mir wichtig erscheinenden Anmerkungen zum
Naturschutz betrafen folgende Inhalte:
Einerseits konnte aktuell auf gute Beispiele nachhaltiger und damit auch
naturverträglicher Landbewirtschaftung im Gebiet des Biosphärenreservates Oberlausitzer Heide- und Teichlandschaft hingewiesen und mit der
lobenden Erwähnung von Minister Flath verbunden werden, welcher kurz
zuvor in einer Pressemeldung einen Appell an alle Landwirte gerichtet
hatte, wieder mehr Flurelemente (Hecken, Gehölzstreifen usw.) in die
Nutzflächen einzubringen, weil dies dem Boden-Gewässer und Artenschutz
zugute komme. Allerdings konnte nicht unterbleiben, auch daran zu erinnern, dass nicht überall das abgestimmte Handeln zwischen Landwirtschaft und Naturschutz Zustimmung findet. Unter den seinerzeit aktuellen Beispielen ragte die bis auf den heutigen Tag schmerzliche Erfahrung
heraus, dass selbst der Versuch, im stark »ausgeräumten« Mittelsächsischen Lössgebiet gegebenenfalls ein Landschaftsschutzgebiet einzurichten, an sehr vordergründigen Argumentationen von Landwirten und Päch-
tern gescheitert war, die dadurch Einschränkungen in der Kreditwürdigkeit
ihrer hochwertigen Ackerböden befürchteten [vgl. Kap. 6.4.1]. Es gehörte für mich einfach zur objektiven Beurteilung der gegebenen Situation, dass nicht so getan werden darf, als ob es keine Konflikte zwischen
Landbewirtschaftern und Naturschutzbelangen gäbe. So bleibt das Fazit:
Fachregierungserklärungen zum Umweltschutz, in welchem Aspekte des
Arten- und Biotopschutzes vom Grundsatz her integriert sind, waren nicht
zugleich Veranstaltungen, die dem Naturschutzgedanken neuen Auftrieb
geben konnten.

4.2.4.3 EINZELVORGÄNGE
Ein Vorgang mit größerer Aufmerksamkeit in der Öffentlichkeit waren
Verkäufe von Grundstücken in Naturschutzgebieten. Insbesondere durch

Anträge der Fraktionen SPD und PDS wurde das Thema auch eines im sächsischen Landtag. Im Verlaufe der Jahre 1998 und 1999 wurden anhand mehrerer Nachfragen über die Vorgänge z. B. im NSG »Mothäuser Heide« und in den einstweilig sichergestellten Naturschutzgebieten »Am Rümpfwald« sowie »Syrau-Krauschwitzer Heide« Auskünfte und Stellungnahmen erbeten. Letztlich lief die Debatte auf die Anerkennung oder Ablehnung einer grundsätzlichen Position hinaus, ob nämlich die Eigentümerstellung eine Voraussetzung zur Anerkennung und Einhaltung naturschutzfachlicher Festlegungen ist oder nicht. Aus der Sicht des Naturschutzes dürfte es prinzipiell ein beruhigender Gedanke sein, das Eigentum in den Händen jener zu sehen [vgl. auch Kap. 5.3.], die vorrangig Naturschutz und Landschaftspflege anstreben oder beides tolerieren. Die Vorgänge um die oben genannten Gebiete demonstrierten jedoch, dass immer dann, wenn ein Eigentümer die Relation von Nutzungsmöglichkeit und Naturerhaltung verschiebt, Probleme auftreten. Alle Anträge wurden im zuständigen Umweltausschuss behandelt und die jeweilige Beschlussempfehlung zur Entscheidung (Juni 1998 und 1999) vorgelegt, wobei im Mai 1999 sogar eine Expertenanhörung zum Thema durchgeführt wurde. Auch die CDU-Fraktion schätzte das entstandene Ergebnis der durch das Finanzministerium begleiteten Verkäufe als unglücklich ein und äußerte die Erwartung, dass es sich um Einzelfälle handele. Wörtlich: »drei derartige Verkäufe sind drei zuviel«! Da aber die Forderungen und Formulierungen in den Anträgen ihrerseits zu pauschal waren (a. Aufforderung zur Rückabwicklung rechtlich einwandfrei zustande gekommener Grundbucheintragungen oder b. generelles Verbot von Verkäufen an Privatpersonen, was in der Konsequenz auch anerkannte Naturschutzverbände betroffen hätte), lehnte die Landtagsmehrheit die Anträge ab bzw. erklärte die PDS-Fraktion ihre Initiative mit der Antwort der Regierung für erledigt. Insbesondere die teilweise nicht tolerierbare Haltung des neuen Eigentümers der Mothäuser Heide, welche vorrangig durch Profitgier auf Kosten des Naturschutzaspektes geprägt war, haben dazu beigetragen, dass ähnlich abschreckende Vorgänge (im konkreten Fall Einschlagmaßnahmen bis in den Kernbereich des Hochmoores) später im Lande nicht mehr beobachtet wurden. Natürlich ergingen im Falle Mothäuser Heide Auflagen, aber der Schaden war zunächst vorhanden.

Noch einiges zu den Fakten. Das (vermutlich) älteste Naturschutzgebiet Sachsens (Verordnung des Sächsischen Finanzministeriums vom November 1911) im Flächenumfang von rd. 125 ha wurde im Zuge der Verwertung ehemals von sowjetischen Streitkräften genutzter Flächen [»WGT-Flächen, s. auch Kap. 5.3] durch eine Immobiliengesellschaft der Landesbank Sachsen bereits Ende 1995 verkauft, weil in einem 1.000 ha großen Waldgrundstück auch das NSG eingeschlossen war. Ähnlich wie im Falle der Königsbrücker Heide [vgl. Kap. 5.3] fällt der mehr als großzügige Umgang mit Naturschutzflächen durch die Bank auf, denn der erste Käufer hat stets mit Blick auf seinen Vertrag behauptet, von Naturschutzflächen im umfangreichen Waldgrundstück nichts gewusst zu haben, er hätte diesen

Umstand sonst als Minderungsfaktor für die Kaufsumme in Anrechnung gebracht. Selbst das Umweltministerium hatte vom Sächsischen Staatsministerium der Finanzen keinen Hinweis erhalten, so dass der damalige Umweltminister Vaatz seinem Kollegen Milbradt im Februar 1997 schrieb, dass eine »existenzbedrohende Situation« für das Hochmoor durch den Verkauf entstanden sei. Nach intensiven Auseinandersetzungen der Behörde mit dem Erstbesitzer nach 1995 konnte in Absprache mit ihm weiterer Schaden vermieden werden. Parallel dazu war die höhere Naturschutzbehörde tätig, um so schnell wie möglich für das NSG eine Verordnung nach neuem sächsischem Recht zu erarbeiten und zugleich eine Flächenerweiterung anzustreben, um das eigentliche Kernstück, das noch halbwegs intakte Hochmoor, durch Umgebungsschutz abzuschirmen. Als Folge der vielen Ungereimtheiten zog sich das Verfahren unverhältnismäßig lange hin. Vom Januar 1999 (erste Verordnung zur einstweiligen Sicherstellung, nun für eine Fläche von 414 ha) bis zum März 2003 dauerte der behördliche Vorgang. Am Ende dieses Rechtssetzungsaktes strengte nach einem erneuten Eigentümerwechsel der Privatbesitzer eine Normenkontrollklage an, die bis zur Mitte des Jahres 2006 noch nicht entschieden war, allerdings viel über die Vorstellung des Besitzers zur Sozialpflichtigkeit des Eigentums erkennen lässt. Die anhaltende Forderung des Waldbesitzers auf Ausgleich für wirtschaftliche Nachteile, welche ihm aus dem Schutzgebietscharakter einer Teilfläche seiner Besitzung erwachsen, waren deshalb immer wieder einmal Gegenstand direkter Kontakte zwischen Grundeigentümer und Umweltministerium. Meines Wissens wurden aber Ende 2005 derartige Gespräche beendet. Bereits im Herbst 2000 hatte es einen Vorstoß der SPD-Fraktion zur Rückabwicklung des Kaufvertrages bzw. die Forderung an die Regierung zur Bereitstellung von Alternativflächen für den Besitzer des Gebietes gegeben. Solche, speziell aus dem Vermögen der Bundesvermögensverwertungsgesellschaft (BVVG), standen aber im Umfeld nicht zur Verfügung. Erneut wurden somit wiederum die fehlende rechtliche Grundlage und die mangelnden Finanzen als weitere Gründe für die Nichterfüllbarkeit des Anliegens benannt, obwohl natürlich erwähnt werden muss, dass die viel zu geringe – 0,10 DM/m^2 – Kaufsumme im Jahre 1996 dem Finanzministerium zugeflossen war, was bei 1.000 ha Wald immerhin auch 1 Mio. DM gewesen ist. Übrigens harrt auch das vogtländische Naturschutzgebiet »Syrau-Krauschwitzer Heide« noch einer abschließenden gerichtlichen Entscheidung.

5

AUSGEWÄHLTE REGIONALE UND SACHLICHE SCHWERPUNKTE

5.1 NATIONALPARK SÄCHSISCHE SCHWEIZ

Die »Sächsische Schweiz« gehört deutschlandweit zu den bekanntesten und attraktivsten Naturräumen und trotz zahlreicher Eingriffe des Menschen wegen einer noch immer reichen Artenausstattung und einem unverwechselbaren Formenreichtum zu unseren wertvollsten Gebirgsregionen. Von dem zerklüfteten wie teilweise majestätischen Felsrelief ging nicht nur für das Landschaftsbild schon immer eine besondere Faszination aus, sondern auch der Reichtum hoch spezialisierter Tier- und Pflanzenarten ist den zahlreichen Extremstandorten adäquat. Gegliedert in charakteristische Formenkomplexe wie die Felsreviere mit ihren Türmen, Wänden und Bastionen, die tief eingeschnittenen Gründe oder die flachwelligen Ebenheiten und die ihnen teilweise als Abtragungsreste aufsitzenden Tafelberge und nicht zuletzt das in malerischen Schleifen eingesenkte Elbtal, resultieren vor allem nach Exposition, Wasserhaushalt und Bodenqualität unterschiedliche Lebensräume für Vegetation und Tierwelt. So ist die Artenvielfalt der Kryptogamen (Moose und Farne), speziell in den Schlüchten und Gründen ebenso bemerkenswert wie jene der Vogelwelt (u. a. Schwarzstorch, Uhu, Wanderfalke) oder der Insekten bis zu den Säugetieren (Fischotter, Biber, Luchs u. a.).

Es war die Zeit der beginnenden Naturromantik, welche die vermutlich auf die Schweizer Maler und Kupferstecher A. Graff und A. Zingg zurückgehende Gebietsbezeichnung »Sächsische Schweiz« rasch Eingang ins Bewusstsein der Allgemeinheit und damit auch die Umgangssprache finden ließ. So nimmt es nicht wunder, dass schon im ausklingenden 19. Jahrhundert Interessenkonflikte hinsichtlich diverser Nutzungsansprüche und der Bewahrung dieser einmaligen mitteleuropäischen Felslandschaft offen zutage traten, welche bei weit blickenden Naturfreunden, teilweise auch bei den Verantwortlichen in der Staatsforstverwaltung Anstrengungen zu wirkungsvollem Gebietsschutz auslösten. Die Ausweisung von zwei NSG (Basteigebiet und Polenztal) 1938 bzw. 1940 oder eine Verordnung zum Schutz des Elbstromgebietes von Schmilka bis Strehla (Landschaftsschutzgebietsähnliche Vorschrift) im Jahre 1941 belegen derartige Aktivitäten aus der ersten Hälfte des 20. Jahrhunderts. Einzelheiten hierzu sind in zahlreichen Literaturaufsätzen zusammengetragen, auf deren inhaltliche und chronologische Details verwiesen sei [z. B. GRAF, 1986; WÄCHTER & BÖHNERT (Hrsg.), 1998].

Am 1. September 1956 wurde als erste Etappe erfolgreichen Wirkens des ehrenamtlichen wie staatlichen Naturschutzes durch den damaligen Rat des Bezirkes Dresden ein Landschaftsschutzgebiet (368 km²) ausgewiesen. In den Jahren davor war, besonders im zeitlichen Umfeld des Naturschutzgesetzes von 1954 [vgl. Kap. 2.1], die Idee eines Nationalparks erwogen worden, die aber vorrangig wegen der fehlenden Aufnahme dieser Schutzkategorie in das frühe DDR-Gesetz, aber auch wegen politischer Bedenken (»National«!) und vermeintlich fachlicher Gründe keine Umsetzung erfuhr. Nur aus ideologischer Begrenztheit heraus wird es nachvollziehbar, dass z. B. GILSENBACH (1965) die Einrichtung eines Nationalparks ausdrücklich ablehnte, weil in einem solchen Begriff das Nationale, also das Trennende betont würde, während DDR und Tschechoslowakei doch befreundete sozialistische Staaten seien! Dass in der Region selbst eine hochrangigere Schutzkategorie unterschwellig weiterverfolgt wurde, geht auch aus einer Zeitungsmeldung (Die UNION) vom 5. September 1956 hervor, die vom o. g. Beschluss zur Erklärung des Landschaftsschutzgebietes handelte und an deren Ende es hieß, dies sei »ein erster Schritt auf dem Weg zu dem geplanten Nationalpark«. Doch es sollten noch fast 35 Jahre vergehen, ehe diese Vision Realität werden konnte. Zwischenzeitlich war versucht worden, unter den obwaltenden gesellschaftspolitischen Umständen die Schutzbemühungen zu verstärken bzw. die Einhaltung und Umsetzung der gesetzlichen Vorgaben zu erreichen. Dazu gehörten der 1978 verabschiedete Landschaftspflegeplan und die zu seiner Kontrolle veranstalteten Landschaftstage, und dazu zählte 1983 der Erlass einer »Verhaltensordnung« für Einwohner, Besucher und Nutzer im Elbsandsteingebirge, ein wohl bis dahin einmaliges Instrument für ein Landschaftsschutzgebiet. Ein 1984 gestellter Antrag des Bezirkstages Dresden auf Anerkennung des Gebietes als »LSG von zentraler Bedeutung« ermöglichte, ohne dass dem Antrag zunächst entsprochen wurde, 1987 zumindest die Einrichtung einer LSG-Inspektion beim Staatlichen Forstwirtschaftsbetrieb Königstein. Ihre Gründung war durchaus sinnvoll, weil die Konflikte zwischen Natur- und Landschaftsschutzerfordernissen und den Eingriffen aus Land- und Forstwirtschaft sowie vor allem der (häufig illegalen) Bautätigkeit erheblich zugenommen hatten. Eine Inspektion, die übrigens später auch personell den Grundstock für die zu errichtende Nationalparkverwaltung bildete.

Vor allem in den unruhigen Zeiten der ersten Hälfte des Jahres 1990 wurden Befürchtungen zur nachteiligen Beeinträchtigung der attraktiven Fels-Erosionslandschaft durch neue Eigentümer oder Nutzungsformen lautstark thematisiert. So überschrieb die UNION am 19. Februar 1990 einen Artikel mit der provokanten Frage: Ist der Pfaffenstein schon verkauft? Diese oder ähnliche Befindlichkeiten bestätigten vor allem den schon diskutierten Gedanken, dass die Übertragung des bundesdeutschen Rechtsrahmens, vor allem nach der Wahl vom 18. März 1990, von höchster Eilbedürftigkeit war.

Von einem kurzfristigen Status als »Landschaftsschutzgebiet von zentraler Bedeutung« (von April bis September 1990) abgesehen, eröffnete das Nationalparkprogramm des letzten DDR-Ministerrates vom 12. September 1990 die Basis für eine Aufnahme in diese naturschutzfachliche Flächenkategorie, und mit Wirkung vom 1. Oktober 1990 existierte im Umfang von 9.376 ha per Verordnung der Nationalpark Sächsische Schweiz. Hoffnungen und Träume vieler Naturfreunde aus nah und fern, aber auch eines großen Teiles der Bewohner war damit für diese einmalige Kulturlandschaft in Erfüllung gegangen, doch damit ergaben sich zugleich neue Probleme, obwohl am 28. April 1991 die feierliche Eröffnung des Nationalparks unter Teilnahme des sächsischen Ministerpräsidenten Kurt Biedenkopf und des seinerzeitigen tschechischen Umweltministers Dejmal stattfand, ein Fest-akt, der überall Freude und Befriedigung hervorrief. Gemeinsam mit den übrigen rechts-, vor allem aber den kompletten linkselbischen Flächen des ja noch bestehenden Landschaftsschutzgebietes bildeten beide Gebiete die »Nationalparkregion Sächsische Schweiz«, wozu das Sächsische Natur-schutzgesetz sowohl im § 17 Abs. 6 als auch im § 64 Abs. 7 entsprechende Voraussetzungen geschaffen hatte. Ganz zwangsläufig wurden nach 1992 die grenzübergreifenden Anstrengungen auf staatlicher und kommunaler wie auch auf ehrenamtlicher Ebene gesteigert, um dem Großraum der säch-sisch-böhmischen Sandsteintafel vergleichbare Schutzbedingungen zu sichern, zumal bereits 1972 auf böhmischer Seite das LSG »Labské pískov-ce« (was soviel bedeutet wie »Elbsteine«) auf 342 km^2 eingerichtet wor-den war. Letztlich konnte in einem langwierigen innerböhmischen Klärungs-prozess auch die Einrichtung eines Nationalparks in Tschechien erreicht werden. Zum 1. Januar 2000 wurde in einem Flächenumfang von 7.900 ha der Nationalpark »České Švýcarsko« (Böhmische Schweiz) offiziell er-öffnet, wodurch nun günstige Voraussetzungen bestehen, die Naturerhal-tung im räumlichen Zusammenhang zu planen und auch durchzusetzen.

Wie bei der feierlichen Einweihung angekündigt, wurde die Arbeit an einem Dokument forciert, das die Grundsätze und Leitbilder für die mittel- bis langfristige Entwicklung besonders des Nationalparks beinhalten sollte. Das war umso notwendiger, als nach Jahrzehnten unübersehbarer Nut-zungseinflüsse innerhalb des Nationalparks beispielsweise Gebiete mit immissionsgeschädigten Waldbeständen eingestreut waren oder Folgen rücksichtsloser Forstwirtschaft zu beseitigen waren. Außerdem bestanden gravierende Probleme mit Fragen der Lenkung von Verkehrs- und Besu-cherströmen, als deren Folge Trittschäden in sensiblen Bereichen ebenso wie Störungen der Tier- und Pflanzenwelt zu verzeichnen waren u. a. m., weshalb in einem solchen Dokument die zu erfüllenden Statuskriterien beschrieben werden mussten.

Auch parlamentarische Initiativen forderten die Regierung auf, Konzepte zur Entwicklung des Nationalparks Sächsische Schweiz vorzulegen. Beson-ders in den Begründungen ihrer Anträge formulierten 1991 die Fraktionen Bündnis 90/Grüne und Linke Liste PDS Befürchtungen, das als National-park ausgewiesene Areal könnte zum Ziel wirtschaftlicher, touristischer oder verkehrlicher Aktivitäten werden, zu deren Realisierung man den Ge-bietsschutz vernachlässigen würde. Unabhängig von der existierenden Gesetzlichkeit als Garant gegen solche Mutmaßungen konnte das Um-weltministerium in seinen Antworten sichtbar machen, dass es bereits in der gewünschten Weise verfuhr. Im Dezember 1992 wurde auch dem Land-tag eine Gesamtentwicklungskonzeption übergeben. In einer qualifizier-ten Form wurde im Mai 1994 der Öffentlichkeit ein Nationalparkprogramm vorgestellt und als Heft 1 einer neuen Schriftenreihe auch publiziert. Die Kernbotschaft dieses Papiers wird im dortigen Kapitel 3 zum Thema Natur-schutz folgendermaßen in Worte gefasst: »Das Hauptziel des National-parks besteht in der großflächigen Sicherung des Naturgeschehens ohne nutzende und lenkende Eingriffe des Menschen. Ausgehend von der bisherigen Landnutzungsgeschichte erscheint es jedoch nicht möglich, dieses Ziel sofort und auf der ganzen Fläche verwirklichen zu wollen« (S. 24). Da anerkannterweise neben dem Naturschutz im Nationalpark, neben Forschung und Umweltbildung, immer noch – und wohl auch zukünftig – Erholungsaktivitäten in naturverträglicher Weise zu erwarten sind, besteht kein Zweifel, dass zur Verwirklichung des Schutzzweckes Maßnahmen der Besucherlenkung erforderlich sein werden. Vor diesem Hintergrund und somit aus guter Veranlassung legte die Nationalparkverwaltung im Frühjahr 1997 eine Wegekonzeption vor, an der sich für längere Zeit eine m. E. vermeidbare, aber öffentlichkeitswirksame Kontroverse entzündete.

ABBILDUNG 28
50 Jahre LSG Sächsische Schweiz
im Jahr 2006 – Blick von der Festung
Königstein zum Lilienstein

Hintergrund war die Vorstellung, dass in den kommenden Jahren, bei einem Zeithorizont bis 2050, die Kernzone von gegenwärtig erst 23 % auf etwa 75 % ausgedehnt werden soll, womit die Befürchtung verbunden war, dass die Erreichbarkeit und Begehbarkeit großer Teile des Nationalparks eingeengt oder ganz unterbunden wird. Angesichts der jahrzehntelang erlaubten bergsportlichen Aktivitäten ein nicht besonders sensibel eröffneter Grundsatz in Richtung Totalreservat, wie es allerdings den anzustrebenden Kriterien entspricht. Erstmals im Juli des Jahres 1998 befasste sich der Arbeitskreis der Mehrheitsfraktion im Sächsischen Landtag mit dem Thema (»Besucherlenkungskonzept«), nachdem die ersten Anzeichen öffentlicher Beunruhigung und Verärgerung erkennbar waren. Im Ergebnis stellte sich heraus, dass das Ministerium im Juni eine Beratung mit allen dazu notwendigen Beteiligten durchgeführt hatte, um eine Eskalation zu verhindern. Ein Vertreter des Bergsteigerbundes hatte dabei die Gründung eines Beirates zur Lösung der strittigen Probleme angeregt. Während es zum engeren Thema Felsklettern bereits im Sommer 1997 eine einvernehmliche Lösung mit den Bergsportlern gegeben hatte, ging es jetzt vor allem um die zeitweilige Sperrung von Zugängen zu Kletterrevieren und um den Rückbau von Wanderwegen allgemein. Im November 1998 informierte das Ministerium über die Bildung einer zeitweiligen Arbeitsgruppe (man hatte also den Vorschlag aufgegriffen) aus Nationalpark- und Forstverwaltung, Kommunen, Tourismusverband, Naturschutzverbänden und den Bergsport- und Wanderverbänden. Der Arbeitskreis richtete die dringende Bitte an das Ministerium, bei durchaus vorrangiger Beachtung aller Aspekte des Naturschutzes und der Landschaftspflege eine Lösung mit Augenmaß anzustreben und eine anhaltende Kommunikationsstrategie zwischen den unterschiedlichen Positionen zu verfolgen. Über ein Jahr zogen sich die Beratungen und Verhandlungen hin, die dann im Januar 2000 einen erfolgreichen Abschluss mit der Unterzeichnung von gemeinsam vereinbarten Grundsätzen fanden. Um dieses Ergebnis auch parlamentarisch begleiten und ggf. noch korrigieren zu können, stellte die Mehrheitsfraktion fast synchron dazu einen Antrag, der die Regierung ersuchte, über den erreichten Sachstand und die Festlegungen für die zukünftigen Nutzungswünsche im Lichte des vorrangigen Naturschutzes zu berichten. Kontrovers blieb bis zum Schluss die Vorstellung, durch Ausweitung der Kernzone gleichförmig das Wegenetz zu verringern. Der notwendige Hinweis auf die Forderungen der internationalen Naturschutzunion (IUCN), schrittweise den Nationalparkkriterien folgend, die Kernzone in den kommenden Jahrzehnten auszuweiten, blieb unwidersprochen, aber eine formale und damit zu restriktive Vorgehensweise lehnten wir ab, wie es in Ziffer 5 unseres Antrages auch zum Ausdruck kam, der lautete, bei Planungen zur Erweiterung der Kernzone des Nationalparks auf Beschränkungen des Wegenetzes im Wesentlichen zu verzichten. Hierauf antwortete die Staatsregierung, dass diesbezüglich die Überwindung bestehender oder denkbarer Kontroversen durch eine verbesserte Zonierung in einer ohnehin zu überarbeitenden Nationalparkverordnung angestrebt wird. Die entscheidende Passage im Positionspapier der AG Wegekonzeption wie auch in der Antwort auf unseren Antrag jedoch hieß, man stimme überein, dass eine Erweiterung der jetzigen Kernzone nicht automatisch dazu führen muss, dass das Wegenetz der Erweiterungsflächen am Wegenetz der bisherigen Kernzone gemessen werden. Da unglücklicherweise im Sommer 1998 interne Kartenentwürfe für den Zeitraum nach 2030 an die Öffentlichkeit gelangt waren, welche nicht unbedingt dem o. g. Grundsatz zu folgen schienen, konnte man mit den jetzigen Aussagen der obersten Naturschutzbehörde gut leben. Noch wichtiger wohl aber war, dass die Kontroverse letztendlich mit dem praktizierten Moderationsverfahren in weitgehender Übereinstimmung der verschiedenen Interessen geendet hatte.

Aus Naturschutzsicht kann ergänzend nicht darauf verzichtet werden, den Umgang mit dem § 64 Abs. 8 des Sächsischen Naturschutzgesetzes zu kommentieren, wonach räumliche Geltungsbereiche von Bebauungsplänen sowie bebaute Ortsteile aus bestehenden Landschaftsschutzgebieten herauszulösen sind. Obwohl von dieser Regelung nur das LSG der Nationalparkregion betroffen war, sind in den ersten Jahren ca. 60 Ausgliederungen für Bauvorhaben u. ä. aus dem LSG vorgenommen worden (rd. 116 ha). Der geringe Prozentwert am Gesamtareal (mehr als 27.000 ha) sagt aber wenig über die tatsächlich entstandenen ökologischen Nachteile aus.

Die Nationalparkverordnung vom 1. Oktober 1990 wurde zunächst im Dezember 1995 geändert, wobei es sich eher um eine formalrechtliche Klarstellung handelte. Die Verordnung hatte im § 6 zahlreiche Verbote benannt,

denen aber die Rechtsgrundlage zur Ahndung als Ordnungswidrigkeit bei Nichtbeachtung der Verbote fehlte. Der § 61 (Bußgeldvorschriften) im SächsNatSchG verlangte jedoch, dass Rechtsverordnungen für bestimmte Tatbestände auf diese Bußgeldvorschrift verweisen, weil sonst eine Behandlung als Ordnungswidrigkeit ausgeschlossen ist. Optisch liest sich die Änderung dann so, dass der Katalog der Verbote aus § 6 nur in passiver Schreibform abgefasst wurde. Beispiel: Fassung als Verbot in § 6 Ziffer 4: ... es ist verboten, Pflanzen einzubringen und Tiere auszusetzen; Fassung als Ordnungswidrigkeit: ... es handelt fahrlässig oder vorsätzlich, wer entgegen § 6 Abs. 1 Ziffer 4 Pflanzen einbringt und Tiere aussetzt.

Aus den Erfahrungen mit dem Instrument der Verordnung insgesamt und vor allem mit den relevanten Sachverhalten wurde zum 23. Oktober 2003 eine völlig überarbeitete Nationalparkverordnung in Kraft gesetzt. Nach mehrjähriger Arbeit und intensiver Abstimmung existiert jetzt eine Rechtsgrundlage, die sowohl dem Schutz der Natur als auch den berechtigten Wünschen der im Gebiet Lebenden und Arbeitenden wie auch den Erholungssuchenden gerecht werden kann. Weil es für manche jahrelang praktizierte Gewohnheitsrechte (Gastronomie, Tourismus u. ä.) durchaus begrenzende Festlegungen gab, wurden für verschiedene Genehmigungstatbestände (»Erlaubnisvorbehalte«) bürokratische Erleichterungen geschaffen und als begrüßenswertes neues Instrument (die Erfahrungen mit der AG Wegekonzeption lassen grüßen!) ein Nationalparkbeirat eingerichtet. Dem Anliegen eines wirksamen Naturschutzes kommt auch zugute, dass nunmehr eine Verpflichtung zur grenzüberschreitenden Abstimmung entsprechender Planungen und Vorhaben vorgeschrieben ist. Da letztlich auch die Verschmelzung der Nationalparkverwaltung mit den Forstämtern Bad Schandau und Lohmen zur Nationalpark- und Forstverwaltung Sächsische Schweiz als gelungen bezeichnet werden kann [S. 37], darf man am Ende einer über 15-jährigen Entwicklung mit Respekt und Anerkennung auf die Aktivitäten des staatlichen wie des privaten (ehrenamtlichen) Naturschutzes in der Nationalparkregion blicken.

Ein weiteres Ärgernis, welches das konsequente Handeln der Aufsichtsbehörde erfordert, sind Tiefflüge durch Kleinflugzeuge, aber seit einigen Jahren auch durch militärischen Flugbetrieb – Tiefflüge, welche bei Verletzung der Mindestflughöhe von 600 m über Grund besonders das Brutverhalten von Schwarzstorch oder Uhu nachteilig beeinflussen können. Den Verhandlungen der Staatsregierung mit dem Bund, welche dazu aufgenommen wurden, kann man im Interesse der Natur nur Erfolg wünschen.

Trotz aller gefühlsmäßigen Übereinstimmung in der öffentlichen Beurteilung, mit der Sächsischen Schweiz ein besonderes Kleinod landschaftlicher Gegebenheiten zu besitzen, war die Umsetzung eines anspruchsvollen Gesetzes (§ 17) und einer ebensolchen Ordnung, einschließlich der IUCN-Kriterien, waren die unausbleiblichen Reibungen mit Interessen kommunaler oder gewerblicher Art und speziell der Wanderer und Bergsteiger, zur Überwindung daraus resultierender Konflikte ein »steiniger«, aber lohnen-

der Weg. Mit der zunehmenden Entwicklung der Region zu einem natur-
belassenen Gebiet unter Bewahrung traditioneller und naturverträglicher
Nutzungsformen kann der Nationalpark Sächsische Schweiz seinen erwarteten Beitrag zur Erhaltung oder gar Erhöhung des Artenreichtums in Tier-
und Pflanzenwelt sowie der Schönheit und Eigenart der Felslandschaft
leisten.

5.2 BIOSPHÄRENRESERVAT OBERLAUSITZER HEIDE- UND TEICHLANDSCHAFT

Eine ähnlich positive Gesamtentwicklung nahm für den Naturschutz in Sachsen die Einrichtung des Biosphärenreservates »Oberlausitzer Heide- und
Teichlandschaft«, obwohl man nicht unbedingt von einem reibungslosen
Verlauf bis zur abschließenden Rechtsverordnung im Dezember 1997 sprechen kann. Mit der Veröffentlichung im Sächsischen Amtsblatt im Februar
1998 gehörte dieses Großschutzgebiet endgültig zur »Familie« besonders
schützenswerter Naturräume. Doch in den vorangegangenen acht Jahren
war dem Gebiet ein wechselvolles Schicksal beschieden. Im Zuge des Natio-
nalparkprogramms der letzten DDR-Regierung vom März und September
1990 waren zunächst größere Teile des Oberlausitzer Heide- und Teichgebietes (rd. 150 km^2) als sog. Naturschutzpark zur Ausweisung vorgesehen,
der aus der Zusammenführung vorhandener bzw. einstweilig gesicherter
Naturschutzgebiete, bestehender Flächennaturdenkmale sowie ebensolcher
Landschaftsschutzgebiete entstehen sollte. Da diese Schutzkategorie sich
jedoch nicht in den gültigen Gesetzen fand, reagierte im Sommer 1990
der Bezirkstag Dresden mit einer Erklärung dieses Gebietsteiles zu einem
»LSG von zentraler Bedeutung« im Status einer einstweiligen Sicherung.
Im November 1990 wurde nach Bildung einer Landesregierung unter Führung des Landratsamtes Niesky eine Aufbauleitung für einen Naturpark
Oberlausitzer Heide- und Teichlandschaft eingesetzt. Beide angedachten
Schutzgebietskategorien aber konnten den Ansprüchen für die teilweise
überreiche Naturausstattung letztlich nicht gerecht werden. Immerhin
handelte es sich um ein großräumiges Areal aus wertvollen naturnahen
Lebensräumen mit ebenso charakteristischen Zeugnissen des wirtschaf-
tenden Menschen, also der kulturlandschaftlichen Tätigkeiten des Menschen,
und damit um typische Merkmale für Räume, die dem UNESCO-Programm
»Man and Biosphere« entsprechend als Biosphärenreservat auszuweisen
wären. Das Problem aber war, im gesamtdeutschen Recht gab es diese
Schutzkategorie Ende 1990 (noch) nicht, und die Aufnahme dieses Schutz-
typs aus der DDR-Naturschutzverordnung vom September 1989 war mit
dem Umweltrahmengesetz verloren gegangen. Als im Oktober 1992 das
Sächsische Naturschutzgesetz verabschiedet worden war [vgl. Kap. 3.3],
eröffnete sich die Chance, Teile des Heide- und Teichlandes als Biosphärenreservat festzusetzen, weil der sächsische Gesetzgeber diese Gebiets-
kategorie in sein modernes Gesetzeswerk aufgenommen hatte. Nach der
einstweiligen Sicherstellung im März 1994 fand mit einem ersten Verordnungsentwurf, bereits unter großer öffentlicher Aufmerksamkeit in der

Region, am 19. Juni 1994 in Schloss Milkel die feierliche Eröffnung statt. Die nachfolgende Phase galt der Ausarbeitung eines endgültigen Verordnungsentwurfes, dessen Fassung vom 19. April 1996 für einen Flächenumfang des Schutzgebietes von reichlich 26.000 ha auch als Basis diente, dass die Oberlausitzer Heide- und Teichlandschaft seitens der UNESCO zur damaligen Zeit als 13. deutsches Biosphärenreservat anerkannt wurde.

In Kurzfassung zunächst jedoch noch einige Hinweise zu den naturschutzrelevanten Besonderheiten im Heide- und Teichland. Im Biosphärenreservat existiert als Folge der Standortbedingungen sowie der Nutzungsgeschichte noch immer ein ausgeglichenes Verhältnis von Offenland und Wald. Aktuell verteilt sich der Wechsel von Feucht- und Nasswiesen, Äckern, Dünenwäldern, Kiefernheiden, Flussauen, Teichen und den Siedlungsbereichen in dem inzwischen rund 300 km² umfassenden Areal hinsichtlich der Kategorien der Flächennutzung wie folgt: Wald und Forsten 47,6 %; Ackerland 24,6 %; Grünland 10,5 %; Teiche und Gewässer 8,0 %; Heide und Trockenrasen 4,0 %; Siedlungs- und Verkehrsfläche 3,6 % sowie Moore und Röhrichte 0,7 %.

Bezogen auf die biotische Ausstattung verdient hinsichtlich der floristischen Leitarten in den verschiedenen Naturräumen besondere Hervorhebung das Vorkommen von Glockenheide und mittlerem Sonnentau innerhalb der subatlantisch getönten Feuchtheiden und Zwischenmoore oder von Moosbeere, rundblättrigem Sonnentau, Scheidenwollgras oder Sumpfkalla in den Bruchwäldern und Mooren. Als besondere Rarität im Raum Kreba gilt das Moorveilchen. Im kontinental-boreal geprägten Kiefernwald

ABBILDUNG 30

Impression aus dem Biosphärenreservat
Oberlausitzer Heide- und Teichlandschaft

gilt der Sumpfporst als Charakterart der Waldmoore und vermoorten Dünen-senken, während in den ursprünglich subkontinentalen Kiefernsteppen bei Südexposition der Strandtragant oder im Hainbuchenwald und heute auch auf Ackerfluren der Hainwachtelweizen als Kennarten gelten.

Unter den Säugetierarten ragt besonders der Fischotter heraus, der hier wohl, nach gravierenden Bestandsrückgängen zu DDR-Zeiten, die stabilste Population in Mitteleuropa bildet. Gelegentlich sind im Gebiet Marderhund, Waschbär oder auch Elch anzutreffen. Zum faunistischen Reichtum gehö-ren aber vor allem die Bestände von Seeadler (15 Brutplätze!), Kranich, Weißstorch, Große Rohrdommel und Schwarzstorch. Auch 13 Lurcharten (bis auf den Teichfrosch solche der Roten Liste); 6 verschiedene Kriechtiere (alle auf der Roten Liste) und rd. 150 Brutvogelarten, 15 Fledermausarten sowie 23 Fischarten demonstrieren die noch günstige Bestandssituation bei den Wirbeltieren. Inwieweit künftig die in der nordöstlich angrenzenden Muskauer Heide beobachtete Wolfspopulation auch das Biosphärenreservat besiedeln könnte, muss abgewartet werden.

Schlüsselkriterium für den verschiedenen Grad an Biodiversität als Folge stär-kerer oder schwächerer Überprägung der Flächen durch den Menschen ist die Einteilung der Reservatsfläche in Zonen unterschiedlicher Naturnähe.

Die Schutzzone I (Kernzone) entspricht dem Charakter eines Totalreserva-tes, welche 1.124 ha (= 4 %) des Großschutzgebietes der Fläche ausmacht und besonders Sumpf-, Bruch- und Auwälder, Zwischenmoore, naturnahe Eichenmischwälder und Binnendünen umfasst. Hier sollen alle natürli-chen Prozesse ohne menschlichen Einfluss ablaufen, weshalb diese Ge-biete grundsätzlich für die Öffentlichkeit nicht zugängig sind. Großflächig naturnahe Bereiche sowie für die Biotopvernetzung geeignete Entwick-lungsräume bestimmen den Charakter der Schutzzone 2 (Pflegezone), die mit rd. 12.000 ha 39 % der Reservatsfläche einnimmt und insbesondere eine Puffer- oder Abschirmfunktion für die Kernzone erfüllt. Hier sind die ökologisch bedeutsamsten Teichgruppen mit den umgebenden Röhrich-ten, Feuchtwiesen sowie Waldkomplexen vertreten. Naturnaher Waldbau und extensivierte sowie chemiefreie Land- und Fischereiwirtschaft wer-den mit den Bewirtschaftern durch Vereinbarungen zum Vertragsnatur-schutz geregelt. In die Schutzzonen I und II wurden bereits bestehende Naturschutzgebiete (z. B. Milkeler Moor, Tauernwiesen) integriert und ein mit rd. 13.000 ha großes NSG Oberlausitzer Heide- und Teichlandschaft ausgewiesen, das zugleich als Vogelschutzgebiet wie auch für das europä-ische Naturschutznetzwerk der sog. Fauna-Flora-Habitat-Richtlinie (FFH) gemeldet ist.

Den flächenmäßig größten Anteil hat mit 14.949 ha (= 51 %) die Schutz-zone III, genannt Entwicklungszone oder Zone der Harmonischen Kultur-landschaft. Sie umfasst im Wesentlichen die Siedlungsräume sowie einen Großteil der sonstigen ackerbaulich oder fischereilich genutzten Flächen sowie Forstbezirke, die im Sinne umweltgerechter (»ordnungsgemäßer«) Bewirtschaftung genutzt werden. Naturschonender Anbau, Extensivierung der Bewirtschaftungsweise und Anwendung traditioneller Bewirtschaftungs-

formen bestimmen demzufolge diese Entwicklungszone zu größerer Naturnähe in der kommenden Zeit. Schließlich existiert, besonders im nordwest-
lichen Teil des Biosphärenreservates, die Regenerierungszone, ein als
Naturentwicklungsareal deklarierter Raum im Umfang von 2.014 ha auf
6 % der Gebietsfläche. Hier sollen langfristig die Schäden an der land-
schaftsökologischen Funktionsfähigkeit des Naturhaushaltes und an den
noch vorhandenen Biotopen ausgeglichen und damit auch neue Lebensräume für spezialisierte Tier- und Pflanzenarten geschaffen werden. Vorrangig handelt es sich um bisher bergbaulich genutzte Areale, aber auch
um ehemalige Geflügelmastbetriebe, um stark meliorierte Flächen oder
solche mit tiefer Grundwasserabsenkung bis hin zu ehemaligen Deponie-
flächen. Die bestehenden Regenerationskonzepte legen auf lange Sicht
eine schrittweise Aufwertung zur Entwicklung einer funktionsfähigen Kulturlandschaft mit naturnahen Zellen fest.
Zurück zum Ablauf der Vorgänge um das Schutzgebiet, denn das Feststel-
lungsverfahren verlief alles andere als glatt. In den notwendigen Abstimmungen mit den Flächennutzern, Bewohnern, kommunalen Gebietskörperschaften, Verbänden u. a. gab es erhebliche Widerstände und Vorbehalte.
Die Erwartungen an eine gebietliche Aufwertung durch das Großschutzgebiet wurden durch m. E. ziemlich restriktive Verordnungstexte erheblich und auch unerwartet gedämpft. Der notwendige Moderationsprozess
zwischen staatlicher Behörde (Umweltministerium) und örtlicher Reservats-
verwaltung einerseits und den sehr unterschiedlichen Vorstellungen der
Betroffenen andererseits gestaltete sich nicht nur schleppend und zöger-
lich, sondern vor allem kontrovers. Es genügt zur Erklärung dafür wohl
schon der Hinweis, dass im ersten Verordnungsentwurf (März 1994) allein
in der Zone II (Pflegezone) 32 (!) Verbote und 4 Erlaubnisvorbehalte und
in den übrigen Zonen III und IV noch 15 Verbote und 11 Erlaubnisvorbehalte festgeschrieben waren, also insgesamt 47 Verbote und 15 Erlaubnisvorbehalte, während in der Kernzone ohnehin allgemeines Betretungs- und
Nutzungsverbot bestehen sollte. Eine geringfügige Reduzierung dieser
zahlreichen restriktiven Elemente (34 Verbote und 13 Erlaubnisvorbehalte)
im Entwurf vom April 1996 brachte jedoch noch keinen Stimmungsum-
schwung. In dieser Phase übernahmen die Naturschutzabteilung des SMU
und auch der Staatsminister Vaatz persönlich die Kleinarbeit in differenzierten Veranstaltungen und Gesprächen, den Bewohnern und Wirtschaf-
tenden und allen sonstigen Interessierten das notwendige Wechselver-
hältnis zwischen Schutz und Nutzung zu erläutern und Befürchtungen
abzubauen, z. B. durch klare Aussagen über die weitere Ausübung von Ge-
wohnheitsrechten wie Pilze suchen oder Beeren pflücken.
Auch der Arbeitskreis Umwelt der Mehrheitsfraktion war zweimal vor Ort,
vor allem um mit Bürgermeistern, Gemeindevertretern und Bewirtschaftern
zu sprechen und um Zustimmung für den zu überarbeitenden Verordnungsentwurf zu werben. Denn zwischenzeitlich war aus den Kontakten mit
den Betroffenen die Notwendigkeit erkannt worden, den vordergründigen
Verbotscharakter der Verordnung abzumildern. Die 1997 überarbeitete

Fassung sah in Zone II noch 13 (vorher 32) und in den Zonen III und IV noch 2 (vorher 15) Verbote vor. Mit Ausnahme der Gemeinde Klitten, die später den Verordnungsentwurf gerichtlich beklagt hat – allerdings erfolglos –, traten alle Gemeinden dem Entwurf bei, und es war der ausdrückliche Wunsch der Gemeinden Guttau, Uhyst und Lohsa, eine Ausweitung der Reservatsfläche vorzunehmen. Dem entsprochenen Ersuchen zufolge beträgt heute die Gesamtfläche 30.102 ha, wobei vor allem der Anteil der Renaturierungszone erheblich vergrößert wurde.

ABBILDUNG 31
Die Jeseritzen (Moorlandschaft) nahe dem Braunkohletagebau Nochten

Zum Besuch der damaligen Bundesumweltministerin Merkel in Mücka im Mai 1998 demonstrierten demzufolge alle Interessenvertreter nicht nur Einsicht und Einigkeit, sondern äußerten übereinstimmend die Hoffnung, dass es mit dem Großschutzgebiet gelingen mag und wird, die regionale Wirtschaftsentwicklung ebenso voranzubringen wie zugleich erfolgreich an der Erhaltung und Mehrung des Artenreichtums und der Funktionsfähigkeit des Naturhaushaltes zu arbeiten. Als Instrument zur Abstimmung gemeindlicher Entwicklungsvorstellungen im Rahmen der Ausübung ihrer Planungshoheit mit den Erfordernissen des Schutzgebietes wie auch zur Klärung denkbarer Konflikte wurde ein kommunales Beratungsgremium, der Biosphärenreservatsrat, gebildet. Inzwischen haben umfangreiche Erhebungen zu naturkundlichen Fragen wie auch Abstimmungen mit allen Nutzungsinteressenten im Gebiet stattgefunden und, besonders begrüßenswert, es konnte für jeden Wirtschaftszweig ein Leitbild zukünftiger Entwicklung formuliert werden, das die Belange des Naturschutzes sowie aller gewerblichen, kommunalen und privaten Nutzung, vorrangig von Tourismus und Erholungsnutzung sowie Verkehrs- und Siedlungsentwicklung, jeweils bezogen auf die vier Schutzzonen, koordiniert und in einer Abwägung bewertet. Diese verdienstvolle Arbeit trug dazu bei, die Entwicklungsziele im Reservat klar zu beschreiben und alle Beteiligten an die Vereinbarung der abgestimmten Zielstellungen zu binden.
Im Bereich der Landschaftspflege und des Artenschutzes wurden in den vergangenen Jahren zahlreiche Maßnahmen zur Offenlandpflege von Heiden und Feuchtwiesen (Ansiedlung niedersächsischer Moorschnucken), zur Durchgängigkeit von Fließgewässern (Fischaufstiegshilfen), zur Wiederausbreitung bedrohter Ackerwildkräuter oder spezielle Artenschutzprogramme

durchgeführt. In Bezug auf die ökologische Umweltbeobachtung konnten im Gebiet tragfähige Grundlagen für ein naturschutzfachliches Monitoringprogramm geschaffen werden. Dennoch bleibt die Aufgabe, detaillierte Pflege- und Entwicklungspläne als Naturschutzfachplanungen recht bald auszuarbeiten, die über das 2003 veröffentlichte Rahmenkonzept [SMUL, 2003] hinausgehen. Zu den naturschutzfachlichen Erhaltungs- und Entwicklungszielen existiert mittlerweile eine umfangreiche populärwissenschaftliche wie Fachliteratur, auf die zur Vertiefung zahlreicher Aspekte nur hingewiesen sein soll, so z. B. HEYNE, 1994; BÖHNERT et al. 1996; SCHMIDT et al. 1997; SMUL – Biosphärenreservatsplan Teil 2, 2003; HEMPEL/KLAUSNITZER 2005].

Auf der bereits erwähnten offiziellen Festveranstaltung am 15. Mai 1998 wiederholten Schüler aus der Region die wichtigste Botschaft für die Zukunft des Großschutzgebietes innerhalb der genutzten Kulturlandschaft: Biosphärenreservat bedeutet, dass Mensch und Natur wieder im Frieden miteinander leben können! Mögen sich alle notwendigen Entscheidungen der Gesellschaft an diesem Maßstab für das 300 km² große Areal orientieren.

5.3 NSG KÖNIGSBRÜCKER HEIDE

Als Mitglied des wissenschaftlichen Beirates für das Museum der Westlausitz erhielt ich im Spätsommer 1991 eine Einladung zu einem Abendvortrag, den der Direktor Heinz Kubasch zur Zukunft des Truppenübungsplatzes Königsbrück halten wollte. Obwohl in dem völlig überfüllten Vortragsaal mein Blick auf die Projektionsfläche nicht immer alle Details erfassen konnte, bekam ich doch erstmals eine Vorstellung von dem tatsächlichen und dem vermuteten Naturreichtum auf der großen Militärfläche, denn in seiner couragierten Art hatte Direktor Kubasch im Sommer 1991, trotz der noch vorhandenen russischen Truppenkontingente, Gelegenheiten zur erstmaligen Erkundung einzelner Gebietsteile gefunden, die er nun im Dia dokumentierte. An diesem Abend war mir klar, dass es ein lohnendes Ziel sein müsste, die mir gegebene politische Verantwortung zu nutzen, um der geäußerten Hoffnung des Vortragenden zu entsprechen, dieses Gelände nach rd. 90 Jahren rücksichtsloser militärischer Nutzung der Natur zurückzugeben.

Bereits am 10. Oktober 1991 trat Direktor Kubasch auf meine Einladung hin im Arbeitskreis Umwelt- und Landesentwicklung der CDU-Fraktion auf, um sein Sachwissen weiterzugeben und seine Visionen zu präsentieren. Am Ende dieser Veranstaltung herrschte bei allen Beteiligten Einigkeit darüber, dass man das Anliegen mit einem parlamentarischen Antrag begleiten und damit unterstützen müsse. So entstand Ende Oktober der Antrag 1/952 mit der Überschrift: »Unterschutzstellung des bisherigen Truppenübungsplatzes Königsbrück«.

Der Landtag möge beschließen, die Staatsregierung zu ersuchen:

a gegenüber dem Bund auf eine Aufgabe der militärischen Nutzung des bisherigen Truppenübungsplatzes Königsbrück hinzuwirken,

b die Voraussetzungen zu schaffen, um die unter den Gesichtspunkten des Natur- und Landschaftsschutzes wertvollen Teile des Terrains unter einen qualifizierten Schutz zu stellen,

c die Ausweisung der schutzwürdigsten Teile des bisherigen Truppenübungsplatzes als Biosphärenreservat in ein umfassendes Nutzungskonzept für das Gesamtgelände einzuordnen, das auch Folgenutzungen für Wohnungsbau, Gewerbe und Tourismus zulässt,

d die Voraussetzungen für eine Altlastenerkundung und von Gefahrenabwehrmaßnahmen zu schaffen.

Begründung: Der Truppenübungsplatz Königsbrück (ca. 8.000 ha) weist nach Einschätzungen von Naturschutzfachleuten die Qualität eines hochwertigen Schutzgebietes auf. Fachleute haben ermittelt, dass auf dem Truppenübungsplatz 11 verschiedene Ökosystemgruppen existieren. In einer vorläufigen Recherche konnten 25 vom Aussterben bedrohte Tierarten ermittelt werden, darunter Seeadler, Elbebiber und Otter. Eine naturschutzwidrige Folgenutzung würde äußerst wertvolle Naturräume, die als Großprojekte ökologischer Forschung betrachtet werden können, unwiederbringlich zerstören. Deshalb ist zu gewährleisten, dass im Rahmen einer nach Abzug der sowjetischen Streitkräfte fälligen Folgenutzung die Belange des Natur- und Landschaftsschutzes durch geeignete Maßnahmen sichergestellt werden.

Der Antrag verfolgte somit die Zielstellung, dass auch der Sächsische Landtag zu den Befürwortern einer zukunftsgerechten Verwendung dieses ehemaligen Militärareals gehören sollte. Kurz vorher hatte Staatssekretär Angst vom Umweltministerium im Auftrag von Minister Vaatz ein Schreiben an das Bundesministerium für Verteidigung (BMV) gerichtet, in welchem der Wunsch der Staatsregierung nach »naturschutzkonformer Folgenutzung« für die Fläche angemahnt wurde. Die eindeutige Haltung der Mehrheitsfraktion lässt sich auch an einer Pressemitteilung vom 29. Oktober belegen [Abb. 32]. Der bereits am 12. November 1991 von der Regierung beantwortete Antrag kam am 21. Februar 1992 ins Plenum und wurde dort mit großer Mehrheit angenommen, nachdem bereits die Beschlussempfehlung des Umweltausschusses mit 15:0:0 (Abstimmungen werden immer in der Reihenfolge Ja-Stimmen, Nein-Stimmen, Enthaltungen angegeben) ein selten einmütiges Votum erbracht hatte. In der Folgezeit stellte auch die Fraktion Bündnis 90 / Grüne einen Antrag, der allerdings nur im Ziel einer zivilen Nachnutzung des Geländes vergleichbar war, eine naturschutzfachliche Absicht war nicht benannt worden. Hingegen muss als typisches Trittbrettfahrersyndrom ein Jahr später ein Antrag der FDP-Fraktion bezeichnet werden. Obwohl partiell wieder eine vergleichbare Zielrichtung bestand (zivile Nachnutzung, kein Truppenübungsplatz), fehlte ebenso eine Option pro Naturschutz, und als besonders verwunderlich muss der Schlusssatz der Antragsbegründung betrachtet werden, der sinngemäß zum Ausdruck brachte, dass eine eindeutige Positionierung des Landtages bis zum September 1992 nicht existierte!

Wie erkennbar, bestand die erste Hürde, um für den Naturschutz in Sachsen ein Kleinod zu erhalten, in anfänglich durchaus schwierigen Verhandlun-

ABBILDUNG 32
Pressemitteilung zur Zukunft der
Königsbrücker Heide [1991]

gen mit dem Bundesministerium für Verteidigung (BMV), denn die Konzeptionen des Bundes sahen vor, von den im östlichen Sachsen befindlichen Truppenübungsplätzen einen für militärische Belange zu behalten und für einen zweiten die zivile Nachnutzung zu ermöglichen. Auch vor Ort, in der

Pressedienst
Pressedienst
Pressedienst
Pressedienst
aus erster Hand

Die **CDU** Fraktion im Sächsischen Landtag

Verantwortlich:
Gabi Sajonz, Pressestelle
der CDU-Fraktion
Holländische Straße 4
8010 Dresden
Tel. (0051) 4855-580/581
Fax (0051) 4855-273

Karl Mannsfeld (CDU): Noch Truppenübungsplatz, künftig Landschaftsschutzgebiet

CDU fordert zivile Nutzung des Truppenübungsplatzes in Königsbrück

"Es stünde dem Freistaat Sachsen gut zu Gesicht, wenn der Truppenübungsplatz Königsbrück demnächst zivil genutzt werden könnte", so Dr. Karl Mannsfeld, umweltpolitischer Sprecher der CDU-Landtagsfraktion.

Und nicht nur das: Die Landtags-CDU will, daß der bisher von sowjetischen Truppen genutzte Übungsplatz zum Teil unter Schutz gestellt wird. "Denn Fachleute", so Mannsfeld, "konnten bisher bereits 25 vom Aussterben bedrohte Tierarten ermitteln, darunter Fischotter, Elbebiber und Seeadler."

Nach Auffassung der CDU-Landtagsfraktion sollen dabei ökologisch interessante Flächen des Militärgebietes als Biosphärenreservat ausgewiesen werden - integriert in ein Nutzungskonzept für das Gesamtgelände, das in der Nähe zur Stadt Königsbrück auch gewerbliche und touristische Entwicklungen zuläßt.

Für den Fall, daß sich der Bund nach Abzug der sowjetischen Truppen jedoch für eine weitere militärische Nutzung des Gebiets entscheidet, sollte, so Mannsfeld, die Staatsregierung in Verhandlungen auf ein extensives, die Ziele des Natur- und Landschaftsschutzes berücksichtigendes Nutzungskonzept hinwirken.

Dresden, 29.10.91 / gs

ABBILDUNG 33
Pressemitteilung zur nichtmilitärischen Nachnutzung
der Königsbrücker Heide [1992]

Zuständigkeit des Landkreises Kamenz, wurde in unermüdlicher Kleinarbeit darum gerungen, die angestrebte Naturschutz-Folgenutzung vorzubereiten. Bereits Ende Mai 1991 hatte der Kreistag die Einsetzung einer Arbeitsgruppe beschlossen, um die Stimme der Region bei den anstehenden Entscheidungen auf Bundes- und Landesebene einzubringen. Es war eine weitblickende Entscheidung der Kommunalvertreter, Heinz Kubasch als Leiter die-

Pressedienst
Pressedienst
Pressedienst
Pressedienst

Die
CDU
Fraktion
im
Sächsischen
Landtag

aus erster Hand

Verantwortlich:
Herr Hoose, Pressestelle
der CDU-Fraktion
Holländische Straße 4
8010 Dresden
Tel. (0051) 4855-473/474
Fax (0051) 4855-668

Dr. Karl Mannsfeld (CDU): Königsbrück als militärischen Standort aufgeben

Für eine zivile Nutzung des bisherigen Truppenübungsplatzes Königsbrück hat sich erneut der umweltpolitische Sprecher der CDU-Fraktion im Sächsischen Landtag, Dr. Karl Mannsfeld, stark gemacht. Bereits im Herbst vergangenen Jahres hatte die sächsische CDU-Landtagsfraktion diese Forderung erhoben.

In einem erneuten Brief an Bundesverteidigungsminister Volker Rühe weist Mannsfeld nunmehr darauf hin, daß in den neuen Bundesländern, im Vergleich zu den alten Ländern, die 4,7-fache Fläche an Truppenübungsplätzen zur Verfügung stehe. "Königsbrück", so Mannsfeld, "sollte wegen seiner Nähe zum Großraum Dresden aus landesplanerischen Gründen ebenso wie aus Gründen des Naturschutzes nicht länger militärisch genutzt werden." Mannsfeld erinnert daran, "daß mit Nochten noch auf Jahrzehnte hinaus ein geeigneter militärischer Standort zur Verfügung steht, der den Verzicht auf Königsbrück möglich macht." Im Interesse der Region ersucht Mannsfeld den Bundesverteidigungsminister um eine rasche Entscheidung.

Dresden, 14.09.1992 / Kretschmer/Gockel

ser Arbeitsgruppe zu bestellen, denn bereits am 12. November 1991 legte dieses Gremium dem Kreistag einen Vorschlag für die Anschlussnutzung des bisherigen Truppenübungsplatzes vor, in dessen Mittelpunkt Naturschutz- und Landschaftspflege standen. Damit war ein abgestimmtes Herangehen aller Beteiligten und an der Lösung Interessierten sichergestellt.

In diesen sich hinziehenden Entscheidungsprozess schaltete sich auch Ministerpräsident Biedenkopf in unserem Sinne und auf unsere Bitte hin ein, wie wir auch zunächst versuchten, im Frühherbst 1992 die sächsische Landesgruppe der Unionsfraktion im Bundestag für unser Anliegen zu gewinnen. Bereits im Mai 1992 richtete ich ein Schreiben an Bundesminister Volker Rühe; denn in Anknüpfung an einen Besuch des Bundesministers für Umwelt, Klaus Töpfer, vor Ort in Königsbrück und seine spontane Unterstützung für die sächsische Idee war der Verteidigungsminister gebeten worden, die zivile Nachnutzung für Königsbrück zu genehmigen. Den Entscheidungsprozess beeinflusste positiv, dass durch Einsatz von Minister Vaatz das sächsische Wirtschaftsministerium die Konkurrenzsituation mit dem Truppenübungsplatz Nochten dahingehend beendete, dass Pläne für zukünftigen Braunkohleabbau nicht weiter verfolgt wurden, womit Planungssicherheit für den weiter militärisch zu nutzenden Platz in Nochten hergestellt werden konnte. Da auf mein Schreiben vom Mai zunächst keine Reaktion erfolgte, erging Mitte September eine nochmalige schriftliche Bitte an den Verteidigungsminister, die Entscheidung im Sinne des Naturschutzes und damit für Königsbrück als nicht militärisch nachzunutzende Fläche zu treffen, eine Initiative, die wir nochmals durch eine Pressemitteilung im Land bekannt machten [Abb. 33].

Mit Datum vom 13. Oktober 1992 hielt ich dann doch ein Antwortschreiben des Staatssekretärs im Bundesverteidigungsministerium mit der erhofften Nachricht in der Hand, dass »auf die Inanspruchnahme des Truppenübungsplatzes Königsbrück in Sachsen für Zwecke der Bundeswehr verzichtet wird« [vgl. Abb. 34]. Um möglichen Missverständnissen vorzubeugen, soll nochmals daran erinnert werden, dass die Staatsregierung unabhängig von den parlamentarischen Anstrengungen über die Entscheidung des Verzichtes einer militärischen Folgenutzung für Königsbrück informiert worden war. Damit war als Ergebnis des Bemühens vieler Akteure die erste Etappe erfolgreich beendet, zumal Umweltminister Vaatz seine Verwaltung beauftragt hatte, rechtliche Voraussetzungen zur einstweiligen Sicherstellung des Geländes unter naturschutzfachlicher Zielstellung zu ergreifen, wozu im August 1992 ein erster Verordnungsentwurf vorlag, der dann am 6. Oktober 1992 gültig wurde. In diesem Zusammenhang muss erwähnt werden, dass die in unserem Antrag vom Oktober 1991 empfohlene Schutzkategorie Biosphärenreservat für das Königsbrücker Areal ungeeignet war, das letztlich ein großes zusammenhängendes Naturschutzgebiet darstellte und weniger eine traditionelle Kulturlandschaft mit großflächig schutzwürdigen Gebietsteilen. Knapp zwei Jahre später lag der entsprechende Entwurf für das Naturschutzgebiet Königsbrücker Heide zur endgültigen Festsetzung vor, der dann zum 1. Oktober 1996 rechtskräftig wurde.

ABBILDUNG 34

Schreiben des Bundesministeriums
für Verteidigung (10/1992)
zur nichtmilitärischen Nachnutzung des
Truppenübungsplatzes Königsbrück

Der Festsetzungsbeschluss sah eine vom Naturschutzrecht erfasste Fläche von knapp 7.000 ha vor und enthielt eine räumliche Differenzierung nach Zonen unterschiedlicher Schutzwürdigkeit. Das Kernstück ist die »Naturentwicklungszone« (rd. 5.000 ha), deren Statuscharakter dem eines Totalreservates mit vorrangigem Prozessschutz (also dem Ziel, die Prozesse der Natur sich ungestört entwickeln zu lassen) entsprach. Umgeben wird

DER BUNDESMINISTER DER VERTEIDIGUNG
- STAATSSEKRETÄR -
- 12 0041/37 - V20

BONN, 13. Oktober 1992

Umweltpolitischer Sprecher der
CDU-Fraktion im Sächsischen Landtag
Herrn Dr. habil. K. Mannsfeld, MdL
Holländische Straße 4

O-8010 Dresden

Sehr geehrter Herr Abgeordneter,

für Ihr Schreiben vom 14. September 1992 zu Fragen des Truppenübungsplatzes Königsbrück danke ich Ihnen.

Auf die Inanspruchnahme des Truppenübungsplatzes Königsbrück in
Sachsen für Zwecke der Bundeswehr wird verzichtet.

Mit freundlichen Grüßen

Dr. Wichert

dieses strenge Naturschutzareal von der »Zone der gelenkten Sukzession« (rd. 1.000 ha) und diese wiederum von einer Pufferzone als »Pflegezone« (ebenfalls rd. 1.000 ha), in welcher naturschutzgerechte Wiesen- und Teichpflege und ebensolche Land- und Waldbewirtschaftung praktiziert werden soll, bei gleichzeitigem Erhalt von vorhandenen Kulturbiotopen, die auch als Zeugnisse der Nutzungsgeschichte schützenswert sind.

Ergänzend zu dem naturschutzrechtlichen Hintergrund noch einige inhaltliche Schwerpunkte. Der grundlegende Schutzzweck des Gebietes ist, wie KUBASCH [1998] schrieb, die Erhaltung, Sicherung und Entwicklung des Gebiets auf Grund seiner Seltenheit, besonderen Eigenart und herausragenden Bedeutung als weitgehend unzerschnittener und vielgestaltiger Naturraumkomplex an der ausklingenden Mittelgebirgsschwelle im Übergang zum eiszeitlich bestimmten (Altmoränengürtel) Tiefland. Auf diesem Areal soll durch ungestörte Sukzessionsabläufe wieder eine sich selbst erneuernde, natürliche Waldlandschaft entstehen, und das ist etwas völlig anderes als das Ziel von Wiederbewaldung oder Waldmehrung mittels forstwirtschaftlicher Maßnahmen, wie es dem späteren Flächeneigentümer vorschwebte, woraus ein noch gründlich zu behandelnder Grundkonflikt in den vergangenen Jahren die Naturschutzarbeit vor Ort erschwerte. Das in Jahrzehnten oder noch längeren Zeiträumen angestrebte Ziel ist das Schlussstadium eines Eichenmischwaldes mit Kiefern und Birkenanteilen und stellenweise mit Ahorn, Winterlinde, Hainbuche und Buche sowie Sand- und Feuchtheiden, Sümpfen, Mooren, Fließ- und Standgewässern.

Im Gürtel der »gelenkten« Sukzession soll die Vegetationsentwicklung des Offenlandes als Ersatzgesellschaft natürlicher Wälder auch durch gezieltes Unterbrechen von Abläufen verbunden sein, die aus den Pionierstadien mit Silbergrasfluren über Heidekrautbeständen und Besenginster und Laubholzgebüschen bis zur natürlichen Waldgesellschaft führen, um die Sicherung des Fortbestandes gehölzfreier Offenlandsegmente zu garantieren. In diese Richtung gehen auch die verbindlichen Erhaltungsziele des sächsischen Gebietsvorschlags für das europäische Naturschutznetz Natura 2000. Dort werden, wie auf theoretischen Vorarbeiten begründet, Sandheiden auf Binnendünen, offene Grasflächen auf Binnendünen, feuchte Heiden, trockene Heiden, feuchte Hochstaudenfluren, bodensaure Eichen(misch)wälder, Erlen- und Eschenwälder sowie Weichholzauen an Fließgewässern u. a. als schützenswerte Lebensräume von gemeinschaftlicher Bedeutung benannt. In dieses Muster verschiedenartiger Ökosysteme sind zugleich seltene Tierarten integriert wie Elbebiber, Fischotter, Seeadler, Fischadler, Birkhuhn, Grauer Kranich, Wiedehopf, Grauammer, Rohrdommel, Rotbauchunke oder Bachneunauge, und es finden sich floristische Raritäten wie Lungen-Enzian, Sibirische Schwertlilie, Weiße Waldhyazinthe, Sumpfporst oder Sumpf-Bärlapp. Auch 146 Brutvogelarten, 36 Heuschreckenarten (darunter die wiederentdeckte Gemeine Gebirgsschrecke), 208 Wirbeltierarten, über 400 Pilzarten u. a. belegen wohl hinlänglich den Artenreichtum.

ABBILDUNG 35

NSG Königsbrücker Heide – Blick von der Königshöhe

Der schon angedeutete Grundkonflikt mit den Intentionen des späteren Flächeneigentümers liegt in der fehlenden Bereitschaft oder auch der fehlenden Kompetenz handelnder Personen, den Unterschied zwischen Naturbelassenheit (Prozessschutz) und Nutzungsdenken (Waldmehrung) zu erkennen. Als KUBASCH [1994] den Schlusssatz eines Aufsatzes zur Zukunft des größten sächsischen Naturschutzgebietes formulierte: »Als ein Großschutzgebiet mit einer ungewöhnlichen Vergangenheit und Perspektive sollte es eine großzügige Förderung erfahren«, konnte er nicht erahnen, wie diese Hoffnung in finanzieller Hinsicht zwar später erfüllt wurde, aber leider nicht im Dienste des Naturschutzes. Dieses Fazit kann auch dadurch nicht wesentlich besser werden, wenn man vorab feststellt, dass im Sommer 2006 eine Entscheidung zustande kam, die besagt, dass dem Nationalparkamt Sächsische Schweiz die Zuständigkeit für das Gebiet übertragen wird, weil der vorherige Eigentümer das Gelände an den Freistaat Sachsen zurückgegeben hat.

Doch der Reihe nach: Im August 1993 hatten der Freistaat Sachsen und die Bundesrepublik Deutschland ein Verwaltungsabkommen zur Übertragung der von der »Westgruppe der Streitkräfte« (WGT), d. h. den ehemaligen sowjetischen Truppenverbänden, genutzten Liegenschaften auf den Freistaat Sachsen unterzeichnet. Sie wurden in das sog. »GUS Sondervermögen« aller früheren sowjetischen Objekte eingebracht. Die Verwaltung und Verwertung dieser Flächen regelte ein Spezialgesetz, das sog. WGT-Gesetz vom 17. Dezember 1993. Dieses Gesetz sah vor, dass Liegenschaften des Sondervermögens auch für Zwecke des Naturschutzes und der Landschaftspflege genutzt werden können. Das war umso wichtiger, als zum Zeitpunkt der Bildung des Sondervermögens z. B. die Flächen um Königsbrück bereits als NSG einstweilig sichergestellt worden waren. Eine vom Umweltarbeitskreis der Mehrheitsfraktion angestrebte Ergänzung im Gesetz für § 2 (Verwertungszweck) mit dem Wortlaut, »Flächen von geschützten oder einstweilig sichergestellten Gebieten nur solchen Dritten zu überlassen, wenn mit der Verwertung die Erfüllung der in § 2 Abs. 1 SächsNatSchG genannten Aufgaben und Pflichten gewährleistet ist«, fand leider keine Mehrheit in der Gesamtfraktion, wohl aber unser zweiter Änderungsantrag im § 3 Abs. 2, der vorsah, folgenden Passus aufzunehmen: »Die Erfordernisse der Raumordnung und Landesplanung sind zu beachten.« Diese Ergänzung verstärkte die Zielvorgaben des im April 1994 in Kraft getretenen Landesentwicklungsplans als Maßstab für den Verwertungszweck aller ehemalig militärisch genutzten Liegenschaften. Hervorzuheben ist, dass im Verlaufe des Verfahrens zur Unterschutzstellung auf Wunsch der umliegenden Gemeinden, ganz im Sinne des Punktes c unseres Antrages vom Oktober 1991 [s. S. 118], zahlreiche Grundstücke mit einer Gesamtfläche von rd. 600 ha (!) wieder aus den ursprünglichen NSG-Planungen herausgenommen wurden, nur um auch zu dokumentieren, dass die Gebietsabgrenzung durchaus mit Augenmaß vorgenommen wurde.

Die eigens durch das Finanzministerium zur Verwertung der ehemaligen sowjetischen Liegenschaften gebildete Immobiliengesellschaft (angedockt an die Landesbank) präferierte die Überführung der Liegenschaft auf die im Juni 1996 neu entstandene privatrechtliche Stiftung »Wald für Sachsen« (SWS), die durch Stiftungsmitglieder wie die Sächsische Landesbank, den Landesverband Sachsen der Schutzgemeinschaft Deutscher Wald e. V., den Sächsischen Waldbesitzerverband und den Verein Prima-Klima weltweit eine für jeden erkennbare einseitig waldbauliche Orientierung hatte. Obwohl der Schutzzweck des Gebietes sich nicht von vornherein in Konkurrenz zu den Zielen der Stiftung sehen musste, denn auf 70 % der Fläche sollte auf natürlichem (!) Wege eine Wiederbewaldung stattfinden können, war doch sofort ersichtlich (und auch rasch nachlesbar), dass eine Stiftung, die durch aktive Aufforstungspolitik und in gewissem Umfang auch Forstwirtschaft CO_2-Bindung erreichen will, mit dem Charakter eines Prozessschutzgebietes in Konflikt geraten wird. Selbst als einer von zwei Landtagsabgeordneten in den Beirat zur Verwertung der Liegenschaft berufen, habe ich frühzeitig auf die sich abzeichnenden Unvereinbarkeiten hingewiesen [vgl. Protokoll zur Beiratssitzung am Juni 1995 in Zeithain], doch ich blieb ein »einsamer Rufer in der Wüste«. Zu dieser sich abzeichnenden Unvereinbarkeit muss man sich nur noch einmal den veröffentlichten Stiftungszweck ansehen, der da lautet:

Ziele der Stiftung sind:
- Waldmehrung und CO_2-Minderung,
- Landschaftspflege und Förderung weiterer Waldfunktionen,
- Öffentlichkeitsarbeit zu Waldflächenzunahme und aktivem Klimaschutz.

Um es nochmals zu verdeutlichen: Wohl findet im Sinne einer mehrere Jahrzehnte oder gar Jahrhunderte umfassenden Zeitspanne auf größeren Teilen des NSG natürliche Wiederbewaldung statt, aber eine wie auch immer geartete forstlich-waldbauliche Nutzung im herkömmlichen Sinne wird und kann auf dem Gelände von Sachsens größtem Naturschutzgebiet nie stattfinden, auch dann nicht, wenn der Geschäftsführer der Stiftung stolz verkündet, dass die Stiftung mit dem Erwerb beider Truppenübungsplätze (man hatte ihr auch noch die Flächen in Riesa-Zeithain übertragen) »zum größten sächsischen Privatwaldbesitzer« (!) geworden ist. Insofern ist es auch nicht verwunderlich, dass selbst in der Kabinettsvorlage für die endgültige Festsetzung als Naturschutzgebiet im Sommer 1996 das Umweltministerium Zweifel an der Zweckmäßigkeit der Übertragung der Königsbrücker Heide auf die Stiftung Wald für Sachsen anmeldete. Jedoch das federführende Finanzministerium folgte der Vorentscheidung durch die Immobiliengesellschaft und der ebenso großen Fürsprache des damaligen Staatsministeriums für Land- und Forstwirtschaft. Etwa zeitgleich schrieb mir Staatsminister Vaatz in einem Brief, dass die NSG Zeithain und Königsbrück besser nicht der Stiftung zugeführt werden sollten. Zur Durchsetzung aller naturschutzfachlichen Zielstellungen (und eigentlich gibt es kaum andere in dem Gebiet) hatte das Umweltministerium bereits 1993 mit dem Verein »Naturbewahrung Westlausitz e. V.« (kooptiertes Mitglied des anerkannten Naturschutzverbandes Landesverein

Sächsischer Heimatschutz) einen Betreuungsvertrag abgeschlossen, wo-bei laut Aussage des SMU sowohl die fachlich hochwertige Betreuung als auch die kostengünstige Realisierung den Ausschlag für diese Entschei-dung gegeben hatte.

Am 17. April 1997 wurde der SWS für den symbolischen Gegenwert von 1 DM das rd. 7.000 ha große Gelände des ehemaligen Truppenübungsplat-zes Königsbrück als neuer Eigentümerin übertragen. Gleichzeitig erhielt die Stiftung eine, verglichen mit anderen Vorgängen, außergewöhnlich groß-zügige Finanzausstattung. Zunächst waren der Stiftung für den Geschäfts-betrieb durch das Regierungspräsidium Leipzig im August 1996 Zuwendun-gen in Höhe von 100.000 DM bewilligt worden und im Oktober 1996 durch das SML eine weitere Zuwendung in Höhe von 181.600 DM. 25 Mio. DM erhielt die SWS nach Eigentumsübertragung als Beitrag zur Altlastener-kundung und -beseitigung (obwohl das Gesamtgebiet im Sinne der Muni-tionsberäumung quasi unbezahlbar ist und vom Schutzzweck her auch völ-lig unnötig), um den negativen Verkehrswert auszugleichen. Dieser Betrag sollte in fünf Jahresscheiben bis 2001 ausgereicht werden. Weitere 10 Mio. DM empfing die Stiftung vom Ministerium Land- und Forstwirtschaft als Einmalzahlung mit der Auflage einer zinsgünstigen Anlage und der Zweckbindung, aus den Erträgen die laufenden Ausgaben für den Ge-schäftsbetrieb der Stiftung zu begleichen. (An dieser Stelle sei durchaus darauf verwiesen, dass sich die Stiftung außerhalb der beiden Truppen-übungsplätze im Sinne ihres Stiftungszweckes um Aufforstungsprojekte bemüht hat und insofern ein Geschäftsbetrieb erforderlich ist.) In einem weiteren Vertrag vom November 1997 zwischen der Stiftung Wald für Sach-sen und dem damaligen Forstministerium erhielt der neue Eigentümer der Königsbrücker Heide für Maßnahmen forstlicher Bewirtschaftung (Entwick-lungszone), einschließlich der Vorsorge zum Brandschutz, jährliche Zah-lungen zwischen 590.000 DM und 900.000 DM. Wenig später erhöhte üb-rigens das Forstministerium das Stiftungskapital des Landesverbandes Sachsen e. V. der Schutzgemeinschaft Deutscher Wald und auch des Säch-sischen Waldbesitzerverbandes per Zuwendung um jeweils 35.000 DM, da-mit, wie das Ministerium auf einen SPD-Antrag mitteilte, diese beiden Ver-bände das Stiftungsanliegen gewichtiger vertreten könnten. Ein Schelm, wer Arges denkt, wenn er zur Kenntnis nimmt, dass der Vorsitzende des Ausschusses für Land- und Forstwirtschaft im Sächsischen Landtag, der Vorsitzende des Landesverbandes Sachsen e. V. der Schutzgemeinschaft Deutscher Wald und der Vorsitzende des Kuratoriums der Stiftung »Wald für Sachsen« immer die gleiche Person gewesen ist!

Soweit zu den nüchternen Fakten. Die befürchteten Differenzen stellten sich dann auch rasch ein. Vor dem Hintergrund des beschriebenen Stif-tungszweckes war wohl nahezu zwangsläufig, dass man seitens der Stiftung, in Sonderheit der für sie handelnden Personen, nicht bereit war, den Schutz-charakter des Areals als Handlungsprämisse anzuerkennen.

Infolge der mangelnden Sensibilität des Flächeneigentümers gegenüber der bestehenden Rechtslage häuften sich vom Spätsommer 1997 bis ins

Jahr 2005 die Verstöße gegen die Naturschutzbelange. Es begann mit
unerlaubten Eingriffen in das geschützte Gebiet, als von der SWS beauftragte Firmen zum Zwecke der Kampfmittelberäumung auf über 30 km
Länge Wege anlegten oder verbreiterten und das kampfmittelbelastete
Erdreich wallförmig zwischen 0,5 m und 1,5 m Höhe beidseitig aufscho-
ben. Bei diesem Vorgehen wurden Vegetation und Fauna der Wegränder
stark beeinträchtigt bis zerstört, Feuchtgebiete zerschnitten oder ent-
wässert. Kurzum, ein massiver Eingriff in das NSG, zumal in § 4 der Verordnung zur Königsbrücker Heide alle Handlungen aufgelistet sind, die
strikt untersagt sind. Das eigentlich Unglaubliche an dem Vorgang aber
war, dass die Eigentümerin der Ansicht war, eine Genehmigung dazu sei
nicht erforderlich, es genüge das Herstellen des mündlichen Einverneh-
mens. Unabhängig davon, dass sich im Landratsamt oder gar im Regierungspräsidium niemand an eine solche Absprache erinnern mochte, kann
eine zuständige Behörde ohne schriftlichen Antrag keine Entscheidung
treffen, denn in § 7 der Verordnung ist in Ergänzung zum § 10 des Sächsischen Naturschutzgesetzes klar geregelt, dass Befreiungen von Verboten
durch die höhere Naturschutzbehörde nur als erteiltes Einvernehmen möglich sind. Im Übrigen war die Schaffung eines zusätzlichen Brandriegelsys-
tems, das als Grund für die Wegebauaktivitäten später angegeben wurde,
durchaus zu hinterfragen, da seit Abzug der russischen Streitkräfte bereits
eine dem Gebietscharakter angepasste Wegestruktur entstanden war. Dennoch begannen die Arbeiten im August, aber erst am 23. November 1997
wurden sie beim Landratsamt beantragt und die Unterlagen noch Anfang
Dezember vervollständigt. Mündlich hatte die untere Naturschutzbehörde
bereits Anfang November die SWS aufgefordert, die begonnenen Arbeiten
umgehend einzustellen. Nach erneuter Prüfung durch Vertreter des Ministeriums, des Regierungspräsidiums, des Staatlichen Umweltfachamtes Bautzen und der unteren Naturschutzbehörde am 18. Dezember 1997 bestätigte sich die Durchführung illegaler Arbeiten im Schutzgebiet, so dass
es zu einem schriftlichen Bescheid des Landratsamtes Kamenz über die
sofortige Einstellung aller Maßnahmen, die Auflage zum Rückbau der Veränderungen verbunden mit der Androhung eines Zwangsgeldes am 22. Dezember 1997 kam. Gegen diesen Bescheid legte die Stiftung Widerspruch
ein und verstieg sich in ihrem Schreiben vom 7. Januar 1998 an das Landratsamt zu der Behauptung, die Ziele der Stiftung und die des Naturschutzes seien »umfassend miteinander vereinbar« und der erlassene Bescheid
»konterkariere alle bisherigen Bemühungen zum Schutz des Menschen
vor Gefahren«. Gekrönt wird das arrogante Verhalten mit dem Satz, den
Bescheid mit der gewählten Begründung (nämlich naturschutzfeindliche
Eingriffe) halte man »für absurd und für die Sache schädlich« und wolle
die Angelegenheit vor dem Verwaltungsgericht klären lassen.
Das Einzige, was bei dem Vorgang mit Absurdität zu tun hat, ist noch
heute die Entscheidung zur Übertragung der Fläche an eine Stiftung, die
absolut mit dem Schutzzweck des Gebietes unvereinbare Ziele hat! Die
öffentliche Auseinandersetzung zwischen dem Flächeneigentümer und den

Behörden führte dann doch zur Einflussnahme auf die Stiftung, jedenfalls fand sie sich plötzlich zu einer außergerichtlichen Vereinbarung mit dem Landratsamt Kamenz bereit, die am 5. Mai 1999 geschlossen wurde. In diesem Papier verpflichtete sich die Stiftung bis zum 31. Dezember 1999 zum vollständigen Rückbau der ungesetzlichen Wegebaumaßnahmen vom Herbst 1997 mit dem besonderen Ziel, die Arbeiten bis Ende September 1999 abzuschließen. Wie später der Sächsische Rechnungshof (SRH) bemängelte [s. u.], hat diese Maßnahme zum Rückbau der SWS ca. 1,3 Mio. DM gekostet (und somit den sächsischen Steuerzahler). In dieser Phase führte der Ausschuss für Umwelt und Landesentwicklung des Sächsischen Landtages eine kontrollierende Begehung (Mai 1999) vor Ort durch und ließ sich über die spezielle und die allgemeine Situation des Zusammenwirkens zwischen der Stiftung und der naturschutzfachlichen Gebietsbetreuung unterrichten. Auch ich als Vertreter der CDU-Fraktion brachte meine kritische Distanz zur Vorgehensweise der Stiftung zum Ausdruck. Im offiziellen Landtagsprotokoll werde ich folgendermaßen wiedergegeben: Der Grundeigentümer, die Stiftung »Wald für Sachsen«, müsse sich darüber klar werden, ein Naturschutzgebiet mit allen dazugehörigen Verpflichtungen erworben zu haben. Es sei nicht richtig, dass die Stiftung »Wald für Sachsen« erst im Februar 1998 von dem ca. 5.000 ha »Totalreservat« erfahren habe (so dargestellt im Informationsblatt 3/1998 der Stiftung). Dies sei seit dem Kabinettsbeschluss im Oktober 1996 jedem bekannt gewesen und auch in der Verordnung des Regierungspräsidiums so niedergeschrieben. Die an die Anwesenden verteilte »Information zur Entwicklungskonzeption ehemaliger Truppenübungsplatz Königsbrück«, Stand 30. April 1999, nenne als Zielsetzung: Waldmehrung, Landschaftspflege und Öffentlichkeitsarbeit zum Klimaschutz. Wenn man wisse, dass 70 % der Fläche Totalreservat seien, müsse man diese Zielsetzung grundsätzlich für bedenklich halten. Es müsse von der besonderen Situation des naturschutzfachlichen Charakters ausgegangen werden. Die sicherlich beiderseits ehrbaren Anliegen von Stiftung und Verein müssten sich aus diesem Grundkonsens heraus vereinbaren lassen. Das Sächsische Staatsministerium für Umwelt und Landwirtschaft solle helfen, den Grundkonsens bald zu erreichen.

Dennoch waren Verwunderung und Verärgerung über das Handeln der Stiftung groß. Anlässlich der 5. Sitzung des Landesnaturschutzbeirates im September 1998 wird Staatsminister Vaatz im genehmigten Protokoll mit der Äußerung zitiert, dass die Stiftung Wald für Sachsen offenbar in der Königsbrücker Heide Werte des Naturschutzes zerstöre und damit eklatante Rechtsverstöße gegen das Naturschutzrecht vorgenommen habe. Die Übertragung des Gebietes an die Stiftung Wald für Sachsen habe somit nicht den gewünschten Erfolg gehabt. Es sei erforderlich, auch die strafrechtliche Relevanz des Sachverhaltes zu prüfen. Eine bessere Zusammenarbeit und eine Respektierung des Schutzzweckes ist aus all solchen Appellen nicht erwachsen. In einem Brief an verschiedene Landtagsabgeordnete wiederholte der Kuratoriumsvorsitzende erneut die bereits im Schriftverkehr mit dem Landratsamt gebrauchte Formulierung, dass die Ziele der Stiftung und des Naturschutzes umfassend vereinbar seien. Die Praxis aber sah anders aus. Auch eine zusätzlich aus KONVER-Mitteln geförderte rd. 140.000 EUR teure Entwicklungskonzeption für das Gebiet war kein Zeichen von Kooperationsbereitschaft, sondern eine weitere Kampfansage an den Naturschutzstatus. Der Auftrag mag der Stiftung sinnvoll erschienen

ABBILDUNG 36
NSG Königsbrücker Heide –
Calluna-Heide

sein, in Anbetracht des Gebietscharakters war es eine völlig unsinnige Geldausgabe. Aber weil die SWS lange Zeit den Teil D des fachbehördlichen Pflege- und Entwicklungsplanes nicht anerkennen wollte, musste ein eigenes Papier her, und das war dann auch ganz im Sinne des Auftraggebers. Es genügt wohl ein Zitat aus diesem kostspieligen Werk [Kapitel 3, S. 3], um die Situation zu beleuchten: »Im Extrem gehen regionale Naturschützer davon aus, dass die erlassene Verordnung zum NSG Königsbrücker Heide Gesetzeskraft besitzt«. Genau in diesem Stil fanden auch die vielen kleinen und ständigen Behinderungsaktionen gegenüber dem mit der Gebietsbetreuung beauftragten Verein statt, die zu kommentieren aber nicht meine Aufgabe ist. Denn des Pudels Kern ist und bleibt die fehlerhafte Annahme seitens der Stiftung, mit den beiden Truppenübungsplätzen große Aufforstungsleistungen erbringen zu können, die aber mit dem Gebietscharakter unvereinbar sind. Zur Ablehnung des o. g. Teiles D des Pflege- und Entwicklungsplanes aus dem Landesamt für Umwelt und Geologie schrieb man: »Als Eigentümer erheben wir Einspruch gegen die von den Naturschutzbehörden geplante Festsetzung eines Totalreservates von

5.000 ha Größe«, und im Informationsblatt 3/1998 stand unter der Überschrift »Was sonst noch passierte« das endgültige Eingeständnis eines gestörten Verhältnisses zum Naturschutz. Es hieß: »Im Februar 1998 wurde die Stiftung Wald für Sachsen durch den Naturschutz über die Zonierung des Gebietes Königsbrücker Heide in Kenntnis gesetzt (Pflegezone – Biotopmanagementzone – Naturentwicklungszone (Totalreservat)). Anmerkung: Das käme einem generellen Betretungsverbot für fast jedermann oder -frau gleich.«

Anmerkung meinerseits: Es soll ja schon Grundeigentümer gegeben haben, die sich vor dem Kauf über Status oder Besonderheiten der Liegenschaft informieren ließen. Mit Vorlage des Festsetzungsbeschlusses zum 1. Oktober 1996 (9 Monate vor dem Kauf der Liegenschaft durch die SWS!) konnte jedem Lesekundigen klar sein, was im § 6 der Verordnung über die Entwicklungsziele der Fläche ausgesagt ist. Im Übrigen hatte die Stiftung bereits in ihrem Infoblatt 3/1997 die Positionen von Umwelt- und Forstministerium zur Zukunft der Fläche gegenübergestellt, in welchen selbstverständlich die Zonierung angesprochen wurde. Warum wohl spielte man ein Jahr später noch den Ahnungslosen? Ein weiterer Beleg für die Unwilligkeit oder Unfähigkeit der Stiftung zur Einhaltung des Schutzzweckes ist das Jagdkonzept, das (ebenfalls völlig überflüssig) Ende März 1998 vorgelegt wurde. Die in der Naturschutz-Verordnung von 1996 geregelten Grundsätze gehen von der Jagdausübung zum Zwecke der Verhütung übermäßiger Wildschäden in der umgebenden und intensiv genutzten Agrarlandschaft aus, konzentrieren sich neben Hegeverpflichtungen auf eine wirksame Bejagung des Schalen- und Raubwildes und klären das Verhältnis von Ansitz- und Bewegungsjagd. Schon im Juli 1997 stellte das Umweltministerium klar, dass die Jagd dem Schutzzweck nach § 32 Abs. 1 Sächsisches Landesjagdgesetz und § 3 der Gebietsverordnung untergeordnet ist. Nach der Ablehnung des Pflege- und Entwicklungsplanes Teil D [s. o.] erfüllte die Stiftung Ende März 1998 das Regelerfordernis wiederum durch eine eigene Konzeption. Aus der Sicht der obersten Naturschutzbehörde ergab sich später (Ende April 1998) folgende Bewertung: »Die Jagdkonzeption der SWS berücksichtigt nicht die rechtlichen Regelungen (Jagd- und Naturschutzgesetze bzw. NSG-Verordnung) und verkennt vollständig die naturschutzfachlichen Gegebenheiten. Sie muss daher von den Naturschutzbehörden zurückgewiesen werden.« Ins Bild passte dazu übrigens ein Artikel vom Vorsitzenden des Landesjagdverbandes [anerkannter Naturschutzverband! – vgl. dazu Anmerkung S. 97] in der Zeitschrift »Unsere Jagd«, Heft 7 1999, der die Unterschutzstellung der Königsbrücker Heide als NSG einen »drastischen Fall von fachlicher Inkompetenz« nennt und die Umsetzung des Prozessschutzgedankens im Freistaat Sachsen für nicht durchführbar hält. Die praktische Gestaltung der Jagdausübung im NSG kann nur von dem Grundsatz ausgehen, dass die Pflegezone als Pufferzone zur umgebenden Kulturlandschaft gedacht ist und die Jagd daher dort ihren Schwerpunkt hat, während in der Kernzone weitgehend Jagdruhe herrschen sollte. Dieser Vorstellung entspricht die klare Aussage der obersten

Naturschutzbehörde, die der Stiftung in dem gleichen Schreiben mitteilte, dass auf ca. 6.000 ha eine Jagdausübung »mit der Intensität Null« die einzige Variante sei. Genau wie beim Wegebau glaubt die Stiftung, mit der Floskel, »es sei Einvernehmen« mit dem Naturschutz ohne dokumentierte Erlaubnis herzustellen, sie könne die unumgänglichen Verwaltungsverfahren zur Gestattung weiterer Jagdaktivitäten (z. B. zusätzliche Ansitzkanzeln, unerlaubte Lockfütterung, sog. Kirrung) umgehen und willkürlich im Gebiet agieren.

Otter und Seeadler erobern alte Russen-Schießplätze

BILD-Zeitung vom 24.02.1994

Wo der Biber Burgen baut

SÄCHSISCHE ZEITUNG (Ausgabe Großenhain) vom 05.08.2000

Wald-Stiftung in Not: Von Naturschutz keine Spur!

MORGENPOST DRESDEN vom 23.03.1999

Stiftung Wald im Grabenkampf mit Naturschützern

DRESDNER NEUESTE NACHRICHTEN vom 25.01.1999

Rechnungshof prangert Millionenverschwendung an

FREIE PRESSE vom 05.12.1999

ABBILDUNG 37 A
Schlagzeilen im Zusammenhang
mit den Vorgängen um das
NSG Königsbrücker Heide

Nicht nur die Vorgänge auf der Schutzgebietsfläche, wie der naturschutzwidrige Wegebau oder die mit dem Gebietszweck unvereinbaren Jagdvorstellungen, gaben Anlass für parlamentarische Drucksachen, besonders die Prüfergebnisse des Sächsischen Rechnungshofes (SRH) beschäftigten seit 1999 den Landtag. Obwohl zahlreiche Einzelheiten über fehlerhaftes Verhalten der Stiftung im Umgang mit den öffentlichen Mitteln

dargestellt waren, hat bis zum Frühjahr 2005 das zuständige Finanzministerium die Dinge eher verharmlost oder gänzlich in Abrede gestellt. Der
Bezug zu den Naturschutzfragen, und nur diese sollen hier untersucht
werden, bestand vor allem in der offiziellen Anerkennung der gesetzes-
widrigen Eingriffe seitens der Stiftung. Natürlich stellte der SRH die Frage,
warum die Finanzierungsmodalitäten so und nicht anders waren (z. B. besser keine Pauschalsumme, sondern Finanzierung nach Rechnungslage u. ä.),
aber die Schlussfolgerungen hießen, erst einmal sicherzustellen, dass bei

Sachsen-Stiftung in der Heide wie die Axt im Walde

LEIPZIGER VOLKSZEITUNG vom 08.09.1998

Murks im Wald

SÄCHSISCHE ZEITUNG vom 09.07.1999

Rechnungshof sorgt für neuen Ärger um Wald für Sachsen"

DRESDNER NEUESTE NACHRICHTEN vom 09.07.1999

Sachsen bekommt größtes Naturschutzgebiet zurück

SÄCHSISCHE ZEITUNG vom 16.09.2004

Halali im Reservat

SÄCHSISCHE ZEITUNG vom 16.09.2004

Königsbrücker Heide künftig Nationalpark?

DRESDNER NEUESTE NACHRICHTEN vom 09.07.1999

ABBILDUNG 37 B
Schlagzeilen im Zusammenhang
mit den Vorgängen um das
NSG Königsbrücker Heide

den umfangreich zur Verfügung gestellten öffentlichen Mitteln der Einfluss
des Staates gestärkt werden müsse. In der Stellungnahme des fachlich
betroffenen Staatsministeriums für Umwelt und Landwirtschaft las man
ebenso zum ersten Male, dass die Feststellungen zutreffen, wonach die
Stiftung unter Verstoß gegen naturschutzrechtliche Bestimmungen Muni-
tionsberäumung durchgeführt habe, welche unnötige Ausgaben verursacht

hätten! Anmerkung von mir: Man betrachte diese objektive Aussage im Spiegel der Äußerung des Kuratoriumsvorsitzenden, derartige Anwürfe seien »absurd« [vgl. S. 127]. In der parlamentarischen Behandlung des Rechnungshofberichtes stellte der Finanzminister fest, die Regierung wolle prüfen, welche stiftungsrechtlichen und organisatorischen Maßnahmen zur Sicherung des Einflusses des Freistaates auf die Geschäftsführung der SWS möglich seien, um eine vertragsgerechte Mittelverwendung sicherzustellen. Zur Verdeutlichung der Situation sei nochmals darauf hingewiesen, dass gegenwärtig etwa 93 % der Gebietsfläche von beräumbaren Altlasten befreit sind, hingegen nur 4,3 % oberflächlich von Kampfmitteln und Munition abgesucht und gar nur 1 % (also rd. 70 ha) tiefgründig von den Hinterlassenschaften 90-jähriger militärischer Nutzung beräumt sind. Für die Ziele des Naturschutzes ist dieser Beräumungsstand auch weitgehend zweitrangig, weshalb die Frage nach den übereigneten 25 Mio. DM für Munitionsberäumung eine außerhalb liegende Diskussionslinie ist. Die gesamte Widersprüchlichkeit des Vorganges wird ohne weitere Kommentierungsnotwendigkeit an einer eher zufälligen Sammlung von Presseüberschriften ablesbar, welche in des Wortes wahrster Bedeutung schlaglichtartig das Dilemma beleuchtet [vgl. Abb. 37 A und 37 B].

Vor diesem Hintergrund hat es in den vergangenen fünf Jahren zahlreiche Ansätze zur Klärung des Problems gegeben, aber die Sorge um den mit jeder Lösung verbundenen »Gesichtsverlust« zahlreicher Mitwirkender bremste die Versuche immer wieder aus. Zur Verdeutlichung der Hinweis, dass ohne freiwilligen Rückzug der Stiftung von der Fläche gar keine Veränderungen erfolgen können. Die Zahl meiner persönlich bis 2002 dazu geführten Gespräche ist mehr als beachtlich gewesen, die vielen freundlichen Versprechungen blieben aber weitgehend unerfüllt. In diesem Zusammenhang wurden auch Überlegungen angestellt, die Schutzwürdigkeit der Königsbrücker Heide als Nationalpark zu prüfen. Die vom Landesamt für Umwelt und Geologie durchgeführte und Ende 2004 abgeschlossene Prüfung dieser alternativen Idee diente allein dem Versuch, durch eine naturschutzkonforme »Hintertür« einen neuen Eigentümer installieren zu können. Das Prüfungsergebnis lautete, dass es einen Grundwiderspruch zur Nationalparkidee gibt, weil einerseits die vorrangige Zielstellung des Prozessschutzes sowie des Arten- und Biotopschutzes in pflegebedürftigen offenen und halboffenen Bereichen nicht den Intentionen eines Nationalparks entspricht und andererseits noch das Kriterium einer auch in Zukunft nur stark bis völlig eingeschränkten Zugänglichkeit hinzukommt, das ebenfalls nicht mit den internationalen Kriterien korrespondiert.

Im Rahmen dieses Büchleins hat nur zu interessieren, ob und wie es gelingt, den Zustand zu erreichen, den das Gebiet aufgrund seiner Ausstattung und seiner rechtlichen Stellung verlangt. Die Erwiderung des Umweltministeriums zum Thema »Stiftung Wald für Sachsen« im Jahresbericht 2005 des Sächsischen Rechnungshofes (SRH) wird mit dem Satz eingeleitet: »Die Stiftung ist mit der Bewirtschaftung der ehemaligen Truppenübungsplätze Königsbrück und Zeithain überfordert.« Eine weitere Erörterung kann nach dieser Feststellung unterbleiben. In seiner Stellungnahme kommt das Ressort auch zu der Erkenntnis, sich der Aufforderung des SRH bezüglich einer Rückübertragung der NSG Königsbrück und Zeithain von der Stiftung auf den Freistaat einschließlich aller noch vorhandenen Mittel für die Altlastensanierung anzuschließen. Aus dieser Einsicht resultiert die auf S. 124 vorangestellte Konsequenz einer Entlassung der »Stiftung Wald für Sachsen« aus der Zuständigkeit für Sachsens größtes Naturschutzgebiet, weil die Notwendigkeit, Flächeneigentum und fachliche wie politische Verantwortung zusammenzuführen, grundsätzlich anerkannt werden musste. Obwohl sich am Beispiel der Königsbrücker Heide die alte Lebensweisheit bestätigte, dass eine Torheit oft eine anhaltende Folge von Ungereimtheiten oder gar Unerfreulichkeiten nach sich zieht, besteht dennoch Hoffnung, dass eine Regelung zustande kommt, die aus allen Misshelligkeiten der Vergangenheit die richtigen Lehren zieht. Als die wichtigste möchte ich aus der Sicht des Naturschutzes erklären, dass endlich vor Ort Ruhe einkehrt, dass endlich die gesetzlichen Grundlagen respektiert werden und zwischen den Interessen der Region und dem Schutzzweck eine Übereinstimmung entwickelt werden kann. Dann besteht auch aus parlamentarischer Sicht keine Notwendigkeit mehr für »einen Blick zurück im Zorn«. Diese Hoffnung erhält übrigens neue Nahrung durch den Verweis auf eine herausragende Publikation zu diesem besonderen Schutzgebiet durch den verdienstvollen Nestor des sächsischen Naturschutzes [vgl. KUBASCH, 2006].

5.4 AUFBAUBESCHLEUNIGUNGSGESETZ

Zur größten Belastungs- und Bewährungsprobe für Belange der Naturerhaltung im Zusammenhang mit einem Gesetzgebungsverfahren wurde 1994 das sog. Aufbaubeschleunigungsgesetz (Gesetz zur Beschleunigung des Aufbaus im Freistaat Sachsen), das den Spielraum der Bundesländer ausfüllen sollte, den der Bund mit seinem Investitionserleichterung- und Wohnbaulandgesetz von 1993 vorgegeben hatte. Zugleich hatte die Bundesebene durch eine Änderung der Eingriffsregelung im Bundesnaturschutzgesetz (§ 8 a–c) bereits landesrechtliche Regelungen erheblich beschnitten, wonach Ersatzleistungen bei Eingriffen in Form einer Ausgleichsabgabe entfallen sollten.

Das für dieses Anpassungsgesetz zuständige Wirtschaftsministerium verfolgte das Ziel einer vollen Ausschöpfung des Länderermessens, welches darin bestand, für jegliche bauliche Vorhaben die Ersatz- und Ausgleichspflicht für vier Jahre aufzuheben und somit eine, aus meiner Sicht, ungerechtfertigte Flächen- und Naturschutzpolitik zu verfolgen, weil die Gefahr umfangreicher Flächenverluste, einschließlich der damit verbundenen Biotope, mehr als begründet erschien. Da die Standpunkte auch innerhalb der Mehrheitsfraktion stark verfestigt waren, nahm die Kontroverse beinahe Züge eines erbitterten Machtkampfes an. Quasi auf der Ziellinie erst wurde der seit 1993 erarbeitete Kompromissvorschlag der Umweltpolitiker dank energischer Unterstützung durch den Ministerpräsidenten

Biedenkopf zur Fraktionslinie erklärt, und der seltene Fall trat ein, dass die Mehrheitsfraktion mit einem Änderungsantrag in der Plenardebatte zum Gesetz die Beschlussempfehlung des federführenden Ausschusses für Bau und Verkehr, immerhin auch erst mit CDU-Mehrheit angenommen, korrigierte. Doch der Reihe nach und mit dem ergänzenden Hinweis, dass diese Änderung des Naturschutzgesetzes formal im Kapitel 3.4 zu behandeln gewesen wäre, aber wegen der inhaltlichen und politischen Begleitumstände eine eigenständige Erörterung verdient hat.

Mit den von der Regierung beabsichtigten 26 Änderungen zum bestehenden SächsNatSchG vom Herbst 1992 ragt diese Novellierung schon formal gegenüber allen vorherigen oder auch späteren Veränderungen heraus. Zugegeben, ein großer Teil der umfangreichen Änderungswünsche entsprang der Absicht, das Aufbaubeschleunigungsgesetz als »Vehikel« zu einigen ohnehin erforderlichen Neuregelungen zu nutzen. Zahlreiche davon hatten daher nur den Charakter redaktioneller Änderungen durch Klarstellungen (Druckfehlerbereinigung von 1992), Präzisierungen (z. B. Auslegfristen, Öffnungszeiten oder versicherungsrechtliche Fragen bei der Tätigkeit von Naturschutzwarten) oder Zuständigkeitsvereinfachungen (z. B. Vereinheitlichung bislang geteilter Zuständigkeiten von spezieller Schutzgebietsverwaltung und den Staatlichen Umweltfachämtern). Letztendlich aber war das alles nur »Verpackung« für den eigentlichen Kern des Gesetzes. Unter dem Motto vom »Abbau normativer und administrativer Hemmnisse in der öffentlichen Verwaltung« oder der »Vereinfachung von Verfahrensregelungen« waren zahlreiche Fachgesetze in dem Sinne betroffen, dass der erreichte Regelungsgehalt aus den Anfangsjahren partiell reduziert werden sollte, weshalb man es folgerichtig besonders auf die Gesetze zum Denkmalschutz und zum Naturschutz abgesehen hatte, die von der Wirtschaftsseite ständig beargwöhnt wurden. Knackpunkt auf dem Feld des Naturschutzes war, wie schon angedeutet, die beabsichtigte Verfahrensweise zur befristeten Aussetzung der Eingriffsregelung (Ersatz- und Ausgleichspflicht von nachhaltigen Beeinträchtigungen durch Baumaßnahmen u. ä. bis hin zur Zahlung einer Ausgleichsabgabe bei unzureichender Kompensation des naturgefährdenden Eingriffs). In der Annahme, dass in Sachsen durch diesen Freibrief zur Umgehung von Naturschutzauflagen Investitionen zahlreich und strukturfördernd zustande kommen, sah der Regierungsentwurf vor, die Ersatz- und Ausgleichsregelungen auf Bauleitpläne und Satzungen nicht anzuwenden, und zwar: auf bestehende Baugebiete nach Baunutzungsverordnung (§ 3, 4 und 4 a, d. h. Wohnbebauung), auf Baugebiete des industriell-gewerblichen Sektors in Ober-, Mittel- und Unterzentren sowie auf Baumaßnahmen im Sinne des Fremdenverkehrs. Es war tatsächlich zu befürchten, dass das Bauen auf der »Grünen Wiese« planungsrechtlich geradezu subventioniert würde und man sich vom allgemein gültigen Grundsatz des Verursacherprinzips im Umwelt- und Naturschutz weit entfernte. Die Verantwortlichen im Umweltministerium, die inhaltlich mit uns weitgehend übereinstimmend für eine differenzierte Lösung waren, standen aber offenbar unter starkem Druck der Wirtschaftsseite. Der klaren Ansage aus dem Wirtschaftsressort, für alle industriell-gewerblichen Bauvorhaben die Ersatz- und Ausgleichspflicht zu streichen, setzte der damalige Staatssekretär Angst eine scheinbare Abmilderung durch die Einfügung »für Baugebiete nach Baunutzungsverordnung §§ 7, 8 und 9 (das sind die verschiedenen industriell-gewerblichen Vorhaben) in Ober-, Mittel- und Unterzentren« entgegen, welcher dann das Kabinett folgte. Offensichtlich meinte man, im geschlossen bebauten oder selbst im Außenbereich der Zentralen Orte weniger Schaden befürchten zu müssen als in den übrigen kreisangehörigen Gemeinden im ländlichen Raum, denen man, wie wörtlich in der Begründung zum Gesetz steht, die notwendige Entscheidung aus rein lokalen Erwägungen nicht allein überlassen wollte. Die Heilung naturschutzrechtlicher Belange mit raumordnerischen Kriterien, wie dem System der Zentralen Orte, war eigentlich von vornherein abzulehnen, weil es ein echt »fauler Kompromiss« gewesen wäre. Deshalb entbrannte von Einbringung des Gesetzes im Dezember 1993 bis zu seiner Verabschiedung im Mai 1994 – weitgehend hinter den Kulissen –

ABBILDUNG 38
NSG Königsbrücker Heide –
künstlicher Stau des Bohraer Wassers

ein heftiger Streit um die beste Lösung, wobei beste Lösung hieß: Welchen für den Naturschutz tragfähigen Kompromiss können wir erzielen? Denn in der allgemeinen Aufbruchstimmung dieser Zeit verhallten mahnende Appelle zur Besonnenheit und zu Entscheidungen mit Augenmaß weitgehend ungehört. Ein exemplarisches Beispiel, auch aus dem Anwendungsbereich dieses Gesetzes, soll das Gesagte untermauern. Das Umweltministerium beabsichtigte im Zuge des Artikelgesetzes [s. o.], auch eine Ergänzung zum Schutz der Natur in Nationalparks und Biosphärenreservaten aufnehmen zu lassen. Gedacht war an eine Ermächtigungsgrundlage analog zum § 16 (Naturschutzgebiete) über eine Beschränkungsmöglichkeit von wirtschaftlichen Nutzungen, Betretungserlaubnissen u. ä. für die beiden Großschutzgebiete. Mit dieser Zielstellung wurde auch der Regierungsentwurf dem Landtag überwiesen. Während der Arbeitskreis Umwelt der CDU im mitberatenden Umweltausschuss diese Stärkung der Naturschutzbelange unterstützte, strich mit der gleichen CDU-Mehrheit der Ausschuss Bau und Verkehr diese Verbesserung der Einwirkungsmöglichkeiten für den Naturschutz wieder heraus, weil es in der Vorstellungswelt unserer Kollegen im konkreten Falle eine zusätzliche Beschränkung für

Ausnahmen zur Zulassung wirtschaftlicher Betätigungen bedeutet hätte. Zur Auflösung des Widerspruchs zwischen zwei Facharbeitskreisen erlangten wir aber zu keiner einvernehmlichen Regelung. Die Hauptrichtung unserer Bemühungen galt einer differenzierten Anwendung der Freistellungsmöglichkeit oder andersherum galt der Abwendung einer fast exzessiven Befreiung jeglicher Kompensationspflichten für alle Bauvorhaben. Hätte Letzteres Gesetzeskraft erlangt, wäre der Verlust zahlreicher ökologisch wertvoller Lebensräume billigend in Kauf genommen worden. Die Position der Umweltpolitiker der Mehrheitsfraktion bestand daher als Kompromisslinie in einer Duldung der zeitlich befristeten Aussetzung von Ersatz- und Ausgleichmaßnahmen für Vorhaben im Bereich Wohnungsbau und Fremdenverkehr, weil wir hierin auch nachvollziehbare gesellschaftliche und soziale Interessen sahen, die den Begünstigten (z. B. jungen Familien) keine zusätzlichen Lasten auferlegten. Für industrielle und gewerbliche Nutzungen aber wollten wir diese generelle Befreiung nicht mittragen. Vom Beginn des Jahres 1994 an haben wir in zahlreichen Gesprächen unterschiedlichster Ebenen und Zusammensetzung für unsere Position geworben, doch fanden zunächst kein bis wenig Gehör. In einer außerordentlich turbulenten Fraktionssitzung wurden zunächst Tendenzabstimmungen, auch über Alternativen, zum Abstimmungsverhalten der Fraktion zum Naturschutzteil des Aufbaubeschleunigungsgesetzes durchgeführt, bis einem spontanen Antrag, bei stark ausgedünnten Reihen, zu einer endgültigen Entscheidung entsprochen wurde und sich eine Mehrheit von drei (!) Stimmen gegen unseren vermittelnden Antrag fand. Der Naturschutz wurde unterschwellig bis offen als Wirtschaftsverhinderer gesehen, was eine knappe Fraktionsmehrheit meinte, mit der erörterten Gesetzesregelung ändern zu können. Zum Verfahrensgang muss man noch wissen, dass es ein ungeschriebenes Gesetz in der Fraktion ist, dass die jeweils mit ihrer Position gescheiterte Gruppierung sich danach grundsätzlich dem Mehrheitsvotum anzuschließen hat. Mit anderen Worten, die dennoch anhaltenden Versuche der Umweltpolitiker, das Fraktionsvotum »zu kippen«, brachte uns manche Pauschalkritik ein, doch noch heute halte ich es für legitim, für ein besseres Resultat bis zur letzten Chance zu kämpfen. In Verantwortung für die in der Grünen Charta [vgl. Kap. 4.1.1] verankerten Grundpositionen haben wir uns jedenfalls nicht mit der entstandenen Situation abgefunden. So ließen wir zunächst im Umweltausschuss den entsprechenden Punkt in unserem Sinne beschließen (also Befreiungen nur für Wohnungsbau und Fremdenverkehr), aber schon zehn Tage später korrigierten Fraktionsmitglieder im federführenden Ausschuss unser Votum und leiteten mit Datum vom 20. Mai 1994 dem Landtag die Beschlussempfehlung zur Gesetzesdrucksache 1/4096 zu.

Ein mehrseitiger Brief an den damaligen Fraktionsvorsitzenden Herbert Goliasch, der nochmals den Hergang, die Konsequenzen und die nachdrückliche Bitte enthielt, doch zu unserem Kompromiss zurückzukehren, leitete offensichtlich den Umschwung ein. Vielleicht der Ernsthaftigkeit meiner Argumentation folgend, hat er noch zwei Tage vor der entscheidenden

Landtagssitzung die Thematik in einem Gespräch mit dem Ministerpräsidenten vorgebracht, der dann – zu meiner großen, aber positiven Überraschung – den entsprechenden Tagesordnungspunkt von selbst damit einleitete, dass er Kenntnis von der konfliktreichen Debatte habe und der Fraktion vorschlagen möchte, doch nur eine besonders nachvollziehbare Kategorie (Wohnungsbau und Bauten für den Fremdenverkehr) als Eingriff ohne Ausgleichs- oder Ersatzpflicht freizustellen. Die im § 65 Abs. 4 dann noch eingefügte Klausel für eine Einzelfallentscheidung mit Einvernehmensregelung zwischen Wirtschafts- und Umweltministerium konnte unsere Genugtuung über das erfolgreiche Ende einer hart umkämpften Regelung kaum schmälern. Denn gewonnen hatten nicht die Umweltpolitiker, schließlich war das kein sportlicher Wettstreit, sondern gewonnen hatte die Glaubwürdigkeit unserer Politik insgesamt, welche dazu steht, dass eine ernsthaft betriebene Umweltpolitik durchaus auch wirtschaftliche Entwicklungen zulässt, also eine partnerschaftliche Lösung und keine Über- oder Unterordnung eines Politikfeldes. So konnte in der 97. Sitzung des Sächsischen Landtages am 26. Mai 1994 ein entsprechender Änderungsantrag gestellt und mehrheitlich angenommen werden.

In den parlamentarischen Debatten reichte die Skala von gänzlicher Ablehnung bis zu einer gewissen Tolerierung der Umsetzung der Bundesregelung. Die FDP-Fraktion wollte dem Regierungsentwurf mit den nachteiligen Folgen für die Natur zustimmen, aber nur befristet bis Ende 1995, um dann zu sehen, ob eine Ausdehnung bis zum 30. April 1998 sinnvoll und erforderlich sei. Auch bei den anderen Fraktionen gab es kein einheitliches Erscheinungsbild. Auffällig war nur, dass die Vertreter aller vier Oppositionsparteien zu unserem Kompromissvorschlag im Fachausschuss Stimmenthaltung übten, während im Plenum die jeweiligen Gesamtfraktionen Anträge zur völligen Ablehnung des Regierungsentwurfes einbrachten, wobei übrigens noch zu berücksichtigen ist, dass das Gesetz in die Rechtsmaterie zahlreicher anderer gesetzlicher Regelungen eingriff und die öffentliche Erörterung nicht allein dem Umweltaspekt galt. In der Landtagsdebatte habe ich klargestellt, dass wir nach internen Diskussionen zu der Auffassung gelangt sind, eine verantwortungsvolle Anwendung der bundesrechtlichen Öffnungsklauseln auf Gebiete der Baunutzungsverordnung nach § 3, 4 und 4 a zu begrenzen, ein tragbarer Kompromiss, den auch anerkannte Naturschutzverbände in ihren Stellungnahmen als hinnehmbar signalisiert hatten. Der uns von den Oppositionsfraktionen unterstellte »Sinneswandel in letzter Minute« traf, wie wohl mit zeitlichem Abstand vorbehaltlos geschildert werden durfte, auf die Umweltpolitiker nicht zu. Aber schließlich ist der Zeitpunkt einer Meinungsänderung weniger relevant als die tatsächliche Entscheidung für einen lohnenden Weg.

Nach 4-jähriger Freistellungsphase für Kompensationsleistungen bei ausgewählten Eingriffen regelte ab 1998 dauerhaft das Baugesetzbuch des Bundes die Eingriffsgestaltung in diesen Fällen. Das Bundesrecht sieht vor, dass die Eingriffsregelung auf der Ebene der Bauleitplanung nur in ihren materiellrechtlichen Grundzügen im Naturschutzrecht verbleibt, an-

sonsten aber die Bauvorschriften gültig sind. In Fällen, die weiterhin nach
sächsischem Recht (§ 8 Eingriffsregelung) zu behandeln sind, bleibt es hingegen dabei, dass ein Verursacher zulässiger (!) Eingriffe ausgleicht oder
Ersatzmaßnahmen vornimmt, während für nicht vollständig ausgleichbare
Beeinträchtigungen eine finanzielle Abgabe fällig ist. Eine spezielle Aus-
gleichverordnung vom März 1995 regelt diese Dinge, zu deren Wirksamkeit jedoch die Feststellung erforderlich ist, dass eine einheitliche Anwendung in den Gemeinden und Landkreisen gelegentlich zu wünschen übrig
lässt und vor allem die Kontrolle für die tatsächliche Umsetzung der festgesetzten Kompensationsmaßnahmen noch unbefriedigend verläuft. Da
die Kapazitäten der Behörden wie auch des ehrenamtlichen Naturschutzes begrenzt sind (und wohl auch bleiben), ist man auf die Zuverlässigkeit
der Eingriffsverursacher (und damit der Verpflichteten hinsichtlich fest-
gelegter Maßnahmen) angewiesen. Als Ersatzmaßnahmen für ein Gewer-
begebiet, einen Industriestandort u. ä. werden häufig halbherzig einige
Bäume gepflanzt, Hecken angelegt oder ein »naturnah angelegtes Feucht-
biotop« eingerichtet. Besonders betroffen macht das häufig praktizierte
Mehrfachangebot ein- und derselben Ausgleichsmaßnahme durch unterschiedliche Vorhabensträger, wie HERTZOG bereits 1998 feststellte. Dies
zeigt, mit welchen Mitteln Investoren versuchen, die planfestgestellten
Ausgleichs- und Ersatzmaßnahmen zu umgehen. Insofern gerieten die Naturschutzbelange nach 1994 durch verschiedene gesetzliche Regelungen
in Bund und Land zusätzlich unter Druck, und nicht der Naturschutz erwies
sich als Wirtschaftsverhinderer, sondern diverse Bauvorhaben wurden, ohne
dabei ein schlechtes Gewissen zu haben, auf Kosten der Natur realisiert.
Im Zuge einer bevorstehenden Novellierung des Sächsischen Naturschutzgesetzes (ggf. Ende 2006 / Anfang 2007) ist mit der Einführung eines sog.
Kompensationsflächenkatasters und der Führung eines Öko-Kontos eine
sowohl naturschutzfachlich wie verwaltungsseitig bessere Lösung in Vorbereitung. Maßnahmen des Naturschutzes und der Landschaftspflege, die
ohne rechtliche Verpflichtung durchgeführt werden, können als Ausgleichs-
und Ersatzmaßnahme anerkannt werden, sofern sie zeitlich vor einem Eingriff liegen und in einem Öko-Konto verzeichnet sind. Flächen, die sich
besonders zur Aufwertung oder Renaturierung eignen, sollen in einem
Kataster geführt und damit Kompensationsleistungen gelenkt werden, und
räumlich ist nicht mehr das unmittelbare Umfeld einer Eingriffsmaßnahme
vorgeschrieben, sondern die Effizienz der Maßnahme für das Naturschutzanliegen kann stärker berücksichtigt werden.

5.5 FFH-RICHTLINIE

Abgesehen von Gesetzgebungsverfahren mit Naturschutzhintergrund und
von regionalen Problemen bei Großschutzgebieten hat wohl kaum ein
Naturschutz-Vorgang die breite Öffentlichkeit und natürlich vor allem die
Naturschutzverbände und ihre Mitglieder so beschäftigt wie die Umsetzung der FFH-Richtlinie. Meinen Erfahrungen in Bezug auf die weit verbreitete Unkenntnis des europäischen Vorschlags für ein gemeinschaftliches

Flächennetz zur Erhaltung natürlicher Lebensräume sowie wildlebender Tiere und Pflanzen folgend, sollen zunächst kurz der rechtliche Hintergrund und der naturschutzfachliche Ansatz beleuchtet werden. Am 21. Mai 1992 hatte der, wie er damals hieß, Rat der Europäischen Gemeinschaft die Richtlinie 92/43/EWG oder FFH-Richtlinie beschlossen, wobei die Abkürzung als Fauna-Flora-Habitat zu lesen ist. Sie sollte zum Juni 1994 in Kraft treten. Mit dieser Richtlinie wollte man ein Instrument schaffen, das angesichts um sich greifender Verluste im Bestand von Lebensräumen und wildlebenden Arten erstmals verbindliche Vorgaben zur Erhaltung und Entwicklung des europäischen Naturerbes fixieren sollte. In dieses »kohärente europäische ökologische Netz besonderer Schutzgebiete« mit dem Titel »NATURA 2000« war zugleich die bereits existierende Vogelschutzrichtlinie von 1979 als Vorschrift zum Schutz wildlebender Vogelarten integriert.

Das angestrebte Ziel für die Benennung und Ausweisung derartiger Gebiete zum Erhalt der biologischen Vielfalt auf europäischer Ebene hatte der Artikel 4 der Richtlinie 92/43 mit der Festlegung »innerhalb von 6 Jahren« klar umrissen, so dass der Juni 1998 als Termin für die Mitgliedsstaaten feststand, wonach anschließend auf der Basis der nationalen FFH-Gebietsmeldungen das gemeinschaftliche Netz schützenswerter Räume zusammengestellt werden sollte. Trotz des lang anmutenden Zeitrahmens ein anspruchsvolles Ziel, denn die Vorgaben mussten in allen Mitgliedsländern zunächst in nationale Regelungen umgesetzt werden, in einem föderalen System wie in Deutschland auch noch in den Landtagen. Besonders unsicher war zunächst die Öffentlichkeit hinsichtlich solcher Fragen wie: Was ist das Ziel der Richtlinie, was und warum muss Sachsen überhaupt etwas melden, und wird damit eine zusätzliche, europäische Schutzkategorie eingeführt?

Europaweit waren rd. 200 großräumige natürliche bzw. naturnahe Lebensräume wie Buchenwälder, Heiden, Moore oder Binnendünen (zusammengefasst im sog. Anhang I) und darin eingeschlossen über 600 Tier- und Pflanzenarten (Anhang II) ausgewählt, die im europäischen Kontext schützenswert sind. Somit muss schon eingangs, auch mit Blick auf die sächsische Meldung von FFH-Gebieten, folgende Differenzierung erfolgen. Die Gebietsauswahl hat sich an biogeographischen Regionen und Raumtypen zu orientieren und nicht an administrativen Grenzen oder ähnlich künstlichen Gliederungselementen. Aus den im jeweiligen Nationalstaat vorkommenden Lebensraumtypen und spezifischen Arten sollen stets die repräsentativsten Vertreter gemeldet werden, weshalb nicht alle vorkommenden Lebensräume, die zu einem solchen Typ gehören, meldepflichtig sind und auch nur, insoweit diese Lebensräume überhaupt vorkommen. Insofern engte sich das Spektrum der meldepflichtigen Lebensraumtypen für Sachsen von 200 auf 50 ein (bestimmte naturräumliche und biotische Qualitäten gibt es in Sachsen nun einmal nicht, z. B. Küsten, Wattenmeer, Hochgebirge, Mittelgebirge aus Kalkgestein u. a.), und bei den Tier- und Pflanzenarten engte sich die Palette auf 42 Vertreter ein.

Das eigentliche Problem aber war ein politisches, denn nur mit erheblichen Anstrengungen konnte am Ende eine empfindliche Bestrafung Deutschlands für sein Verhalten, die Umsetzung der Richtlinie zu verschleppen, vermieden werden. Ein Vertragsverletzungsverfahren gegen Deutschland aus dem Jahre 1998 drohte damit, dass täglich (!) 1,5 Mio. DM Strafe fällig würden bis zur geordneten Umsetzung der FFH-Richtlinie. Der Bundestag hatte nämlich erst Ende April 1998 die europäische Richtlinie in Bundesrecht umgesetzt (§§ 19 a bis 19 f im BNatSchG), wofür der Juni 1995 als Zielmarke vorgesehen war. Diesem Akt schloss sich dann ein ebenso schleppender Prozess in den einzelnen Bundesländern zur Erweiterung und Anpassung ihrer Ländergesetze an. In Sachsen dauerte dieser Umsetzungsprozess besonders lange, denn erst mit dem Haushaltsbegleitgesetz vom Dezember 2002 wurden die §§ 22 a bis 22 c in das Sächsische Naturschutzgesetz aufgenommen. Unabhängig davon, denn zwischenzeitlich galten europäisches oder Bundesrecht unmittelbar, hat das zuständige Umweltministerium schon frühzeitig Meldelisten erarbeiten lassen und sodann in drei Stufen seine »Hausaufgaben« erfüllt oder doch wenigstens weitgehend erfüllt.

ABBILDUNG 39
Bergbaufolgelandschaft NSG »Bockwitzer See«, FFH-Gebiet

Bereits 1993 beginnend, hatte das Landesamt für Umwelt und Geologie eine erste Gebietsauswahl vorgenommen, die zunächst mit aktuellen Kriterien des Bundesamtes für Naturschutz praktiziert werden konnte. Vom Grundsatz her umfasste dieser Gebietsvorschlag eine Anzahl größerer und bestehender Naturschutzgebiete, einschließlich der ihnen gleichgestellten Kernzonen der sächsischen Großschutzgebiete. Als Repräsentanzkriterium war die bestehende Gliederung des sächsischen Naturraumsystems [vgl. S. 70] verwendet worden, wonach hinsichtlich der für Sachsen besonders erhaltenswerten Lebensraumtypen und Arten angesehen wurden: die noch naturnahen Tief- und Hügelland-Fließgewässer; die Talauen von Elbe und Vereinigter Mulde; die Labkraut-Eichen-Hainbuchenwälder der Lössgebiete von Görlitz bis zum Leipziger Land, die Bergwiesenbereiche von Erzgebirge und Vogtland sowie ausgewählte, weil überregional wichtige Vorkommen solcher Arten wie Flussperlmuschel, Otter oder Biber bzw. floristische Besonderheiten wie Froschkraut oder Scheidenblütgras [vgl. KRAUSE u. RAU 1998]. Auf dieser Grundlage basierte denn auch die erste sächsische Meldestaffel, welche das Kabinett im Juli 1998 gebilligt hatte, die aus 64 Gebieten mit 47.168 ha (= 2,56 % der Landesfläche) bestand.

Es war absehbar, dass der Europäischen Kommission dieses Meldergebnis nicht ausreichen werde, zumal auch einzelne Naturschutzverbände eigene Gebietsvorschläge in Brüssel unterbreitet hatten, die wesentlich weitgehender waren. Daher wurde eine 2. »Tranche« für die Meldung auf europäischer Ebene vorbereitet, die durch gezielte Suche, vor allem durch Auswertung vorhandener Unterlagen wie der Biotopkartierung, durch Einbeziehung der Vorrang- und teilweise Vorbehaltsgebiete Naturschutz aus den Regionalplänen u. a. den geforderten Kohärenzgedanken, zusammenhängende Gebietskulissen vielseitiger Lebensraumtypen auszuwählen, stärker betonte als die vorherige Meldung, die eben doch eher ein Ansammlung geschützter Einzelareale war. So beschloss das Kabinett im Dezember 1999 die Meldung weiterer 25 Gebiete, so dass nun aus Sachsen 89 Gebiete mit 64.446 ha (= 3,5 % der Landesfläche) zur Einordnung in das Netzwerk Natura 2000 aufgenommen werden konnten.

An diesem Punkt der Darstellung chronologischer Abläufe ist etwas gründlicher die umweltpolitische und parlamentarische Begleitung dieses Prozesses zu behandeln. Erstmals im Mai 1998 befassten wir uns im Arbeitskreis Umwelt der Mehrheitsfraktion mit dem FFH-Thema, als die öffentliche Diskussion dazu aufflackerte. Der Hinweis ist aber unbedingt erforderlich, dass bereits im Rahmen unseres Antrages zum Naturschutz in Sachsen vom März 1995 ein Fragepunkt lautete, über Konsequenzen für das Naturschutzgesetz aus der Umsetzung der EU-Richtlinie Fauna-Flora-Habitat zu berichten [vgl. Kap. 4.2.2]. Die Antwort der Regierung beinhaltete vorrangig die formalen Aspekte über die Zuständigkeiten von Bund und Land, nannte aber in einem Abschnitt des »Pudels Kern« für den insgesamt zögerlichen Prozess in Deutschland in Bezug auf die Verabredung der Länder, sich zunächst nur auf bestehende Naturschutzgebiete beschränken zu wollen. Es seien die »vielfältigen Folgewirkungen«, u. a. für Wirtschafts- und Infrastrukturentwicklung, gerade auch in den neuen Bundesländern. Da war sie wieder, die ideologische Barriere, dass konsequenter Naturschutz ein Verhinderer des wirtschaftlichen Aufschwungs ist!

Zugleich wurde schon damals auf die Vorarbeiten eingegangen, die dann 1998 zur 1. Meldetranche geführt haben, und es wurde resümiert, dass die gemäß FFH-Richtlinie auf den Juni 1995 terminierte Benennung der Gebiete durch das Bundesumweltministerium (das aber auch nur melden konnte, was die Länder empfohlen hatten) nicht einzuhalten ist. Insbesondere die Land-, Forst- und Fischereiwirtschaft befürchtete neue Restriktionen, da ja der Grundsatz galt, dass für gemeldete Flächen ein »Verschlechterungsverbot« besteht, so dass Nutzungsmaßnahmen immer nur mit der Erhaltung des bisherigen Zustandes toleriert werden, somit keinesfalls eine Beeinträchtigung hingenommen wird, die zur Abwertung der Lebensraumqualität oder zum Rückgang eines Artenbestandes führt. Und für besonders prioritäre Lebensräume oder Arten können als Ausnahmegrund deshalb auch soziale oder wirtschaftliche Interessen nicht geltend gemacht werden. Da die Öffentlichkeit, speziell die Flächennutzer, weitgehend uninformiert waren, musste zunächst das Stadium der wilden Spekulationen überwunden werden.

So verbreitete beispielsweise die Arbeitsgemeinschaft Deutsche Waldbesitzerverbände e. V. eine Expertise, derzufolge »schwere wirtschaftliche Einbußen für Kommunen und private Waldbesitzer« prognostiziert wurden, und die Haltung der Landwirtschaftsverbände war deckungsgleich.

Da die erste Meldung des Freistaates, nachdem der Bundestag endlich die Umsetzung der Richtlinie in nationales Recht beschlossen hatte, weitgehend unbegleitet erfolgt war, nahm sich das sächsische Parlament nun verstärkt der Thematik an. Die Mehrheitsfraktion eröffnete diese Begleitung mit einem Antrag von Anfang Dezember 1999, der neben einem Sachstandsbericht vor allem eine uns unverzichtbar erscheinende Forderung enthielt, endlich der Öffentlichkeit in geeigneter Form eine Informationsmöglichkeit zu bieten und verstärkt Flächeneigentümer und Flächennutzer in den Prozess einzubeziehen. Erstmals tauchte in diesem Zusammenhang auch die neue Sorge der Politiker auf, dass neben den für Deutschland angedrohten Zwangsgeldern jetzt für die verschleppte Meldung der Bundesrepublik Deutschland die EU-Kommission »als Vergeltung« zusätzlich die Auszahlung europäischer Fördermittel einfrieren oder gänzlich einstellen könnte, bis alle 16 Bundesländer ihrer Verpflichtung nachgekommen sind. Die für die Verzögerung hauptsächlich verantwortliche Bundesebene drängte nun die Länder zur Eile. Vor diesem Hintergrund war die zweite Meldestaffel des Freistaates im Dezember 1999 zustande gekommen, und kurz darauf befasste sich eine weitere parlamentarische Drucksache (SPD-Fraktion) mit der FFH-Problematik. Darin wurde auf die gezielte Nachfrage zum Vernetzungscharakter der bisherigen sächsischen Gebietsmeldungen erstmals die besondere Bedeutung der linearen Strukturen von Flusslandschaften hervorgehoben, die nämlich (man muss nur die Gebietskarte vom Stand Dezember 1999 und die der späteren Meldung von 2002 nebeneinanderlegen!) in der 3. Tranche dominierende Züge annahmen.

Beide Anträge waren später die Grundlage für eine lebhafte parlamentarische Erörterung im Februar des Jahres 2000, in der die Schwerpunkte unterschiedlich verteilt waren. Substantiell wertvoll waren alle Redebeiträge, die den erreichten Stand durchaus anerkennend würdigen konnten und zugleich auf Besonderheiten aufmerksam machten.

So erschien es mir wichtig, darauf hinzuweisen, dass in der 2. Meldung des Freistaates Sachsen zahlreiche Flächen benannt worden waren, die noch keinen Schutzstatus besaßen. Das bedeutete auch, ein freiwilliges (!) Anhörungs- und Beteiligungsverfahren mit Grundstückseigentümern und Nutzungsberechtigten durchzuführen. Für notwendige Erhaltungsmaßnahmen könnten z. B. einem Landwirt Fördermittel zum Ausgleich von Einkommensverlusten gewährt werden. Der Hinweis auf die Freiwilligkeit dieses Verfahrens ist vor allem deshalb erforderlich, weil die FFH-Richtlinie der EU hierzu kein formelles Verfahren, vergleichbar mit unseren

Ausweisungsgrundsätzen für Naturschutzgebiete, vorgesehen hat. Nur so, wie es in Sachsen praktiziert wurde, denke ich, kann man aber die Angelegenheit behandeln. Der zuständige Umweltminister konnte bald darauf berichten, dass die EU von dem befürchteten Grundsatz der »Sippenhaft« Abstand nehmen würde und Bundesländer, die trotz der nationalen Defizite im Ganzen ihren Verpflichtungen erkennbar nachgekommen waren, von den angedrohten Sanktionen ausnehmen wollte. Nur, die erkennbare Skepsis vieler Kommunen oder Flächennutzer blieb erhalten. Während einer Parlamentsdebatte im November 2001, kurz vor Verabschiedung der 3. Meldung, stellte ein Abgeordneter zu einem Redebeitrag folgende Frage: »Wie stellen Sie sich die wirtschaftliche Entwicklung in einem Landkreis vor, dessen Fläche zu 50 % als FFH-Gebiet ausgewiesen wird und in dem immerhin noch 110.000 Menschen leben, die Lohn und Brot brauchen?« Noch immer werden und wurden naturschutzfachliche Festlegungen mit dem »Käseglocken«-Syndrom gleichgesetzt, und der Kreistag des fraglichen Landkreises fasste sogar einen Beschluss, das Umweltministerium möge von der Ausweisung eines ca. 12.000 ha großen Truppenübungsplatzes als FFH-Gebiet Abstand nehmen.

Dennoch wurde bald klar, dass auch im Vergleich zu anderen Bundesländern der sächsische Meldestand keinesfalls dem weitgesteckten Anforderungsbild der EU gerecht werden konnte. Das für die fachliche Begutachtung zuständige Bundesamt für Naturschutz, aber auch der sog. »Habitatausschuss« der Europäischen Kommission hatten diesbezüglich auf der Grundlage einer Defizitanalyse mehr oder weniger unabweisbare Forderungen zur Aufstockung der sächsischen Meldung ausgelöst, die von Brüssel zeitlich auf das Jahresende 2001 festgelegt worden war. So wurde nun zielstrebig an einer dritten Meldung gearbeitet, welche vor allem von den Kriterien Ausprägung (wie naturnah und funktionierend ist ein Lebensraumtyp, z. B. Hochmoor in den Kammlagen des Mittelgebirges), Repräsentanz (wie genau entspricht ein Lebensraumtyp des EU-Kataloges dem sächsischen Vorkommen in verschiedenen Naturraumtypen, z. B. Heiden im bodensauren Flachland oder im Mittelgebirge) und regionale Verteilung (inwieweit kann das unterschiedlich im Land verteilte FFH-Potenzial durch eine entsprechende Gebietsauswahl zu einem Abbau regionaler Asymmetrien beitragen) ausging.

Diese unabhängigen Kriterien waren auch für die öffentliche Auseinandersetzung von Bedeutung, denn es gab tatsächlich Stimmen aus betroffenen Landkreisen [s. o.] mit stärkerer Häufung von FFH-Flächen, die allen Ernstes vorschlugen, die Gebiete doch »gleichmäßig über das Land zu verteilen«, damit auch alle gleichmäßig an den möglichen Nutzungsbeschränkungen mittragen sollten. Wohin Unkenntnis führen kann, war an solchen »Vorschlägen« abzulesen. Mit nur verhältnismäßig geringer zeitlicher Verzögerung wurde dann die 3. Staffel am 19. März 2002 vom Kabinett gebilligt und über die Bundesregierung nach Brüssel gemeldet. Die umfangreiche Ergänzungsbearbeitung fand in zusätzlichen 181 Gebieten mit rd. 102.000 ha ihren Niederschlag, so dass das Gesamtergebnis mit 166.683 ha 9,05 % der

Landesfläche umfasste. Bei einem Treffen der Mitgliedsstaaten für die bio-geographisch gesehen »kontinentale« Region im April 2002 wurde die abschließende Meldung Sachsens weitgehend anerkannt und nur ein geringfügig zu nennender Nachmeldebedarf angemahnt. Dieser betraf keine neuen Gebiete, sondern arealmäßige Ausweitungen bei einigen bereits gemeldeten Lebensraumtypen, welche im konkreten Falle betrafen: Binnendünen am Rande des Truppenübungsplatzes Oberlausitz (rd. 1.850 ha), die Serpentinitfelsformation im Chemnitzer Land sowie Gebiete für Fledermäuse (Kleine Hufnase im Bereich Cotta, Lkr. Sächsische Schweiz und Großes Mausohr in der Gemeinde Lengefeld, Mittlerer Erzgebirgskreis). Das endgültige Ergebnis für Sachsen ist daher bei 270 FFH-Gebieten geblieben, aber flächenseitig um rd. 2.000 ha auf 168.661 ha und nun abschließend 9,16 % der Landesfläche angewachsen. Der Vergleich mit den Ergebnissen anderer Bundesländer, trotz der stets zu berücksichtigenden unterschiedlichen FFH-Potenziale [vgl. Tab. 5], macht dennoch deutlich, dass die sächsische Meldung im Spitzenfeld der Bundesländer rangiert, was von den erheblichen Anstrengungen aller Beteiligten, insbesondere des Landesamtes für Umwelt und Geologie, der Staatlichen Umweltfachämter aber auch anerkannter Naturschutzverbände und einzelner Experten zeugt, selbst wenn das Zusammenwirken zwischen Behörden und Naturschutzverbänden noch erhebliche Reibungsverluste offenbarte.

Auch der Landtag hat an diesem Prozess intensiv Anteil genommen. So wurde einerseits zu einem umfangreichen Fragenkatalog in einem PDS-Antrag vom August 2001 eigens eine Anhörung durchgeführt, während ein CDU-Antrag vom November 2003, so wie wir 1998 den Gesamtkomplex eingeläutet hatten, das Ziel einer abschließenden Darstellung verfolgte, vor allem hinsichtlich der notwendigen Umsetzung der im zurückgelegten Meldeprozess getroffenen Festlegungen und zukünftigen Maßnahmen. In der erwähnten Anhörung, die zufällig an jenem 8. April 2002 stattfand, als Sachsen seine 3. Meldung beim Bund abgab, wurde von einem Teil der Gutachter ein differenziertes Erfahrungs- und Meinungsbild deutlich. In der Anfangszeit, so ihre Ansicht, sei der Moderationsprozess hin zu den Flächennutzern, einschließlich der Kommunen, ausgesprochen dürftig gewesen, und andererseits, so wurde bemängelt, habe die zuständige Fachbehörde die Vorschläge und das Wissen der anerkannten Naturschutzverbände nur ungenügend berücksichtigt, weshalb es eben zu den »NGO«-Meldungen z. B. des Naturschutzbundes Deutschland gekommen sei, was sicher vermeidbar gewesen wäre. (NGO steht international für Organisationen, die nicht zur Regierung gehören.)
Besonders wichtig war zugleich die Erkenntnis, dass es für zahlreiche FFH-Gebiete keinen Status nach den einschlägigen Kategorien des deutschen Naturschutzrechtes gab. Nur 20 % der landesweiten FFH-Flächen sind NSG, selbst wenn diese zu fast 100 % gemeldet wurden. Weitere 13 % besitzen in den Kernzonen I und II des Biosphärenreservates bzw. der Kernzone des Nationalparks den gleichen strengen Schutzstatus. Die zahlreichen Flächen

Übersicht über die FFH-Gebietsmeldungen

gemäß Art. 4 Abs. 1 der FFH-Richtlinie, Stand: 1. August 2003

Bundesland	FFH-Gebietsmeldungen von Deutschland an die EU		
	Anzahl der Gebiete	Fläche [ha]	Anteil der Landesfläche [%] [2]
Baden-Württemberg	363	230.871 [2] 3.582	6,5
Bayern	515	474.514	6,7
Berlin	14	4.194	4,7
Brandenburg	477	304.469	10,3
Bremen	6	1.472	3,6
Hamburg	12	3.999 [2] 11.692	5,3
Hessen	409	134.461	6,4
Mecklenburg-Vorpommern	136	107.560 [2] 74.249	4,6
Niedersachsen	172	281.878 [3] 261.588	5,9
Nordrhein-Westfalen	491	180.666	5,3
Rheinland-Pfalz	74	135.831	6,8
Saarland	109	19.048	7,4
Sachsen	270	166.683	9,1
Sachsen-Anhalt	193	147.266	7,2
Schleswig-Holstein	123	75.318 [3] 461.643	4,8
Thüringen	172	134.099	8,3
Deutschland	3.536	2.402.329 [2] 812.754	6,7

Quelle: Bundesamt für Naturschutz

TABELLE 5

Übersicht über die FFH-Gebietsmeldungen

ANMERKUNGEN

[1] bezogen auf die Landfläche des jeweiligen Landes gemäß Statistischem Jahrbuch 1999

[2] plus Watt-, Wasser-, Bodden- und Meeresflächen

[3] plus Watt-, Wasser- und Meeresflächen nach Berechnungen des BfN

aber außerhalb, in LSG, im Naturpark oder Flächen gänzlich ohne solchen Schutz (z. B. Truppenübungsplatz Oberlausitz) sind daher in besonderer Weise auf kontinuierliche und wirksame Umsetzungsaktivitäten angewiesen. Hier sind sogenannte »Managementpläne« im Zeitraum bis 2008 für alle 270 Gebiet in Sachsen vorgesehen, in welchen die fachlichen Zielstellungen (z. B. für den Lebensraumtyp Bergwiese) verbindlichen Charakter für die zuständigen Naturschutzbehörden erlangen, während mit den privaten Grundstückseigentümern oder den Flächennutzern durch vertragliche Vereinbarungen, aber auch durch Verwaltungsakte, die Einhaltung des Verschlechterungsverbotes garantiert werden kann. Bei beabsichtigten Änderungen der Flächennutzung, wie dem Umbruch einer Wiese in Ackerland oder der geplanten Nutzung als Freizeitanlage, ist eine FFH-Verträglichkeitsuntersuchung durchzuführen, welche die Auswirkungen auf die jeweiligen Lebensraumtypen oder Habitate prüft. Der Spielraum, das muss man fairerweise einräumen, ist verhältnismäßig eng!

Konkret könnte es so aussehen, dass die Behörde mit dem Teichwirt, der seine Gewässerflächen in einem Lebensraumtyp des Fischotters bewirtschaftet, einen Vertrag über einen höheren Fischbesatz abschließt, wofür er einen finanziellen Ausgleich erhält, oder mit einem Bauern in einem Lebensraum von Bodenbrütern einen Futterschnitttermin vereinbart, der die Überlebenschancen der Art sichert und ihm die Wertminderung seines Futters ausgleicht. Selbstverständlich ist trotz der erörterten Erlasslage zur Ausweisung von Naturschutzgebieten in Sachsen [vgl. S. 45] auch in Einzelfällen ein förmliches Rechtsverfahren zur Unterschutzstellung möglich und beabsichtigt. Jedoch die Klarstellung, dass der »Grundschutz« (wie er in Sachsen bei der Nachmeldung zur Vogelschutzrichtlinie gehandhabt wurde [vgl. S. 74]) durch einen günstigen Erhaltungszustand eines natürlichen Lebensraumes gewährleistet sein muss, der auch zu kontrollieren ist, ist und bleibt ein wichtiges Signal. Das umso mehr, als die Förderung nur »ordnungsgemäßer« Bewirtschaftung in der Landwirtschaft schrittweise ausläuft, während für Erhaltungsmaßnahmen an FFH-Gebieten die EU den Mitgliedsstaaten finanzielle Unterstützung gewährt. Die weitergehenden Forderungen im Vermittlungsausschuss des Bundesrates, als im Prozess der Rechtsangleichung 1998 in den einschlägigen Ergänzungsparagrafen zum Bundes-Naturschutzgesetz gleich ein rechtsverbindlicher Ausgleichsanspruch für Landwirte u. a. aufgenommen werden sollte (was aber abgewiesen wurde), belegen jedoch erneut den Hintergrund sowohl für die schleppende Umsetzung in Deutschland als auch die Verunsicherung bei den Landnutzern. Die förderfähigen Leistungen der Bauern zur Erhaltung von Habitaten und ganzen Lebensräumen werden aber bei den zurückgehenden europäischen Agrarsubventionen zunehmend zu ihrer wirtschaftlichen Stabilisierung wie auch zur Naturerhaltung beitragen. Es kann aber auch nicht so sein, wie sich das die EU-Kommission in Brüssel vorstellt, dass beispielsweise ein Forstwirt, der einen Baum fällt, für den nachträglich festgestellt wird, dass er die Brutstätte eines geschützten Tieres war, einen Gesetzesverstoß begeht und Sanktionen zu erwarten hat.

Auch in den kommenden Jahren wird das Thema der Umsetzung aller Erfordernisse zur sachsenspezifischen Ausgestaltung des kohärenten Lebensraumnetzes Natura 2000 die Öffentlichkeit und den Sächsischen Landtag beschäftigen, und es wäre zu wünschen, dass die bestehende Chance genutzt wird, auf 10 bis 15 % der Landesfläche (vor allem wenn man die Gebiete der Vogelschutzrichtlinie hinzurechnet) die notwendige Erhaltung und Vernetzung von charakteristischen Lebensraumtypen und Artenvorkommen in unserer Kulturlandschaft als Beitrag zur Bewahrung des Naturerbes und kulturelle Leistung sicherzustellen.

6

ERREICHTER STAND UND ZUKÜNFTIGE AUFGABEN

6.1 BEWERTUNG DES ENTWICKLUNGSSTANDES

Blickt man auf die erreichten Ergebnisse für den Naturschutz auf der Grundlage unserer Gesetzgebung einschließlich der darauf begründeten Verordnungen, Erlasse und Verwaltungsvorschriften einerseits und andererseits auf die ausgewählten Beispiele über konfliktreiche Bemühungen, Natur und Landschaft zu erhalten und zu entwickeln, dann muss wohl eine formale von einer eher moralischen Bilanz getrennt werden. Ausgehend von einer soliden Rechtsbasis aus Landesverfassung und dem einschlägigen Naturschutzgesetz sowie einer intensiven parlamentarischen Begleitung des behördlichen Handelns und der gesellschaftlichen Haltungen kann der zurückgelegte Zeitraum vom Herbst 1990 bis heute für den Naturschutz in Sachsen grundsätzlich positiv und damit als zufrieden stellend bewertet werden. Überprüft man das Erreichte an Zahlen (also formal), dann findet die getroffene Aussage auch ihre Bestätigung. Gab es auf dem Gebiet des Freistaates Sachsen zu Beginn des Jahres 1990 163 Naturschutzgebiete mit 12.205 ha Fläche (= 0,67 % der Landesfläche), so verfügen wir heute (Stand Januar 2005) über 214 Naturschutzgebiete mit 49.180 ha [= 2,67 % der Landesfläche]. Die Vervierfachung des Flächenumfanges hat auch dazu geführt, dass die durchschnittliche Größe der NSG von 72 ha aus DDR-Zeiten durch die Ausweisung großflächiger Schutzgebiete in den vergangenen 15 Jahren auf 229 ha angestiegen ist, womit wir den Bundesdurchschnitt von 140 ha deutlich übertreffen.

Der statistische Effekt kann dennoch nicht darüber hinwegtäuschen, dass das Gros sächsischer Naturschutzgebiete, wie im übrigen Deutschland, viel zu klein ist und zu oft unter 50 ha liegt. Hinzu kommt noch eine weitere Ungleichheit, die innerhalb der Verbreitung von Schutzgebieten in den drei sächsischen Naturregionen besteht. Ist die Schutzgebietszahl in der Region Mittelgebirge / Bergland bald dreimal so groß wie im sächsischen Tieflandsgürtel, so kehrt sich diese Relation in Bezug auf die Flächengröße auf fast 1:6 um. Das ist auch der Grund, warum bei FFH- oder Vogelschutzgebieten regelmäßig die nordostsächsischen Landkreise von einer »Benachteiligung« sprechen, weil im Heideland und ganz generell im Übergangssaum zum Hügelland der häufigere Wechsel naturhaushaltlicher Gegebenheiten ein kleinteiligeres Flächennutzungsmuster bedingt, woraus eine größere Vielfalt an Lebensräumen für die Tier- und Pflanzenwelt resultiert. In diesem naturbedingten Großraum mit knapp 20 % Anteil an der Landesfläche sind logischerweise dann auch die flächenmäßig »großen« Schutzgebiete (über 1.000 Hektar) anzutreffen wie u. a.: Königsbrücker Heide, Presseler Heidewald und Moorgebiet, Gohrischheide und Elbniederterrasse Zeithain, Dubringer Moor, Teichgebiet Niederspree-Hammerstadt, Kern- und Naturentwicklungszone des Biosphärenreservates.

Die Zahl der Flächennaturdenkmale stieg von 1.607 auf 2.030 und damit von 2.871 ha (= 0,16 % Landesfläche) auf 4.448 ha (= 0,24 %). Völlig neu sind die kartierten ca. 59.000 Biotope, die nach § 26 des SächsNatSchG direkt geschützt sind und dabei einen Flächenumfang von rd. 89.000 ha erlangen. Hinzu kommt der nach 1990 ausgewiesene Nationalpark »Sächsische Schweiz« mit 9.350 ha, während das durch frühzeitige Aufnahme in das Naturschutzgesetz von 1992 festgesetzte Biosphärenreservat Oberlausitzer Heide- und Teichlandschaft sich mit rd. 13.000 ha seiner Gebietskulisse in der Gruppe der Naturschutzgebiete findet. Mit der Unterschutzstellung weiterer Flächen im Zuge der Umsetzung der FFH-Richtlinie ebenso wie der Vogelschutzrichtlinie sind um die 15 % der Landesfläche von qualifiziertem Flächenschutz erfasst (teilweise sind ja Gebiete mehrfach benannt), womit auch die Vorgaben des Bundesgesetzes, ca. 10 % für den Biotopverbund auszuweisen, erfüllbar geworden sind. Schließlich dürfen auch die inzwischen bestehenden 178 Landschaftsschutzgebiete nicht unerwähnt bleiben. Vom Ausgangsstand 1990, 116 Gebiete mit 411.000 ha, hat sich die Zahl bis 2006 auf 178 Gebiete mit 541.312 ha (= 29,4 % der Landesfläche) beträchtlich erhöht. Wenn auch der strengere Charakter zur Naturbewahrung in diesen Gebieten nicht besteht, so erfüllen sie, zumal in ihrer Großflächigkeit, wichtige Funktionen als Pufferzonen, als Biotopvernetzungsstrukturen oder einfach als nutzungsberuhigte Areale, die zahlreichen Arten Entfaltungs- und Erhaltungsmöglichkeiten bieten.

Zu dem positiven Saldo des sächsischen Naturschutzes gehören auch die Förderprogramme, welche das zuständige Ministerium auf der Basis der vom Parlament bewilligten Haushaltmittel aufgelegt hat. Die Feststellung, dass die dafür vorgesehenen Mittel noch umfangreicher hätten ausfallen können, schmälert aber nicht die erfolgreiche Entwicklung dieser Naturschutzprojekte. An erster Stelle rangieren die vorrangig aus Bundesmitteln (75 %) geförderten Naturschutzgroßprojekte, zu denen bis Ende 2007 das Presseler Heidewald- und Moorgebiet (4.380 ha) und im Osterzgebirge bis 2008 das Areal der Bergwiesen »Zwischen Geisingberg und Oelsen« (766 ha) zählen. Bereits 2006 wird das Vorhaben im NSG Teichgebiet Niederspree-Hammerstadt (1.880 ha) abgeschlossen. In jüngerer Zeit hinzugekommen (beginnend 2003) ist das Projekt »Lausitzer Seenland« (auch oft als »Bergbaufolgelandschaft bei Hoyerswerda« bezeichnet), das auf 3.700 ha bis 2013 vergrößert werden soll. In vorbildlicher Weise durchbricht dieses Projekt die bis dahin in ehemaligen Braunkohlenabbaugebieten üblichen formalen Rekultivierungsaktivitäten mit Aufforstung und Neuanlage landwirtschaftlicher Nutzflächen und setzt auf einem mehrere tausend Hektar großen Areal auf die Selbstentwicklungskräfte der Natur und die damit verbundene Schaffung oder auch Erhaltung von sehr vielfältigen Lebensräumen, die aus Wasserflächen, Rohbodenflächen, Abbruchkanten und Steilwänden, Waldzellen, Weideland u. a. m. bestehen. Nur um die Dimension der finanziellen Unterstützung zu verdeutlichen sei, nach einer aktuellen parlamentarischen Drucksache, darauf verwiesen, dass allein im Jahre 2006 in diese vier Projektgebiete über 3 Mio. EUR fließen. Das sind beträchtliche Summen, was deshalb besonders gewürdigt werden soll. In Vorbereitung befindet sich noch das Projekt »Hermannsdorfer Wiesen«. Das besondere Merkmal dieser Großprojekte sind die gefundenen Lösungen für die Projektträger. Es überwiegt das Instrument eigens gebildeter Zweckverbände aus Landkreis, Kommunen, Naturschutzverbänden und Flächenbewirtschaftern (Land- und Forstwirtschaft). Diese kooperative Form zur Einhaltung und Umsetzung naturschutzfachlicher Ziele bei gleichzeitiger Berücksichtigung sonstiger gesellschaftlicher Belange hat sich bestens bewährt. Auch der Freistaat Sachsen selbst hat Landesschwerpunktprojekte ausgewählt, deren Hauptaufgabe die Erarbeitung und spätere Umsetzung von Pflege- und Entwicklungsplänen für die Schutzgebiete, die Organisation des Vertragsnaturschutzes, Flächenkäufe (Grunderwerb) und spezielle Maßnahmen zum Biotopschutz gewesen sind. Zu dieser Projektgruppe gehörten ursprünglich die NSG Großhartmannsdorfer Großteich, Großer Weidenteich, Frauenteich, Grünes Band an der Grenze Sachsen-Bayern, die Eschfelder Teiche und das Leipziger Auenwaldsystem, die mehrheitlich im Zeitraum 1992 bis 1998 erfolgreich abgeschlossen werden konnten.

Hingegen hält die Entwicklung des Artenbestandes bei Tieren und Pflanzen mit den Fortschritten bei Schutzgebieten nicht Schritt, im Gegenteil. Die Situation für den Großteil der vom Aussterben bedrohten und besonders gefährdeten Pflanzenarten hat sich trotz der Ausdehnung eingriffsminimierter Gebiete weiter verschlechtert. Die Existenzbedingungen am jeweiligen Standort, besonders im Offenland, werden, vor allem außerhalb von Schutzgebieten, durch Düngung, Melioration, Herbizideinsatz, veränderte Fruchtartenfolgen bzw. Schnittgewohnheiten oder Technikeinsatz weiter zuungunsten der seltenen Gräser, Kräuter, Moose, Kriechtiere, Käfer, Libellen, Falter usw. beeinträchtigt. Besonders negativ in diesem Prozess ist die in den vergangenen Jahren verstärkte Einbeziehung von Feldrainen, Flurhecken usw. in die Bewirtschaftungsflächen, da die EU ihr Prämiensystem von Ertragskennziffern auf eine Flächenkennziffer umgestellt hat, so dass großflächig diese extensiv bewirtschafteten Areale wegfallen. Trotz neuer Schutzgebiete und der Ausreichung von viel Geld für das Programm Umweltgerechte Landwirtschaft (UL), das (grünlandorientierte) Kulturlandschaftsprogramm (KULAP) sowie das spezielle Naturschutzförderprogramm (NAK) hat die Zahl der bedrohten Pflanzenarten in Sachsen um rd. 5 % zugenommen. Bezogen auf den Grundbestand von 1.624 Arten stieg der Anteil gefährdeter Arten (von ausgestorben/verschollen bis potentiell gefährdet) des Bezugsjahres 1991 von 45 % auf 50,2 % im Jahre 1999 (Umweltbericht 2002). Davon sind vorrangig seltene Orchideen oder Kräuter aus Wiesen und Weiden betroffen, womit die besondere Bedeutung veränderter Grünlandbewirtschaftung offenbar wird.

Hinsichtlich der Wirbeltiere ist die Tendenz gleichfalls ungünstig und verzeichnet von 1991 bis 1999 einen Anstieg der Rückgänge um knapp 3 %, worunter besonders dramatische Einrüche beim Steinkauz oder dem Birkhuhn zu verzeichnen sind, während parallel dazu bei Elbebiber, Kleiner Hufnase, Weißstorch oder Seeadler deutliche Populationszuwächse zu verzeichnen sind und auch bezogen auf die Brutvogelfauna im Vergleich zwischen 1985 und 1995 eine erfreuliche Verringerung der Rückgangstendenzen zu beobachten ist. Allerdings auch hier mit der klaren Ansage, dass in den ausgeräumten Offenlandschaften diese Trendumkehr noch die Ausnahme ist. Erwähnenswert sind die speziellen Artenschutzprogramme u. a. für Fischotter, Flussperlmuschel, Wassernuss, Birkhuhn, Steinkauz und Weißstorch. In diesem Zusammenhang darf aber auch Erwähnung finden, dass es gelungen ist, einigen Tierarten eine Chance zur Wiederansiedlung zu geben, wie beispielsweise Luchs, Wolf, Lachs oder Würfelnatter. Gleichzeitig ist hervorzuheben, dass die in gewissen Abständen erscheinenden Berichte (in der Zeitschrift: Naturschutzarbeit in Sachsen) über die gefährdeten Tierarten ein verdienstvolles Ergebnis unermüdlicher Raumbeobachtungen der ehrenamtlichen Naturschutzkräfte darstellen. Einen erfolgreichen Verlauf nahm auch die Biotopkartierung. Sie erfolgte zweistufig in Form einer selektiven Biotopkartierung von 1991 bis 1993/94, bei welcher landesweit nur die naturschutzfachlich wertvollen Biotope erfasst wurden. Eine flächendeckende Bearbeitung, welche z. B. auch entwicklungsfähige Bereiche einbezieht, wurde, besonders mittels Luftbildauswertung (Color-Infrarot), im Zeitraum 1986 – 1998 weitgehend abgeschlossen. Besonders die Aufgliederung der Streuobstwiesen, Magerrasen, Nasswiesen, Stillgewässer, Moore, Auwälder, Röhrichte, Zwergstrauchheiden, Hecken und Gebüschreihen, Steinrücken u. a. auf die sächsischen Naturraumeinheiten lässt das differenzierte Biotoppotential der naturräumlichen Gegebenheiten erkennen und dokumentiert seine Schlüsselstellung für das notwendige Biotopverbundsystem. In diesen Zusammenhang gehört auch der allgemeine Hinweis, dass es zunehmend eine erstaunliche Verschiebung der Artenvielfalt vom »Land« in die Stadtregionen gibt. Nach speziellen Untersuchungen leben in Berlin oder München mehr Brutvogel- oder Schmetterlingsarten als im Umland. Pflanzen und Tiere erobern die Städte, weil es ihnen in den intensiv bewirtschafteten Flächen außerhalb zu »ungemütlich« wird, während sich in den Städten, auch durch das häufige Verschieben ihrer Territorialabgrenzungen, immer abwechslungsreichere Habitate und Nahrungsangebote finden. Die Erwähnung dieser Erscheinung ist zugleich ein deutlicher Appell zur Erhaltung der Vielfalt im ländlichen Raum, der daran erinnern soll, dass die Vorstellung, Naturschutz sei ein Anliegen, das außerhalb der Verdichtungsräume seinen Schwerpunkt hat, völlig an der Wirklichkeit vorbeigeht.

Im bundesweiten Vergleich liegt Sachsen mittlerweile sowohl beim Flächenumfang besonders geschützter Gebiete im guten Mittelfeld, hingegen in

ABBILDUNG 40
Sächsische Muschelschützer arbeiten
an der halbnatürlichen Zucht von
Jungmuscheln für die Muschelgewässer –
im Bild dreijährige Jungmuschel.

der vorderen Ländergruppe, wenn es um die durchschnittliche Flächengröße der Naturschutzgebiete geht [vgl. S. 150]. Generell widerspiegeln
die sächsischen Erfahrungen aber auch, dass die Art unseres Gebietsschutzes und sein dazu erlassenes gesetzliches Regelwerk nicht automatisch den Erfolg bei der Naturbewahrung garantieren. Die sich ergänzenden Ziele des Arten- und Biotopschutzes einerseits und die zunehmende
Forderung nach Formen des Prozessschutzes (d. h. der Natur ohne Pflege-
leistungen des Menschen die Entwicklung zu überlassen) andererseits sind
nicht nur wissenschaftlich noch weitgehend unerforscht, um tatsächlich
größtmögliche Synergieeffekte zu ermöglichen, nein sie sind auch unter
den Naturschützern selbst noch umstritten. Noch zu häufig, die bisherigen Erörterungen im Kapitel 5 zeigen es wohl ebenso wie die speziellen
Kommentierungen im Kapitel 6.4, hilft die Gesetzeslage nicht, konkurrierende gesellschaftliche Nutzungsansprüche zugunsten der Natur zu beeinflussen und zu lenken. Auch gilt es zu bedenken, dass neue Ziele des
Prozessschutzes für manche Arten spezieller Lebensräume eine Änderung
ihrer Erhaltungsziele bedeuten könnten, d. h. die alte Frage, »welche Natur
wollen wir eigentlich schützen«, wird wieder aktuell. Auf den erkennbaren Widerspruch zwischen »Wildniskonzept« und »Artenschutz« ist die
Gesetzeslage überhaupt nicht eingestellt, weshalb es auch den Nutzungsinteressen der Gesellschaft oft verhältnismäßig leicht fällt, sich gegen
Naturbelange zu behaupten. Ein weiteres Problem wird in dem letztlich
ungenügenden Beitrag der flächenhaft größten Schutzkategorie, der Landschaftsschutzgebiete, zur Erhaltung des Artenreichtums und spezifischer
Biotope gesehen, weil klar definierte Zielstellungen in den Landschaftspflegeplänen häufig fehlen und eher beschreibend die integrierten strenger
geschützten Areale innerhalb des LSG (z. B. NSG, FND oder Geschützte
Landschaftsbestandteile) aufgeführt werden, ohne über Konzepte für deren
Vernetzung und Weiterentwicklung zu verfügen. In Sachsen weisen jedoch
die Vorrang- und Vorbehaltsgebiete für Natur und Landschaft in den gültigen Regionalplänen in die richtige Richtung. Dieses Instrument müsste
nur bei Flächennutzungsplanungen und Investitionsmaßnahmen viel ent-
schiedener beachtet und umgesetzt werden. Auch bei der Kategorie des
Naturparks ist die Zeit reif, den vielfach recht vordergründigen Erholungs-
ansatz durch naturschutzfachliche Komponenten zu ergänzen, wie es das
sächsische Naturschutzgesetz ja ermöglicht hat.
Zu den Ärgernissen sächsischer Naturschutzpolitik zählt in der Gesamt-
bilanz durchaus das in Kapitel 4.2.1 angesprochene »Verbot« zur Ausweis-
sung weiterer Naturschutzgebiete im Land. Die Zurücknahme dieses
»Schutzgebietserlasses« bleibt auch im Jahre 2006 eine aktuelle Forderung, weil er als exekutive, also vollziehende, staatliche Entscheidung
eindeutig gegen die Intentionen des Bundes- und Landesrechtes verstößt.
Gerade mit der Ausweisung von Schutzgebieten ist beabsichtigt, die
Leistungsfähigkeit des Naturhaushaltes und die Vielfalt an Pflanzen und
Tierarten und ihrer Lebensräume zu erhalten, wiederherzustellen oder auch
zu entwickeln, wie aus dem § 1 des Bundes- bzw. Landesgesetzes unmiss-

verständlich hervorgeht. In Anbetracht dieser Erlasslage spricht dann schon einmal ein anerkannter Naturschutzverband davon (BUND, Freie Presse 11. Juli 2004), dass der Naturschutz in Sachsen eine »Mogelpackung« sei. Angesichts der Zunahme flächenmäßig großer Schutzgebiete und des noch nicht abschließend geklärten Verhältnisses zwischen Arten- und Biotopschutz sowie den Vorstellungen des Prozessschutzes halte ich die Aktualisierung und Konkretisierung von Schutzzielen einerseits bei gleichzeitig vorurteilsfreier und ergebnisorientierter Kooperation zwischen Naturschutzzielen und Bewirtschafterinteressen andererseits für vordringlich. Die dabei zu nutzenden Instrumente vertraglicher Vereinbarungen zur Erhaltung und Verbesserung des Naturzustandes einschließlich einer verstärkten Kontrolle zur Einhaltung aller Verordnungen und Vorschriften sowie eine Steigerung des Naturbewusstseins durch verbesserte Bildung [vgl. Kap. 6.3] sind dabei ohne Alternative. Bedauerlicherweise sind die Interessenvertretungen der Flächennutzer (Land-, Forst- und Fischereiwirtschaft) bisher selten über verbale Bekundungen zur Anerkennung des benannten Weges hinausgekommen, was im Kapitel 6.4 etwas vertieft werden soll. Sicherlich ist der Naturschutz in Sachsen noch keine Erfolgsstory, aber ein geachtetes und ernst genommenes gesellschaftliches Anliegen ist er trotz der Abstriche allemal und sollte es angesichts der konkurrenzlosen Forderung nachhaltiger Lebens- und Wirtschaftsweise auch in der Zukunft bleiben.

6.2 ÖFFENTLICHKEITSARBEIT UND ANERKANNTE NATURSCHUTZVERBÄNDE

Als unverzichtbarer Bestandteil öffentlichen Wirkens zur Naturerhaltung gilt eine gezielte Öffentlichkeitsarbeit, die nicht nur kontinuierlich erfolgen muss, sondern auch fachlich anspruchsvoll und fundiert, aber auch, wo immer möglich, populärwissenschaftlich angelegt sein sollte. Trotz aller Angebote und Möglichkeiten elektronischer Medien überwiegt noch immer das gedruckte Erzeugnis. An erster Stelle müssen die bisher in den Veröffentlichungsjahren 1991, 1994, 1998 und 2002 erschienenen Umweltberichte des Umweltministeriums genannt werden [vgl. Kap. 4.2.3], die jeweils einschlägige Zustandsberichte zum Naturschutzanliegen enthalten. Die obere Fachbehörde, das Landesamt für Umwelt und Geologie, gibt einmal jährlich die »Naturschutzarbeit in Sachsen« heraus, gegenwärtig immerhin im 48. Jahrgang. Diese Publikation ist nach wie vor eine unverzichtbare und fachlich herausragende Informationsquelle, u. a. durch ihre Beiträge zu ausgewählten Arten der Flora oder Fauna, landesweite Problemdarstellungen, historische Betrachtungen und aktuelle Kommentierungen über die Schutzgebietskulisse. Mit den beiliegenden »Mitteilungen« für das jeweilige Erscheinungsjahr sind wichtige Informationen für die Naturschutzhelfer sowie alle interessierten Naturfreunde zusammengestellt, beispielsweise Personalia, Veranstaltungen, Buchbesprechungen und wichtige Hinweise über Neuerscheinungen naturschutzrelevanter Literatur für Sachsen. Der rührigen Redaktion dieser Publikation kann nur aufrichtig gedankt werden!

Darüber hinaus geben das Ministerium (Sächsisches Staatsministerium für Umwelt und Landesentwicklung, ab 1998 für Umwelt und Landwirtschaft) und die obere Fachbehörde (Landesamt für Umwelt und Geologie) zahlreiche Broschüren und Publikationen heraus, die ihrerseits einzelnen Arten oder speziellen Schwerpunkten gewidmet sind. Inzwischen sind wohl über 70 derartige Schriften erschienen und stehen der Öffentlichkeit zur Verfügung.

SITUATION DER VERBÄNDE

Wie im Einleitungskapitel [vgl. S. 15 f.] bereits angeklungen, war beispielsweise der Landesverein Sächsischer Heimatschutz bis zu seiner Gleichschaltung nach 1941 der eigentliche Träger gesellschaftlicher Aktivitäten des sächsischen Naturschutzes. In den nachfolgenden Jahrzehnten nach Kriegsende bis 1990 kam diese Rolle, zumindest formal-organisatorisch, den verschiedenen Fachgruppen im Kulturbund der DDR zu, die nach 1980 als eigenständige Organisationseinheit in der »Gesellschaft für Natur und Umwelt« im Kulturbund zusammengefasst wurden, was vorrangig zur politischen Kanalisierung und Kontrolle aller umweltbezogenen Aktivitäten diente. Im Frühjahr 1990 änderte sich diese »Einheitssituation« durch die Möglichkeit zur Bildung unabhängiger Verbände und Vereine. Mit einem öffentlichen Akt zur Wiederaufnahme seiner (quasi zwangsweise unterbrochenen) Arbeit betrat im April 1990 der Landesverein Sächsischer Heimatschutz erneut die Bühne öffentlichen Wirkens, dem andere traditionsreiche deutsche Naturschutzbewegungen als regionale Gliederungen (Landesverbände Sachsen), z. B. Bund für Umwelt und Naturschutz Deutschlands (BUND), folgten oder im Falle des Naturschutzbundes Deutschland (Nabu) sogar vorangingen, da dessen Gründung in Sachsen schon im März 1990 stattfand. Alle drei Verbände wurden noch Ende 1990 als anerkannte Naturschutzverbände (§ 29 BNatSchG) bestätigt. Hinzu kam eine Neugründung in den ostdeutschen Bundesländern mit der »Grünen Liga«, deren Anerkennung 1992 erfolgte. Die Schutzgemeinschaft Deutscher Wald / Landesverband Sachsen sowie der Landesjagdverband Sachsen erhielten 1995 durch das Umweltministerium die Anerkennung. Erst 2003 kamen die beiden Anglerverbände hinzu, die unter den Vereinsbezeichnungen »Anglerverband Sachsen« und »Landesverband Sächsischer Angler« firmieren. Wollte man die Mitgliedszahlen der Verbände als Maßstab für ihre Wirksamkeit in der Naturschutzpolitik und vor allem in der Biotop- und Landschaftspflege nehmen, ergäben sich für Sachsen nahezu märchenhafte Verhältnisse, nämlich eine Zahl von ca. 53.000 Mitgliedern. Abgesehen von der Schutzgemeinschaft Deutscher Wald, die mit ihren rd. 275 Mitgliedern schon formal den Status eines anerkannten Naturschutzverbandes kaum erfüllt, sind es die eher als »Naturnutzungsverbände« einzustufenden Gruppierungen aus dem Sektor Jagen und Angeln, die mit rd. 44.000 Mitgliedern die Bilanz »schönfärben«. Verfolgt man die Haltung dieser Verbände zu den verschiedensten Aspekten des Naturschutzes [vgl. Kap. 5.3 oder Kap. 6.4], dann kommen doch erhebliche Zweifel, ob sie immer – vor allem auch die jeweiligen Vorstände – Interessenvertreter der Natur sind. Diese Aussage darf keinesfalls als Pauschalkritik an den Mitgliedern verstanden werden, aber der »Naturblick« von Anglern und Jägern wird stets ihrem Hobby entsprechend »differenzierter« ausfallen als bei den »reinen« Naturschutzverbänden. So bleiben vor allem die vielen, jahrelang mit großem Engagement und profunder Sachkenntnis arbeitenden Mitglieder der klassischen Verbände und eine große Anzahl naturverbundener Angler und Jäger als echte Partner und Verbündete von Natur und heimatlicher Landschaft (WEINZIERL, 2006).

Viele Mitglieder der Vereine bilden auch das Gros im ehrenamtlichen Naturschutzdienst. Die gesetzlichen Spielräume zur Bestellung von Naturschutzbeauftragten in den Landkreisen und Naturschutzhelfern (§ 46 Sächs NatSchG) sind in Sachsen grundsätzlich positiv aufgegriffen und auf der Basis eines Erlasses durch das Umweltministerium von 1995 umgesetzt worden. Diese zumeist hoch motivierten und kompetenten ehrenamtlichen Mitarbeiter werden von den zuständigen Naturschutzfachbehörden angeleitet, erhalten einen objekt- und personenbezogenen Auftrag und handeln, trotz ihres offiziell-behördlichen Auftrages, in einem »ehrenamtlichen Treueverhältnis« [KUBASCH, 1996]. Sie leisten dabei eine unersetzliche Basisarbeit zur Betreuung von Schutzgebieten oder ausgewählten Objekten des Arten- und Biotopschutzes. Das unterscheidet den Naturschutzdienst von den als Trägern öffentlicher Belange eingestuften anerkannten Verbänden als solche, die naturschutzpolitische Aufgaben erfüllen. Mit Blick über Sachsen hinaus ist in diesem Zusammenhang eine aktuelle bundesweite Bewertung zur Rolle der Naturschutzhelfer als vertiefende Darstellung des Problems zu empfehlen [LIPPERT, 2000].

Leider aber führt kein Weg an der Feststellung vorbei, dass sich die Zahl der Naturschutzhelfer in den vergangenen Jahren spürbar verringert hat. Ging man noch 1998 [Umweltbericht SMU] von rd. 1.600 aktiven Helfern aus, so belegt die Antwort auf eine aktuelle parlamentarische Anfrage vom März 2006 einen Rückgang um rd. 20 Prozent, während zugleich registriert werden muss, dass es in den Landkreisen Annaberg, Zwickauer Land und Chemnitz-Stadt keine bestellten Kreisnaturschutzbeauftragten mehr gibt. Hier liegt ein Betätigungsfeld für die Verbände wie auch für Schulen (Gymnasien), trotz der durchaus bekannten Schwierigkeiten den notwendigen Nachwuchs heranzubilden. Als kleinen Erfolg hingegen darf man verzeichnen, dass mit Beginn des Jahres 2006 nun auch der Regierungsbezirk Chemnitz (erstmals!) über einen Bezirksnaturschutzbeauftragten verfügt, wie er mit großem Erfolg im Regierungspräsidium Dresden bereits seit 1992 das Anliegen des Naturschutzes vertritt. Der westsächsische Raum des Regierungsbezirkes Leipzig meint bis heute, ohne eine solche »Gallionsfigur« zur Koordinierung und Anleitung für alle Sachprobleme auskommen zu können. Ein weiteres Problem, vor allem mit Blick auf die kommenden Jahre, ist die Überalterung der sich aktiv engagierenden Mitbürger. Noch ist der Naturschutzdienst lebendig und kann seine ihm zugedachte Aufgabe im System der Maßnahmen zur Naturbewahrung erfüllen, aber die

Nachwuchsfrage ist existentiell. Einerseits sollte die bessere Wissensvermittlung, speziell in den Oberstufen der Schulen, dazu beitragen, dass mehr junge Leute den Weg zur regelmäßigen Mitarbeit an Fragen des Naturschutzes finden, wie es wohl andererseits auch nicht zu übersehen ist, dass das Zusammenwirken zwischen ehrenamtlichem Naturschutz und dem behördlichen Naturschutz nicht durchgängig reibungsfrei und effektiv ist. Vor allem die Einbeziehung der ehrenamtlichen Kräfte mit ihrer Sach- und Ortskenntnis, auch und gerade in staatlich verantwortete Aufgabenfelder, könnte zum Wohle des gemeinsamen Anliegens kontinuierlicher und manchenorts überhaupt erfolgen.

Obwohl die finanziellen Rahmenbedingungen für den ehrenamtlichen Naturschutz nicht gerade üppig genannt werden können, liegt es aber keinesfalls am Geld, wenn die Wirksamkeit der Naturschutzarbeit nicht generell als angemessen bezeichnet werden kann; denn trotz des Anspruches auf Erstattung entstandener Aufwendungen [SächsNatSchG § 46 Abs. 5] bestimmt der Grundsatz unentgeltlichen Engagements noch immer die Mitwirkung der Kräfte des Naturschutzdienstes, und so gesehen entscheidet eine erfolgte oder (leider auch allzu oft) fehlende moralische und fachliche Anerkennung seitens der Fachbehörden über das vertrauensvolle Miteinander oder ein erfolgsminderndes Nebeneinander.

Abschließend darf positiv erwähnt werden, dass seit 2005 ein zentrales Weiterbildungsangebot des Freistaates für die ehrenamtlichen Naturschutzbeauftragten existiert, das über die bisherigen Angebote zu rechtlichen und organisatorischen Details hinausgeht. Ein Betätigungsfeld, das durch die knappe Finanzausstattung allerdings tatsächlich nicht in das ansonsten positive Bild passt, ist die nach § 46 Abs. 5 des Naturschutzgesetzes vorgesehene Bestellung von hauptamtlichen Naturschutzwarten, speziell für die Großschutzgebiete (Nationalpark und Biosphärenreservat) und die flächenmäßig großen Schutzgebiete. Während in den Großschutzgebieten diese Kräfte vorhanden sind, selbst wenn man sich mehr wünschen würde, muss zukünftig in Haushaltplanungen für Gebiete wie Königsbrücker Heide, Gohrischheide, Presseler Heidewald und Moorgebiet Dubringer Moor u. a. eine bessere Vorsorge getroffen werden.

Neben den klassischen Naturschutzverbänden nehmen die sächsischen Landschaftspflegeverbände – als Teil des Deutschen Verbandes für Landschaftspflege – bedingt durch ihre Drittelparität aus Vertretern in Natur-schutz, Landwirtschaft und Kommune eine wichtige Rolle ein. Nicht zu-letzt haben sie in den zurückliegenden Jahren durch zahlreiche Projekte und Initiativen zur Erhaltung und Entwicklung der sächsischen Kulturland-schaft beigetragen und Nutzungskonflikte bewältigt. Viele Projekte widmen sich auch der grenzüberschreitenden Zusammenarbeit, z. B. im Oberen Vogtland oder im Zittauer Gebirge. Das Engagement u. a. zur Erhaltung alter Obstsorten, artenreicher Bergwiesen oder zur Vermittlung zwischen Naturschutz und Tourismus wurde vielfach anerkannt und mit Umweltprei-sen bedacht. Darüber hinaus besitzen Naturschutzstationen in Trägerschaft von Kommunen, Stiftungen oder anerkannten Naturschutzverbänden (allein der Nabu betreibt 15 Stationen im Land) einen hohen Stellenwert für die Vermittlung von Wissen über ökologische Zusammenhänge und für eine aktive Einbindung der jungen Generation in praktische Naturschutzarbeit.

6.3 NATURSCHUTZ IN DER BILDUNG

Als Schlüssel für individuelle Lebenschancen und kulturelle Teilhabe gilt, wenn auch leider allzu oft von »bildungsideologischen Geräuschen« über-lagert, eine nachhaltige und vor allem anwendungsorientierte Bildung. Bildung meint dabei nicht bloße Wissensvermittlung, sondern vor allem Kompetenz zur Lösung und Bewältigung der im zukünftigen Leben der jungen Generation gestellten Anforderungen. Diese Kompetenz besteht ins-besondere in der Fähigkeit, gesellschaftliche Orientierung aus dem erwor-benen Wissen und entsprechenden Fertigkeiten zu finden. In besonderer Weise gilt das wohl auch für Probleme des Naturhaushaltsschutzes als Basis für die Bewahrung und Erhaltung der Natur im weitesten Sinne, ih-rer Eigenart und Schönheit, ihrer biotischen Vielseitigkeit (Diversität) sowie auch ihrer Nutzbarkeit.

Insofern sind die in der jüngsten Schülerleistungsvergleichstudie Pisa (program of international student assessment) von 2003 nachgewiesenen Fähigkeiten gerade sächsischer Schüler im naturwissenschaftlichen Bereich (2. Platz innerhalb Deutschlands, deutlich über dem internationalen Durch-schnitt) durchaus hoffnungsvoll. Aber das Wissen um zugleich besorgnis-erregende Defizite der jetzigen Schülergeneration hinsichtlich ihres Grund-wissens zum alltäglichen Naturgeschehen wirft doch einen Schatten auf die sonst demonstrierte Genugtuung über die mathematisch-naturwissen-schaftliche Problemlösungskompetenz. Es gilt als unbestritten, dass unse-re Kinder nicht in der Lage sind, die wichtigsten Getreide- oder Baumarten zu unterscheiden. Es gilt als sicher, dass dieses Unvermögen problemlos auf Charakterarten der Tier- und Pflanzenwelt ausgeweitet werden kann bis hin zur »lila Kuh« als Synonym einer naturentfremdeten jungen Gene-ration. Deshalb hat auch das Anliegen des Naturschutzes einschließlich des Schutzes aller übrigen Naturfaktoren (Boden, Wasser, Klima, Relief) nur dann eine Chance, sich im Chor der konkurrierenden modischen Freizeit-trends u. ä. zu behaupten, wenn bereits in frühester Kindheit ein elemen-tares Verständnis und Grundwissen von der Natur und ihren Prozessen herausgebildet werden kann. Wenn im Folgenden diese Möglichkeiten und Chancen am Beispiel von Kindergarten / Vorschule und allgemeinbildenden Schularten kurz beleuchtet werden sollen, dann nicht ohne den zwingenden Hinweis, dass ohne Beteiligung und Mitwirkung der Eltern und der übrigen Erwachsenengeneration die Schule allein mit ihren Bemühungen zum Scheitern verurteilt ist. Vorschule und Schule müssen wieder ein Familienereignis werden, das dargebotenes Wissen festigt, ergänzt und vor allem durch konkrete Erfahrungen »vor Ort« (also in der Natur im weitesten Sinne) stärkt und handlungsorientiert werden lässt.

In den nachfolgenden Passagen wird also das »Dienstleistungsangebot« der staatlichen (und privaten) Bildungseinrichtungen reflektiert. Um der Gefahr zu entgehen, dass unsere Kinder und Schüler von immer mehr Dingen wenig wissen und keine gründlichen Kenntnisse mitnehmen, ist es dringend erforderlich, dass die gesamte Gesellschaft den Bildungsauftrag der jungen Generation ernst nimmt. Nur so kann eine nachhaltige Leistungsbereitschaft entwickelt werden. Nur wenn ökologische Fragestellungen nachdrücklich thematisiert werden, können Kinder und Jugendliche die gewünschte Kompetenz erfolgreich und dauerhaft erwerben.

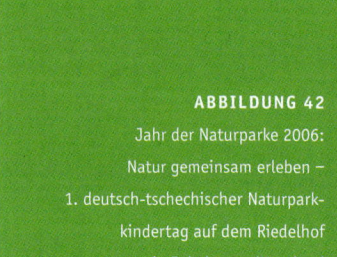

ABBILDUNG 42
Jahr der Naturparke 2006:
Natur gemeinsam erleben –
1. deutsch-tschechischer Naturpark-
kindertag auf dem Riedelhof
in Eubabrunn / Vogtland

6.3.1 KINDERGARTEN / VORSCHULE

Mit der Vorlage des Sächsischen Bildungsplanes (Sächsisches Staatsministerium für Soziales, 2006) für die frühkindliche Phase (Kindertagesstätten) werden auch für das Naturverständnis und die Schutzwürdigkeit der Natur sinnvolle und notwendige Vorleistungen für die spätere Schullaufbahn erbracht.

Ausgehend vom natürlichen Erkundungsdrang und Erklärungshunger speziell der Fünf- bis Sechsjährigen, führt der Bildungsplan in naturwissenschaftliche Themen aus dem Alltagserleben der Kinder ein. Spielerisch soll durch Sammeln (z. B. Steine, Zweige), durch Betrachten (Tiere, Pflanzen, Wetterabläufe) und durch Ausprobieren der Zugang zur Entdeckung von Zusammenhängen in der Natur gefördert werden. Angenommen, die Erzieherinnen sind genügend qualifiziert, um diesen Prozess zu begleiten und zu steuern, stellen die im Leitfaden vermittelten Anregungen eine gute Grundlage dafür dar, um die später systematischere Behandlung von Methoden der Naturerkundung in der Grundschule schneller und besser zu verstehen, und sind insgesamt geeignet, den Gedanken der Naturbewahrung den Kindern frühzeitig nahezubringen. Allerdings fällt auf, dass die inhaltlichen Hinweise im Leitfaden nicht immer ganz befriedigen können. Ohne dass Kinder in dem genannten Alter auf solche Feinheiten hingewiesen werden sollen, ist es aber für die Erzieherinnen zumindest unglücklich, Wasser mehrfach (!) als Element vorgestellt zu bekommen, obwohl es nun einmal eine chemische Verbindung und kein Element ist. Und wenn die Beispiele (auch wiederum nur als Anmerkung für das Personal) für Naturnutzung und deren negative Folgen das »illegale Verklappen von Öl ins Meer« nennen, ist so etwas schlicht und ergreifend nicht altersgerecht, abgesehen davon, dass wohl auch manche Betreuungskraft den Vorgang des Verklappens nicht unbedingt fachgetreu kennt. Die liegengelassene Getränkedose oder der weggeworfene Stil vom Eis wäre sicherlich eingängiger.

6.3.2 ALLGEMEINBILDENDE SCHULEN

Während für den Vorschulbereich die konzeptionelle Herangehensweise prinzipiell neu ist, kann der Schulsektor sich auf einen gesetzlichen Grundkonsens berufen, der im § 37 des Sächsischen Schulgesetzes unter der Überschrift »Umwelterziehung« frühzeitig erreicht werden konnte. In diesem Paragrafen wird dem Schulbereich der Auftrag erteilt, dafür zu sorgen, dass Bildungsinhalte zur Umwelt fachübergreifend vermittelt werden und eine ökologische Grundbildung aller Schüler gewährleistet ist. Diesem Hintergrund verpflichtet, hat Sachsen zwischen 2002 und 2004 eine neue Lehrplangeneration für alle Schularten entworfen, die auch auf dem Sektor des Umwelt- und Naturschutzes neuen fachlichen und pädagogischen Einsichten Rechnung trägt und damit die ca. 10 Jahre alte vorherige Lehrplanbindung aufgibt. Die schrittweise Einführung der neuen Bildungsziele wurde mit dem Beginn des Schuljahres 2004 / 05 gestartet. Mit den nun gültigen Lehrplänen – das notwendige pädagogische Geschick und fachliche Engagement der Lehrkräfte vorausgesetzt – kann von der 1. bis zur 10. Klasse und in der gymnasialen Stufe bis zur Klasse 12 das notwendige Orientierungswissen auch zum Naturschutz erworben werden. Ein solches dürfte als die sicherste Voraussetzung dafür angesehen werden, dass kommende Schülergenerationen vom Wissen und ihren Einstellungen her die Natur sowohl als Quelle materiellen Reichtums sehen, sie aber hinsichtlich der Lebewesen und sonstigen natürlichen Gebilde als kulturellen Wert erkennen und so (möglichst lebenslang) ein partnerschaftliches Verhalten zur Mitlebewelt entwickeln.

Wenn die Behandlung oder Berührung naturschutzrelevanter Zusammenhänge bzw. Fakten letztlich in beinahe allen Unterrichtsfächern möglich und denkbar ist, so besteht an Mittelschulen und Gymnasien jedoch mit den »Naturfächern« Biologie und Geographie das eigentliche Feld zur Vermittlung von Grundlagen zum Naturhaushalt, den Lebensräumen der Tier- und Pflanzenwelt sowie des dazugehörigen Schutzgedankens.

Hinsichtlich von Einzelheiten sei zunächst auf das neue Konzept für den Sachunterricht in der Grundschule verwiesen. In den Klassenstufen 1 und

2 bringt ein früher Lernbereich die »Begegnung mit Pflanzen und Tieren« und darin eingeschlossen mit dem Wahlpflichtthema »Schulgarten« erste Verweise auf den Erhalt von Natur und damit auch auf ihren besonderen Schutz. In der Klassenstufe 3 wird dieser Grundbestand an Wissen und Einstellungen an einem konkreten Ökosystem (Wiese) erweitert und gefestigt. Am Ende der Grundschulzeit in Klassenstufe 4 ist der Wald das bevorzugte Objekt zur Entwicklung von Verhaltensweisen, die auf den Schutz der Artenvielfalt und des gesamten Lebensraumes gerichtet sind. Auf der Basis solcher Kenntnisse aus der Grundschulphase setzt sich die direkte oder indirekte Befassung mit Naturschutzfragen an Mittelschule und Gymnasium fort. Dabei sind die Unterschiede in den vorgegebenen Lernbereichen und Wahlpflichtthemen zwischen den beiden Schularten bis zur Klassenstufe 7 verhältnismäßig gering. Speziell im Unterrichtsfach Biologie wird systematisch der Zusammenhang von verschiedenen (Tier-)Arten und ihren speziellen Lebensraumbedingungen (Fische, Amphibien, Vögel, Wirbellose und Säugetiere) von Klasse 5 bis 7 behandelt, und stets ist dabei der Schutzgedanke integriert. Dieser Prozess findet seinen Abschluss in der Klasse 7 mit dem Lernbereich »Grundlagen der Ökologie«, bei welchem das Zusammenwirken abiotischer und biotischer Umweltfaktoren im Vordergrund steht und exemplarisch an ausgewählten Ökosystemen demonstriert wird.

Im 8. Schuljahr dominiert übereinstimmend in beiden Schularten die Behandlung des Menschen in seinen verschiedenen biologischen Facetten, und lediglich an der Mittelschule gibt es unter der Überschrift der Anwendung verhaltensbiologischer Kenntnisse auch Gelegenheit, über artgerechte Tierhaltung u. ä. den Gedanken des Schutzes der biologischen Vielfalt aufzugreifen und zu vertiefen. Anschließend nimmt die Differenzierung zwischen den Schularten deutlicher zu. Im Lernbereich »Zusammenhänge im Ökosystem« der gymnasialen Stufe 9 wird über Artenvielfalt (am Beispiel eines stehenden Gewässers) die Rolle des Menschen im Ökosystem aufgegriffen und als lernmethodische Aufgabe eine Internetrecherche zum Naturschutz in Sachsen als Beispiel für erfolgreichen Arten- und Biotopschutz gefordert. An der Mittelschule dieser Jahrgangsstufe ist die vertiefte Behandlung von Grundlagen der Genetik und Evolution von geringerer Naturschutzbezogenheit. Während in Klasse 10 an der Mittelschule biologische Probleme der Globalisierung (Artenschutz!) auch zu einer Präsentation über die Folgen menschlicher Eingriffe in Natur und Umwelt führen und am Gymnasium die Entstehung der Artenvielfalt zu behandeln ist, nimmt die Beschäftigung mit Problemen, an die auch naturschutzrelevante Fragestellungen gebunden sind, am Gymnasium später zu. In der Jahrgangsstufe 11 heißt sowohl im Grund- wie auch im Leistungskurs eine Stoffeinheit »Ökologie und Nachhaltigkeit« mit sehr vielen Verbindungen zum Naturschutz. In der Jahrgangsstufe 12 stehen verhaltensbiologische, evolutionstheoretische, humangenetische u. ä. Aspekte im Mittelpunkt unterrichtlicher Erörterung, weshalb Fragen des Schutzes der Biodiversität sich nur als abgeleitete Fragestellungen oder aus bewusster Betonung ganzheit-

licher Sicht aller Lebensvorgänge ergeben. Ergänzt wird die Behandlung des Bios im weitesten Sinne durch die im Fach Geographie, besonders in den Klassenstufen 5 und 6, vermittelten Inhalte zu den abiotischen Bausteinen des Ökosystems (Geologie, Boden, Wasser, Klima), welche für die Herausbildung von Habitaten und Biotopen der Lebewelt entscheidende Differenzierungsmerkmale darbieten. In der Klassenstufe 8 an der Mittelschule bzw. der Stufe 9 am Gymnasium wird anhand des Themas Nationalpark (allerdings vorrangig am Beispiel der USA) die naturschutzfachliche Erörterung durch den Erwerb von Handlungskompetenz besonders gestärkt. Ohne auf weitere Einzelheiten eingehen zu wollen, ist die Schlussfolgerung zwingend, welche lautet:

Alle Anstrengungen und Bemühungen der Schule, den aus meiner Sicht ausgezeichneten und modernen Lehrplan umzusetzen und zu Wissensvermittlung und Werteerziehung zu nutzen, bleiben Stückwerk, wenn sie im außerschulischen Lebensbereich keine Fortsetzung oder Ergänzung finden. Damit ist in erster Linie das Elternhaus gemeint, ohne den Freizeitbereich völlig auszuklammern. Noch so vielseitige Angebote in Arbeitsgemeinschaften und Leistungskursen der Schule, öffentlichkeitszugängliche Angebote von Verbänden und Vereinen, von Stiftungen oder auch Hochschulen können nicht den Einfluss und das anwendungsbezogene Wissen ersetzen, das durch die notwendige familiäre Reflexion des Gelernten entstehen kann und soll.

Die häufig feststellbare Interesselosigkeit am Naturschutzthema, gepaart mit der ebenso nicht seltenen Beziehungslosigkeit und Rohheit gegenüber allem pflanzlichen und tierischen Leben sind auch Ausdruck dafür, dass die jetzige Elterngenerationen selbst mit diesen Problemen zu wenig befasst worden ist. War das Umwelt- und Naturschutzthema zu DDR-Zeiten kein vorrangig gefördertes gesellschaftliches Feld und damit Ursache für oft nur geringes Wissen um die Dinge, so haben sicher nach 1990 die sozialen Veränderungen und Verwerfungen nicht gerade fördernd auf Eltern eingewirkt, ihren Kinder zu diesem Aspekt der Werteerziehung eine ausreichende Vorbildwirkung zu geben. Die Widersprüchlichkeit zwischen vermitteltem Lernstoff und vielen realen Erscheinungen, z. B. die viel zu große Anzahl von abscheulichen Tötungsdelikten an Haus- und Nutztieren durch Vertreter der jungen Generation, führt uns immer wieder vor Augen, dass die Anhäufung von Faktenwissen ohne entsprechende Wertevermittlung und daraus resultierende Verinnerlichung im Alltag auf Dauer keinen Erfolg bringt. Daher liegt der Schlüssel für eine erfolgreiche Schulzeit nicht allein im Nachweis gut erlernter Inhalte, auch beim speziellen Anliegen des Naturschutzes, sondern in den erworbenen Verhaltensweisen.

6.4 SÄCHSISCHE LANDESSTIFTUNG NATUR UND UMWELT

1992 gründete der Freistaat Sachsen per Gesetz eine Sächsische Landesstiftung und richtete als Stiftungszweck den Naturschutzfonds ein. Nach einer Gesetzesänderung vom Dezember 1997 wurde als selbständige und rechtsfähige Stiftung des öffentlichen Rechts zum Schutz von Natur und

Umwelt sowie zur Umweltbildung ab 1. Januar 1998 die »Sächsische Landes-stiftung Natur und Umwelt« (LaNU) ins Leben gerufen. Sie hat sich vom Zeitpunkt ihrer Errichtung wirkungsvoll und kontinuierlich für die Erhaltung und Pflege von Natur und Landschaft sowie für das bessere Verständnis der Belange des Schutzes der natürlichen Lebensgrundlagen in der Öffent-lichkeit, und speziell auch in der Umweltbildung, eingesetzt.

Zu den Schwerpunkten der Stiftung gehört nach wie vor der Naturschutz-fonds, der sowohl als zentrales Förderinstrument der Stiftung als auch selbst operativ tätig ist. Die Verwaltung und Bewirtschaftung des Fonds als Sondervermögen wurde der Stiftung mit dem Sächsischen Naturschutz-gesetz und dem Errichtungsgesetz der Stiftung zugewiesen. Die finanziel-len Mittel entstammen der naturschutzrechtlichen Ausgleichsabgabe im Rahmen der Eingriffsregelung (vgl. § 9 SächsNatSchG) und seit 2001 auch aus Zweckerträgen der Bundeslotterie GlücksSpirale. Mit seinen gestei-gerten Aktivitäten, weitere Mittel zur Erhaltung und Pflege heimatlicher Natur und Landschaft einzuwerben, wird der Fonds seiner Rolle immer besser gerecht.

Der Fonds fördert Projekte zur Erhaltung und Pflege von Natur und Land-schaft, unterstützt den Artenschutz, aber auch Projekte zur Öffentlichkeits-arbeit im Naturschutz und zur Umweltbildung. Projekte mit Modellcharak-ter und besondere Initiativen, die von anderen Seiten nicht unterstützt werden können, greift der Naturschutzfonds auf und leistet seinen akti-ven Beitrag zur Akzeptanzförderung im Naturschutz und zur Sensibilisie-rung der Öffentlichkeit. Vor allem Kinder und Jugendliche für Fragen der Naturbewahrung und eigene praktische Beiträge zu interessieren und zu begeistern, ist dem Naturschutzfonds in den vergangenen Jahren wieder-holt gelungen. Damit ist der Fonds aus der Rolle des Dienstleisters in die Rolle eines öffentlichkeitswirksamen Projektentwicklers hineingewachsen. Aktionen wie »Große Nussjagd in Sachsen« oder »Fledermaus komm ins Haus« haben einen überraschend und zugleich erfreulich großen Zuspruch, eine große Resonanz gefunden und wurden inzwischen auch von anderen Bundesländern aufgegriffen.

Von besonderer Bedeutung sind die Flächenkäufe für den Naturschutzfonds und das Management dieser geschützten Areale zur Bewahrung wertvol-ler Naturausstattung und -räume und zur Bereicherung des naturräum-lichen Potenzials im Freistaat Sachsen. Mit einer Reihe eigener Projekte auf diesen Flächen übernimmt der Naturschutzfonds damit zugleich eine aktive Rolle bei der Unterstützung und Mitwirkung im Naturschutz in Sachsen.

Die weiten Felder der Öffentlichkeitsarbeit, z. B. zur Erhaltung der Bergwie-sen in den Mittelgebirgen durch Bergwiesenwettbewerbe oder der Weinberg-mauern auf den Terrassen im Elbtal, Wanderausstellungen zum Artenschutz, die Erarbeitung von kindertümlichen Broschüren oder Gesellschaftsspie-len zu Naturschutzbelangen sowie eigene öffentlichkeitswirksame Veran-staltungen u. a., runden das engagierte und sehr erfolgreiche Handeln des Naturschutzfonds in der Stiftung ab.

Im Aufgabenspektrum von Bildung und Weiterbildung zur Erziehung der Gesellschaft zu einem umweltbewussten Handeln nimmt die Akademie der Sächsischen Landesstiftung Natur und Umwelt einen wichtigen Stellenwert ein. Sie entspricht dem im sächsischen Naturschutzgesetz von 1992 mit dem § 44 eröffneten Freiraum zur Bildung einer Aus- und Fortbildungseinrichtung für Naturschutz und Landschaftspflege. Mit dieser gezielt im Gesetz aufgenommenen Möglichkeit konnte eine Institution geschaffen werden, welche Weiterbildungsangebote, Öffentlichkeits- und Aufklärungsarbeit leisten sollte, um Wissen und Wertorientierung zum Schutz von Natur und Landschaft in geeigneter Weise zu vermitteln und möglichst zu steigern. Seit ihrer Gründung als »Sächsische Akademie für Natur und Umwelt« (SANU) im Dezember 1994 hat sich diese Institution besondere Verdienste erworben, indem sie Akzeptanz für den Naturschutz und, was noch bedeutsamer ist, Bereitschaft geweckt hat, durch aktive Beiträge den theoretisch vermittelten Hintergrund in praktisches Handeln umzusetzen. Seither sind bald 12 Jahre vergangen, und die Fachtagungen, Seminare, Exkursionen, Lehrgänge u. a. mit dem Ziel der Umweltbildung gehören erfreulicherweise zum Alltag im naturbezogenen Bildungssektor. Vier Jahre nach ihrer Gründung ging die SANU als Struktureinheit in der Sächsischen Landesstiftung Natur und Umwelt auf und führt seit dieser Zeit die Bezeichnung »Akademie der Sächsischen Landesstiftung Natur und Umwelt«.

Die inzwischen jährlich über 150 Veranstaltungen, sowohl regionalen wie landesweiten Charakters, zeichnen sich neben einer hohen fachlichen Qualität und praxisnahen Orientierung durch ein weit entwickeltes Netz von Kooperationsbeziehungen mit wissenschaftlichen Einrichtungen, Naturschutzbehörden, Naturschutzstationen und Bildungsträgern aller Art aus. Besonders erwähnenswert diesbezüglich sind die Themenfelder: Lokale Agenda 21, Öko-Audit oder das Management der Umweltmobile an und für Schulen. Zahlreiche Projekte, wie die Frühlingsspaziergänge in Sachsen – neuerdings auch grenzüberschreitend – oder die Projektträgerschaft der Stiftung im Freiwilligen Ökologischen Jahr, vervollständigen das Bild.

Dank der unermüdlichen Aktivitäten der Verantwortlichen konnte u. a. mit eingeworbenen Fördermitteln der Deutschen Bundesstiftung Umwelt (rd. 4,8 Mio. DM) das Nationalparkhaus Sächsische Schweiz in Bad Schandau als modernes Naturschutzinformations- und Begegnungszentrum errichtet und im Oktober 2001 eingeweiht werden. Dieses herausragende, auch überregionale und grenzüberschreitende Aspekte berücksichtigende Vorhaben soll im Speziellen durch Ausstellungen, Vorträge, Begegnungen, öffentlichkeitswirksame Großveranstaltungen u. a. ein besseres Verständnis für die Schutzziele im Nationalpark (beiderseits der Grenze!) und einen nachhaltigen und verantwortungsvollen Umgang mit Natur und Umwelt in Verbindung mit wirtschaftlicher Entwicklung und sozialen Fragen wecken. Es ist durchgehend zweisprachig (deutsch-tschechisch) gestaltet. Besonders bewährt haben sich in den zurückliegenden Jahren auch generationenübergreifende Projekte und die naturverbundene Feriengestaltung für Kinder.

ABBILDUNG 44
Sitz der Sächsischen Landesstiftung
Natur und Umwelt – das Blockhaus

Hart getroffen wurde das neu errichtete Nationalparkhaus im Sommer 2002 von den Auswirkungen der Hochwasserkatastrophe, denn ein Schaden von über 1,2 Mio. EUR war entstanden. Umso anerkennenswerter war die Leistung, bereits Mitte April 2003 die Wiedereröffnung des Begegnungs- und Bildungszentrums für die Sächsische Schweiz ermöglicht zu haben. Obwohl im Vergleich zu anderen Bundesländern mit eher bescheidener finanzieller Ausstattung versehen, darf die Entwicklung der Sächsischen Landesstiftung Natur und Umwelt als außerordentlich erfolgreich bezeichnet werden.

6.5 WIE STEHT ES UM DIE TRADITIONELLEN KONFLIKTFELDER LAND- UND FORSTWIRTSCHAFT, TOURISMUS, WASSERKRAFTNUTZUNG ODER JAGDWESEN?

Einleitend sei festgestellt, dass in unserer Gesellschaft die Notwendigkeit des Schutzes von Boden, Wasser, Luft u. a. weitgehend akzeptiert ist, biotischer Ressourcenschutz (Arten- und Biotopschutz) aber nicht nur vielfach auf Unkenntnis stößt, sondern die Gesellschaft auch für Naturschutzbelange geringeres Verständnis aufbringt, was vielleicht daran liegt, dass mit der Berücksichtigung der Artenvielfalt zumeist Beschränkungen von Nutzungswünschen verbunden sind. Mit Recht aber fragt SCHUMACHER (1997) sinngemäß: Sind artenreiche und vielgestaltige Kulturlandschaften mit mehrhundertjähriger Geschichte (oft noch viel älter) weniger wert als Kulturdenkmale der Römerzeit oder des Barock, und sind Purpur-Knabenkraut oder Auerhuhn weniger wert als vorgeschichtliche Faustkeile oder griechische Skulpturen? Denn immer bleibt diese Frage mit der Einsicht verbunden, dass der wirtschaftende Mensch, auf jeder Stufe technologischer Entwicklung, mit seiner Tätigkeit den Artenreichtum förderte oder bei intensivierter und chemisierter Bewirtschaftung empfindlich reduzierte oder auslöschte. Auch wenn die exemplarisch geschilderten Verhältnisse durch landwirtschaftliche Nutzung zwischen 1950 und 1990 [vgl. S. 33 – 37] inzwischen überwunden sind, kann die Reflexion des Verhältnisses von Naturschutz zu seinen traditionellen Konfliktfeldern in Sachsen lediglich eine »Momentaufnahme« sein, zumal wegen der nicht erreichbaren Vollständigkeit auf die bereits im Zusammenhang mit rechtlichen oder regionalen Besonderheiten erörterten Erfahrungen beim Schutz und der Erhaltung heimatlicher Natur hingewiesen sei. Zahlreiche weitere Bereiche, bei denen der Naturschutz hart um seine Beachtung ringen muss, wie etwa Gesteinsabbau oder Straßenbauvorhaben, werden hier nicht nur aus Gründen des Textumfanges lediglich erwähnt, sie sind auch im Gegensatz zu den gründlicher durchleuchteten Nutzungsfeldern (von der Wasserkraftnutzung einmal abgesehen) eher punktuell und im Einzelfall ein Konfliktthema.

Um es aber gleich vorab zu sagen: Trotz aller noch heute bestehenden Konflikte mit Wirtschaftsinteressen ist im Freistaat Sachsen mit der Ländergründung 1990 ein neues, auf Rechtsstaatlichkeit begründetes Ver-

hältnis zwischen gesellschaftlichen Belangen und dem Gedanken der Naturbewahrung entstanden. Das schließt aber Rechtsverstöße oder eine
generelle Ablehnung des Naturschutzgedankens keinesfalls aus, jedoch
sind im Vergleich zu dem überwundenen Zeitabschnitt juristische und
moralische Instanzen in der Lage, hier für Abhilfe zu sorgen. Wie rasch und
wie konsequent das geschieht, ist allerdings ein andere Frage.

6.5.1 LAND- UND FORSTWIRTSCHAFT

Weder der Gesellschaft als Ganzes und erst recht nicht dem amtlichen wie
ehrenamtlichen Naturschutz ist es bisher gelungen, eine grundsätzlich
naturschonende Ausrichtung aller Formen der Landnutzung zu erreichen.
Diese generelle Feststellung ist aber gleichzeitig Teil des bereits benannten Momentcharakters einer aktuellen Einschätzung. Deshalb muss versucht
werden, allgemeine Erfahrungen mit speziellen, aber symptomatischen Aspekten zu verbinden. Beginnen wir mit der Forstwirtschaft. Die Voraussetzungen waren gut in Sachsen, denn es war gelungen, 1992 im Waldgesetz
eine Formulierung für den Schutzaspekt zu verankern, die sich in der Intention von den sonstigen Waldgesetzen unterschied. Während das Bundesgesetz und sämtliche Landesgesetze den Zweck der (Wald-)Gesetze immer in der Reihenfolge bestimmen: 1. den Wald wegen seines wirtschaftlichen Nutzens, 2. wegen seiner Bedeutung für die Umwelt und 3. wegen
des Erholungsaspektes zu sichern, so fand seinerzeit mein Änderungsantrag eine Mehrheit, der diese Reihenfolge aufhebt und statt dessen davon
spricht, dass es Ziel des Gesetzes ist, den Wald in der Einheit seines Nutzens
und seiner Bedeutung für die Umwelt (Schutz- und Erholungsfunktion)
zu erhalten und nachhaltig zu sichern. Zweifellos kann man die Betonung
der Gleichrangigkeit der Funktionen als formale Regelung einstufen, aber
gegenüber den wirtschaftlich denkenden Forstvertretern war es im April
1992 ein Erfolg, den Schutzgedanken aufgewertet zu haben.
Auf der Basis des Gesetzes formulierte das damalige Staatsministerium für
Landwirtschaft, Ernährung und Forsten [SML, 1993] verbindliche Grundsätze für die Forstwirtschaft, die – vor allem im Hinblick auf die naturferne
Forstwirtschaft vorausgegangener Jahrzehnte – moderne Ziele umfassten,
wie z. B.: Minderung der Naturferne durch standortgerechten Waldumbau;
weitgehender Verzicht auf Kahlschläge; Förderung der Naturverjüngung;
Lösung der Wildfrage (Reduzierung von Schalenwild) und Waldbau als Natur-
schutzaufgabe. Andererseits blieben nach wie vor betriebswirtschaftliche
Gesichtspunkte und die nationale wie internationale Holzmarktpolitik für
diesen Wirtschaftszweig vordergründig maßgebend. Folglich ist die Ertrags-
lage vieler Forstbetriebe kritisch, denn die deutsche Forst- und Holzwirtschaft
muss sich gegen internationale Konkurrenz behaupten und argumentiert daher, sie stehe durch Naturschutz- bzw. allgemeine Umweltauflagen stark unter Druck, so dass die o. g. Ziele nicht alle, und schon gar nicht gleichrangig, erfüllbar seien. Das Verständnis für eine solche Argumentation nimmt
aber stark ab, wenn man an Vorgänge erinnert, die von bewusst herbeige-
führten Konflikten zwischen Waldwirtschaft und Naturerhaltung zeugen.

Von dem rücksichtslosen Holzeinschlag im NSG Mothäuser Heide war schon die Rede [vgl. S. 102], aber auch ähnlich zerstörerische Erscheinungen sind aus den NSG Bärenbach, der Scheibenberger Heide und anderen Landesteilen bekannt. Ein besonderes Bubenstück leistete sich ein staatlicher Forstamtsleiter mit seinen bewussten Zerstörungen eines Orchideenvorkommens (über 700 Exemplare!) am NSG Rückhaltebecken Stöhna (Lkr. Leipziger Land) im Jahre 2005. Das Enttäuschende an dem Vorgang ist die Tatsache, dass die Aufforstung (noch dazu mit der ungeeigneten Baumart Roteiche) als klarer Verstoß gegen das Naturschutzrecht keine disziplinarischen Folgen hatte und man statt dessen versuchte, den erwiesenen Orchideenbestand in Frage zu stellen. Im geschilderten Vorgang Rückhaltebecken Stöhna handelte sich es um ein Naturschutzgebiet und daher eher um einen Fall für den Staatsanwalt.

Vielleicht ist es auch kein Zufall, dass in der EU-Förderperiode 2000–2006 die Position »Naturnahe Waldbewirtschaftung« nur in sehr bescheidenem Umfang in Anspruch genommen wurde, weil der wirtschaftliche Druck den »langen Atem« nicht zulässt, den man im Wald für eine Umsteuerung benötigt. Auch der Vertragsnaturschutz im Wald konnte sich in der vergangenen EU-Förderperiode (2000–2006) nicht etablieren. Möglicherweise hat neben bürokratischen Hindernissen das bestehende Förderinstrumentarium zum Vertragsnaturschutz im Wald dem Forstwirt nicht genügend Anreize geboten, um durch Förderung auch Naturschutzziele zu erreichen.

Hinsichtlich des Instrumentes der Erstaufforstung muss zugleich darauf geachtet werden, dass dabei nicht ausschließlich betriebswirtschaftliche Aspekte, sondern auch standörtliche Voraussetzungen (und damit Beziehungen zur natürlichen Vegetation) berücksichtigt werden. Die Chance, durch Erstaufforstung neben einer Stabilisierung des Naturhaushaltes auch Lebensräume für spezialisierte Arten zu schaffen, ist demnach nur gegeben, wenn der Aufforstende nach fachlicher Beratung auch den Willen dazu mitbringt. Besonders bedenklich in diesem Zusammenhang stimmt die vom zuständigen Umweltministerium propagierte Aufforstung von Offenlandflächen in den oberen Einzugsgebieten unserer Mittelgebirgsflüsse als Beitrag zum Hochwasserschutz. Hierbei sollte es eine genaue Abstimmungsstrategie mit dem Naturschutz geben, denn hinsichtlich der abflussmindernden Wirkung solcher Aufforstungen gibt es viele Zweifel, während die Beseitigung reich strukturierter Offenlandräume zum Schaden des Natur- und Artenschutzes wäre. Die fachlichen Voraussetzungen liegen aber eigentlich vor, denn SCHMIDT et al. (1997) haben landesweite Analysen vorgelegt, welche natürlichen Waldgesellschaften bisher ohne qualifizierten Schutz sind oder welche räumlichen Ungleichgewichte es im Auftreten von Leitgesellschaftern gibt, die im Sinne des Flächenschutzes auszusteuern sind. Gerade für solche Zielstellungen böten die Förderprogramme der EU günstige Möglichkeiten.

Trotz aller Fortschritte herrscht über die Kriterien der guten fachlichen Praxis in der Forstwirtschaft noch weitgehend Unklarheit. Über Mindestanforderungen hinaus wären Stichworte wie Totholz, Altholz, lichte Bestände

u. a. zwingend zu integrieren. Da für den Waldbauer der Verkauf des kostenintensiv erzeugten Holzvorrates die einzige Finanzquelle darstellt, bleiben im Moment Anregungen des Naturschutzes, in größeren Waldgebieten Vorrangflächen für den Prozessschutz einzurichten, ohne besonderen Widerhall.

ABBILDUNG 45
Viel persönlicher Einsatz ist
nötig, um diese artenreichen
Wiesen zu erhalten – Nasswiese
in Gopplasgrün (Vogtland)

Ungleich komplizierter und vielschichtiger sind die Verhältnisse im Sektor Ackerbau und Grünlandwirtschaft. Hier muss zunächst darauf verwiesen werden, dass nach Bundes- und Landesrecht die »gute fachliche Praxis« bzw. die »ordnungsgemäße Landwirtschaft« (in Sachsen eine »umweltgerechte Landwirtschaft«) nicht als Eingriff im Sinne der Naturschutzgesetze gilt, wohl wissend, dass die Abgrenzung oft genug nicht eindeutig ist und auch bleibt. Gemeinsam mit den einschlägigen Fachgesetzen (Bodenschutz, Düngeverordnung, Wasserhaushaltsgesetz), die weitere Grenz- und Schwellenwerte vorgeben, sollte sichergestellt sein, welche Form der Landnutzung kompatibel zur gesetzlichen Freistellung ist. Dennoch gab und gibt es zahlreiche Konflikte zwischen Landnutzung und Naturschutz. Es ist wohl unstrittig, dass der einzig erfolgreiche Weg zur Überwindung aller Differenzen die stärkere Integration von Naturschutzzielen in die Landbewirtschaftung darstellt. Zur Erreichung dieser Absicht gibt es auch im Freistaat diverse Förderprogramme, unter denen die »Umweltgerechte Landwirtschaft«, z. B. mit dem Teil »Umweltgerechter Ackerbau«, sowie das »Kulturlandschaftsprogramm« für eine extensivierte Grünlandbewirtschaftung oder ab dem Jahre 2000 die Förderkulisse für Naturschutzanliegen »Naturschutz und Erhalt der Kulturlandschaft« (NAK) eine breite und stark genutzte Beteiligung verzeichnen, denn nur mit Maßnahmen des Vertragsnaturschutzes zum Ausgleich für erbrachte oder unterlassene Bewirtschaftungsmaßnahmen kann dafür gesorgt werden, dass das Einkommen der Landwirte durch Naturschutzauflagen nicht noch weiter absinkt. Aktuell ist der Flächenanteil landwirtschaftlicher Unternehmen, der an NAK teilnimmt, mit knapp 34.000 ha als durchaus erfreulich einzustufen. Die Einsicht ist gewachsen, dass die Ausweisung von Schutzgebieten und die damit verbundenen Auflagen für die Bewirtschafter, auch schon wegen des aufwendigen Verfahrens und des ordnungsrechtlichen Charakters, zumeist nicht den gewünschten Erfolg bringen und damit dieses Instrument

TABELLE 6

Naturschutzfachliche Begleituntersuchung
NAK

zu unflexibel ist. Deshalb sind zunehmend freiwillige vertragliche Vereinbarungen im naturschutzrelevanten Maßnahmespektrum zu verzeichnen.

Die Reibungspunkte zwischen Landbewirtschaftung und Naturschutz beginnen mit den landesweiten Veränderungen im Kulturartenspektrum, das neben den traditionellen Halm- und Hackfrüchten zunehmend von Silomais, Raps oder Sonnenblumen bestimmt wird, deren Flächen bezüglich des Artenreichtums, besonders auch des faunistischen, als Verarmungsgebiete gelten müssen. Das setzt sich fort über Düngungsgewohnheiten, die Bodenbearbeitung bis zu den vielfach umstrittenen Bestell-, Pflege-

Naturschutzfachliche Begleituntersuchung NAK

Anteil der in den Grobuntersuchungen erfassten Fläche an der 2003 insgesamt geförderten NAK-Fläche

Nr.	Programmpunkt	NAK-Fläche 2003 [ha]	Grobmonitoring-fläche gesamt (2002/2003) [ha]	Anteil an NAK-Fläche gesamt [%]
2.1.1	Umwandlung Ackerland in Grünland	603	320	53,0
2.1.2	Naturschutzgerechte Beweidung	8.930	4.876	54,6
2.1.3	Naturschutzgerechte Wiesennutzung (Frischwiese)	4.399	2.585	58,6
	Naturschutzgerechte Wiesennutzung (Feuchtwiese)	1.713	916	53,6
	Naturschutzgerechte Wiesennutzung (Bergwiese)	1.240	667	53,8
2.1.4	Ackerrandstreifen	95	25	26,7
2.1.5	Langfristige Stilllegung von LN	137	58	42,4
2.1.6	Zwischenstrukturen	157	8	4,9
2.1.7	Hüteschafhaltung	1.919	1.291	67,3
2.1.8	Nasswiesenpflege	983	573	58,3
2.1.9	Pflege aufgegebener ldw. Flächen	61	11	17,2
2.1.10	Streuobstwiesenpflege	819	177	21,7
2.1.11	Historische Merkmale	82	41	50,1
2.1.12	Naturschutzgerechte Ackerbewirtschaftung	219	106	48,2
2.2.1	Teichpflege	1.841	0	0,0
2.2.2	Naturschutzgerechte Teichbewirtschaftung	6.553	4.557	69,5
	Summe	**29.752**	**16.213**	**54,5**

Quelle: Sächsisches Landesamt für Umwelt und Geologie (2004)

und Ernteterminen. Das im November 2000 in Kraft getretene Programm NAK hat diesbezüglich zu zahlreichen begrüßenswerten Vereinbarungen zwischen Agrargenossenschaften (oder auch Einzelbewirtschaftern) und der Umsetzung von Naturschutzzielen geführt. Das Programm hat bewiesen, dass die Einhaltung vertraglich geregelter Naturschutzbeiträge, für welche eine Förderung gewährt wird, mit einer kostendeckenden Wirtschaftsweise vereinbar ist. Allerdings fällt auf, dass gerade im ertragsstarken Löss- und Sandlössgürtel, der den Bewirtschaftern höhere Einnahmen garantiert, die Annahme des Programms äußerst bescheiden geblieben ist. Auch das Verpachtungsinstrument kann in diesen Gebieten daher nur selten für Naturerhaltungsmaßnahmen genutzt werden. Und da die Mühlenbetriebe hochwertigen Weizen nur mit bestimmten Eiweißgehalten und pilzfrei wünschen, wird weiterhin fleißig gedüngt oder mit Halmstabilisatoren gearbeitet. Andererseits ist trotz eines guten Zuspruchs zum Programmteil »Naturschutzgerechte Beweidung« die Entwicklung stagnierend, weil Landwirte generell befürchten, dass durch die Extensivierung der Grünlandbewirtschaftung eine Steigerung des Biotopwertes (z. B. Wiederbesiedelung mit gefährdeten Arten) eintritt, ein Biotop nach § 26 entsteht und danach die potentielle Nutzbarkeit, trotz Ausgleichsprogramm, verloren geht.

Ein anderer erkennbarer Konfliktpunkt ergab sich nach der Umstellung europäischer Zahlungsmodalitäten vom Produkt hin zur Fläche. Der Landwirt konnte von europäischen Direktzahlungen profitieren und gleichzeitig am Programmteil NAK in Sachsen teilnehmen (z. B. Ackerrandstreifen oder Zwischenstrukturen). Weil aber die, teilweise satellitengestützte, Kontrolle durch die EU für die eingetragene Hauptnutzung eine Nichtübereinstimmung mit der Schlagkartei ergeben konnte, werden seit einigen Jahren die Ackerränder im Grenzbereich zu Wald, Hecken, Wirtschaftswegen u. a., welche vorher extensiv behandelt wurden, wieder in die intensive Feldkultur integriert und wertvolle Kleinstrukturen erneut zurückgedrängt. Um einen belastbaren Überblick zur Wirksamkeit des Förderprogramms NAK zu erhalten [vgl. Tab. 6], hat das Landesamt für Umwelt und Geologie eine Begleituntersuchung in mehreren Testgebieten zur positiven Beeinflussung der Artenvielfalt aufgrund vereinbarter Agrarumweltmaßnahmen durchführen lassen [LfUG, 2003]. Die eigentliche Botschaft der Untersuchung heißt, dass die NAK-Maßnahmen einen wesentlichen Beitrag zur Erhaltung und Verbesserung der faunistisch / floristischen Vielfalt leisten können! Hauptsächliche Instrumente sind dabei extensivierte Bewirtschaftungsformen (z. B. pauschales Verbot des Einsatzes chemisch-synthetischer Pflanzenschutzmittel) sowie eine konkrete Ausrichtung auf ausgewählte schutzbedürftige Arten. Den besonders positiven Effekt des Grobmonitorings aber darf man in den Schlussfolgerungen hinsichtlich des Schutzgebietssystems Natura 2000 (FFH- und Vogelschutzgebiete) sehen. Die gewonnenen Einsichten aus den Testgebieten hinsichtlich ergangener Auflagen und ihrer Umsetzungsprobleme dienen als »Probelauf« für die Erreichung der Schutzziele natürlicher Lebensräume nach den europäischen Verpflichtungen. Für Naturschutzbelange an Teichgruppen, Bergmähwiesen oder natürlichen Feuchtgebieten sind die Erkenntnisse besonders wertvoll. Eine Wiederholungsuntersuchung und Auswertung auf zusätzliche Programmschwerpunkte ist vorgesehen. Allerdings führt die verfehlte europäische Agrar- und vor allem Subventionspolitik den Landwirt immer häufiger

dazu, alle nur denkbaren Maßnahmen zur Kostenminderung bzw. zur Er-
trags- und Leistungssteigerung zu nutzen, um wettbewerbsfähig zu bleiben. Insofern hält sich die Bereitschaft zur Annahme spezieller Förder-
instrumente in Grenzen, andererseits wird auf rd. 68 % der Anbaufläche im
Lande das Programm umweltgerechter Ackerbau praktiziert. Es ist Teil-
programm des Förderinstrumentes Umweltgerechte Landwirtschaft, zu
welchem weiterhin die extensivierte Grünlandwirtschaft und der ökologische Landbau gehören. So könnte man den zweifellos latenten Konflikt
zwischen Landwirtschaft und Naturschutz in Sachsen dahingehend beschreiben, dass mit Hilfe flankierender Förderprogramme es immer besser
gelingt, die »gute fachliche Praxis« auch als solche zu bezeichnen.
Dennoch bleibt auch die Einschränkung angebracht, dass nach europäischen Vorgaben die Pflege und Erhaltung wertvoller Biotope und Lebensräume auf Dauer ohne Zusatzförderung in eine Land- und Forstwirtschaft
zu integrieren ist, die das Prädikat »ordnungsgemäß« tragen soll. An ver-
traglichen Regelungen für Bewirtschaftungsbeiträge zur Erhaltung des
Naturerbes, die sich zu großen Teilen erst aus früheren Nutzungsgewohn-
heiten herausgebildet haben, führt aber auch in der Zukunft kein Weg vorbei. Diese Kooperation, und vor allem die Bereitschaft, eine solche einzuge-
hen, bleibt schon deswegen aktuell, weil, wie bereits mehrfach angeklungen
ist, der Artenrückgang trotz aller Vereinbarungen zwischen Bewirtschaftern
und Staat auch nach 1990 bestenfalls partiell aufgehalten werden konnte.
SCHWARZBACH et al. [2003] verweisen mit ihrer Erhebung auf die Tatsache, dass von den Pflanzenbeständen im Grünland 42 %, auf den Äckern
44 %, auf Magerstandorten gar 62 % und an Kleingewässern 59 % den
verschiedenen Kategorien der »Roten Listen« zugeordnet werden müssen,
im Durchschnitt also 50 % aller Pflanzen landwirtschaftlich genutzter Flächen im Bestand gefährdet sind. Die wenigen überaus positiven Entwicklungen dürfen aber den Blick auf die nach wie vor kritische Gesamtsituation nicht verstellen. Aus der Sicht des Artenschutzes kommt man deshalb
um die Feststellung nicht herum, dass auch mit jeder »ordnungsgemä-
ßen« Land- und Forstwirtschaft Nist-, Brut-, Wohn- und Zufluchtsstätten
in natürlichen Lebensräumen beeinträchtigt oder zerstört werden. Für
die agrarischen Vorranggebiete gilt darüber hinaus, dass der industria-
lisierte Betrieb und die maschinengerecht hergerichtete, somit unifor-
mierte Ackerflur mit ihrer engen Fruchtfolge besonders am Artenrückgang
beteiligt sind. Allerdings muss eingeräumt werden, dass Land- und Forstwirtschaft in diesem Prozess nicht die alleinigen Verursacher sind. Eingriffe durch Zersiedelung und Zerschneidung (Straßen, Wege, Infrastruk-
tur allgemein) in vernetzte Biotopstrukturen sind an dem Ergebnis nahezu
gleichrangig beteiligt.
Leider aber lassen Stimmen extremer Naturgegner aus dem Lager der Flächennutzer immer wieder aufhorchen und rufen Skepsis hervor, wie ernst
den Bewirtschaftern ihre vielfältigen Aussagen zur Naturerhaltung tatsächlich sind. Anlass für diesen abschließend zu äußernden Zweifel ist eine
Stellungnahme der bereits im Kapitel 5.3 unrühmlich erwähnten »Stiftung

Wald für Sachsen« im April 2006. Zum Entwurf eines neuen Naturschutzgesetzes für Sachsen gaben die Verantwortlichen mit Bezug zum § 8 Abs. 3,
der das wiederum eingeräumte Privileg enthält, dass eine ordnungsgemäße
Land- und Forstwirtschaft nicht als Eingriff zu bewerten ist, folgenden
Kommentar ab:
»Absatz 3 ist zum wiederholten Male die Manifestierung der Unterstel-
lung von Land- und Forstwirtschaft unter den Naturschutz. Das Streben
des Naturschutzes, Land- und Forstwirtschaft zu definieren und damit zu
beherrschen, ist abzulehnen, weil es dem Naturschutzgedanken insgesamt
schadet. Naturschutz wird nicht mehr als etwas Gutes und Notwendiges
betrachtet, sondern als Bedrohung, Entwicklungsbremse und faktische Ent-
eignung.«
Da kann man nur sagen: Danke für die Offenheit! Deshalb bleibt für den
Naturschutz, trotz aller zweifellos erkennbaren guten Erfahrungen und des
Kooperationswillens zahlreicher Land- und Forstwirte, eine gesunde Skepsis angebracht.

6.5.2 TOURISMUS

Obwohl bei oberflächlicher Betrachtung zwischen Naturschutz und Tourismus sehr gegensätzliche Interessen zu bestehen scheinen, darf doch eingeschätzt werden, dass beide Seiten darum bemüht sind, ein geordnetes
Miteinander zu erreichen. Einige der noch immer bestehenden Reibungspunkte wie auch notwendige Schritte zu noch besserer Kooperation sollen zu diesem Konfliktfeld erörtert werden. Wie bei anderen wirtschafts-
orientierten Aktivitäten hat auch der Tourismus darauf zu achten, dass
in Anspruch genommene Gebiete vor schädlichen Einflüssen oder gar das
Ökosystem verändernden Eingriffen bewahrt werden. Dieser Zusammenhang gewinnt an Bedeutung, wenn man sich vergegenwärtigt, dass die
Bevölkerung heute im Durchschnitt über 70 % mehr Freizeit hat als noch
vor 50 Jahren. Immer kürzere Wochenarbeitszeiten und längerer Jahres-
urlaub haben dazu geführt, dass das Zeitvolumen für Freizeitaktivitäten
so stark zugenommen hat, dass beispielsweise über 65 % des Autoverkehrs
in Deutschland dem Freizeitbereich entspringen und ein durchschnittli-
cher Haushalt rd. ein Sechstel des Jahreseinkommens für Freizeitzwecke
im weitesten Sinne ausgibt. Mit der gestiegenen Mobilität und dem ver-
größerten Freizeitfonds sind daher auch die Erholungsbedürfnisse in der
»freien Natur« sprunghaft angestiegen. Angler, Kletterer, Motocrossfah-
rer, Drachenflieger, Surfer, Kanuten, Wasserwanderer, Segler, Skifahrer,
Camper, Mountainbiker u. a. wollen spezifische Bedürfnisse in den möglichst reizvollsten Landschaftsteilen erfüllt sehen. All das aber hat Folgen. Es beginnt mit dem erheblichen Freiflächenbedarf und setzt sich
über Versiegelung vormals biologisch aktiver Flächen, über Zerschneidung
bis zur Zerstörung von Lebensräumen fort. So hat es der Naturschutz im
Wettbewerb mit den Angeboten zu den touristischen und Freizeitaktivitäten nicht leicht, was sich, ob Zufall oder nicht, sehr überzeugend in
der Werbung niederschlägt, die ja bekanntlich großen Einfluss auf die Ver-

ABBILDUNG 46
Reiter in der Natur

haltensweisen des Einzelnen hat. Der Lebensphilosophie vieler Menschen entspricht heute die Vorstellung, lange geistig und körperlich fit zu sein, was verlockende Werbespots für attraktive Gegenden auf der ganzen Erde (zu verbilligten Flügen, versteht sich) versprechen zu ermöglichen. Werbung für Naturschutz gibt es dagegen kaum, gelegentlich mal für ein Regenwaldprojekt – aber auch da in Verbindung mit einer Biermarke –, ansonsten noch ab und zu ein Appell zur Rettung bedrohter Großwildarten, weil deren stattliche Erscheinung oder ihre reizenden Tierkinder den modernen Menschen noch am ehesten ansprechen. Kurzum: immer mehr Vermarktung von Natur und Landschaft, aber kaum Werbung zur Erhaltung von Natur auch gerade durch sinnvollen Tourismus.

Im Grunde genommen sind die Anforderungen, die eine Freizeitgesellschaft einerseits und der Naturschutz andererseits an die Umwelt stellen, ähnlich bis vergleichbar. Beide verfolgen das Ziel, abwechslungsreiche und naturnahe Landschaften zu erhalten. Beide Seiten wenden sich gegen Gewässerverunreinigung, gegen Landschaftszerstörung, gegen die Umwandlung von Wald oder Wiesen zu Gewerbegebieten u. ä. Nur die Motivation für die jeweiligen Forderungen ist unterschiedlich. Der staatliche wie der private Naturschutz treten für den Schutz der Natur an sich und als Lebensgrundlage des Menschen ein, wie es § 1 der Naturschutzgesetze des Bundes und des Landes hervorheben. Die touristischen Interessen, beispielhaft aus sportlichem Blickwinkel thematisiert (Wintersport, Reitsport, Golf, Angeln, Motorsport, Laufen u. a.), stellen demgegenüber die Interessen der Menschen, insbesondere ihren Drang nach Bewegung in der Landschaft in den Vordergrund. Hinsichtlich der Einordnung der Natur als Lebensgrundlage des Menschen betont der Naturschutz eher psychische Bedürfnisse, die sportlichen Freizeitaktivitäten eher physische wie die körperliche Gesundheit, jedoch sind beide Sichtweisen letztlich untrennbare Aspekte der Lebensqualität [SCHMIDT, 1991]. Als anschauliches Beispiel für im Ziel übereinstimmende Haltungen von Naturschutz einerseits und sportlich-touristischen Wünschen andererseits darf in Sachsen die Erscheinung benannt werden, dass 1998 in einer »Allianz für Sachsens Flüsse« beide Seiten gegen zunehmende Kleinwasserkraftnutzung, vor allem an den Erzgebirgsflüssen, mobil machten [vgl. auch 6.4.3].

Freizeitaktivitäten sind immer dann unproblematisch, wenn der Erholungssuchende das Verständnis mitbringt, Aspekte der Naturverträglichkeit mit den individuellen Freizeitinteressen in Einklang zu bringen. Obwohl das bereits vielfach gut funktioniert, gibt es immer wieder Einzelne, die den Konsens missachten, so z. B. wenn im Nationalpark Sächsische Schweiz mit Rücksicht auf brütende Wanderfalken, Uhus u. a. einzelne Klettergipfel kurzzeitig gesperrt werden, doch genau in dieser Zeitspanne Eintragungen in Gipfelbüchern die bewusst in Kauf genommene Störung belegen. Auch der Schutzzweck selbst lässt durchaus eine differenzierte Betrachtungsweise zu. In einem zur Erhaltung seltener Pflanzengesellschaften als NSG ausgewiesenem Feuchtwiesenkomplex würde sich ein die schutzbedürftige Vegetation schonender Wanderweg nicht unbedingt störend

auswirken. In einem Feuchtgebiet mit störungsempfindlichen Wiesen-
brütern oder Röhrichtbewohnern dagegen könnte ein solcher Weg uner-
wünschte Auswirkungen haben und müsste unterlassen werden. (»Wenn
im Schilf ständiges Kommen und Gehen durch Angler, Badegäste oder
Bootsfahrer ist, wird keine Rohrdommel brüten«, Lit.: R P Tübingen). In
sensiblen Gebieten sind auch zunehmend Maßnahmen der Besucherlenkung notwendig. Es muss im Einzelfall klar geregelt sein, wo man Besucher
am richtigen Standort zur Natur hinführt (z. B. zu Aussichtskanzeln) oder
die Menschen dort, wo es zum Schutze der Natur sein muss, fernzuhalten
hat. Günstige Verhältnisse mit Informationszentren, geschultem Personal
und Betreuungsangeboten finden wir bereits heute im Nationalpark Sächsische Schweiz und im Biosphärenreservat Oberlausitzer Heide- und Teichgebiet. Für die flächenmäßig großen Naturschutzgebiete in Sachsen (z. B.
Königsbrücker Heide, Presseler Heidewald- und Moorgebiet, Dubringer Moor,
Gohrischheide) wäre eine solche Entwicklung wünschenswert. Mitte Mai
2006 gab es eine Zeitungsmeldung, die darüber informierte, dass im Gebiet
des Naturschutzgroßprojektes Niederspree-Hammerstadt zwei neue Beob-
achtungsplattformen für die dort reiche Vogelwelt in Betrieb genommen
wurden, während Pensionsbetreiber sich bereits auf steigende Nachfragen
einstellen. Ein mutmachendes Beispiel! Vielerorts in Sachsen sind solche
oder ähnliche Entwicklungen belegbar, entweder als Folge sinnvoller Festlegungen in den Regionalplänen bzw. bereits in den Flächennutzungsplä-
nen der Gemeinden. So gesehen ist es berechtigt, die Zielstellung für das
Verhältnis von Naturschutz und Tourismus, wie es die Deutsche Tourismuswirtschaft bereits als Grundsatz 1997 festgelegt hat, als Motto über die
sächsische Entwicklung zu stellen: »Tourismus muss langfristig sowohl
ökologisch als auch ökonomisch tragfähig sowie gleichzeitig ethisch und
sozialverträglich sein. Die Bewahrung lebenserhaltender ökologischer Prozesse und Naturkreisläufe, die Erhaltung der Artenvielfalt, die schonende
Nutzung natürlicher Ressourcen sind damit ebenso Ziele wie die Achtung
und Bewahrung traditioneller Lebensweise und kultureller Identitäten der
Bevölkerung.«
Generell ist zur Konfliktvermeidung ein besseres Bildungs- und Kenntnis-
niveau hinsichtlich ökologischer Zusammenhänge sowie der Notwendigkeit des Schutzes von Tieren und Pflanzen in ihren Lebensräumen (nicht
nur in Schutzgebieten!) erforderlich. Trotz der verstärkten Bemühungen
der Schule [vgl. Kap. 6.3] ist gesamtgesellschaftlich gesehen sowohl
das Wissen über als auch das Interesse an Fragen des Naturschutzes er-
schreckend gering. Weiß wohl der Durchschnittsurlauber, wenn er ein
Schild mit der Aufschrift N S G oder F N D sieht, was in solchen Gebieten
erlaubt, was untersagt ist? Also bleiben, um zu vermeiden, dass natur-
schädigendes Verhalten nicht aus Böswilligkeit, sondern aus Unkenntnis
geschieht, verstärkte Aufklärungs- und Bildungsmaßnahmen höchst aktuelle Forderungen, denn etwas überspitzt könnte man sagen: Nur wer die
Natur erfährt und kennt, kann sie lieben, und wer die Natur liebt, kann
sie schützen.

Aus zunehmenden Informations- und Aufklärungsinitiativen entspringen weitere Beiträge zur Harmonisierung des Verhältnisses. Das beginnt mit Verhaltensregeln für Natursportler und Touristen in sensiblen Räumen oder zu bestimmten Jahreszeiten und wird ergänzt durch Formen der Selbstbeschränkung bei der Naturnutzung, wie sie etwa als Initiative verschiedener Sportverbände im DOSB (und damit auch im Sächsischen Landessportbund) existieren. Freizeitgesellschaft und Naturschutz müssen also nicht nur mit Kompromissen leben. Das Nebeneinander bis hin zum Miteinander wird um so eher und besser möglich sein, je früher und je intensiver beide gesellschaftliche Bedürfnisse sich mit den jeweiligen Anforderungen der anderen Seite auseinandersetzen. Trotz der nach wie vor bestehenden Defizite gibt es doch hoffnungsvolle Anzeichen für ein durchaus steigendes Bewusstsein unserer Freizeitgesellschaft für den Schutz der Natur, zumal eine intakte Natur in ihrer Eigenart und Schönheit einen der wichtigsten Standortfaktoren für touristische Aktivitäten darstellt, also für eine Freizeitgestaltung ohne schlechtes Gewissen.

6.5.3 WASSERKRAFTNUTZUNG

Seit über 130 Jahren wird an den Bächen und Flüssen des Erzgebirges, des Vogtlandes und des Oberlausitzer Berglandes Wasserkraft genutzt, anfänglich z. B. im Mühlenbetrieb oder zur Selbstversorgung von Höfen und kleinen Handwerksbetrieben mit Elektrizität, was insgesamt aber zunächst von geringer Auswirkung auf die Funktionsfähigkeit der Gewässer blieb. Im ersten Drittel des 20. Jahrhunderts nahm die Zahl von kleinen Wasserkraftanlagen in Sachsen deutlich zu und trug dazu bei, dass die Zahl naturnaher und unverbauter Flussabschnitte, besonders im Erzgebirge, empfindlich zurückging, auch wenn in Abhängigkeit von der Nutzungsintensität der Konflikt mit gewässerökologischen Belangen noch moderat blieb.

Später führte die flächige Stromversorgung aus Kohlekraftwerken zu einem Rückgang der Wasserkraftnutzung, die Mitte des 20. Jahrhunderts nahezu erloschen war. Nach 1990 änderte sich das schlagartig, als neue wirtschaftliche Rahmenbedingungen eine Förderung alternativer Energien anstrebten, um den CO_2-Ausstoß zu reduzieren. Jetzt wurden Altrechte zu einem begehrten Handelsobjekt, da finanzkräftige Interessenten und Unternehmer diese Rechte (nicht nur zur Steuerabschreibung) erwarben, um Fördermittel für alternative Stromerzeugung erhalten zu können. In wenigen Jahren schnellte die Zahl wieder betriebener (Klein-)Wasserkraftanlagen auf ca. 250 im Jahre 2000 in die Höhe und hat sich seither verlangsamend auf aktuell ca. 300 Anlagen gesteigert. Mit der Wiederbelebung energetischer Interessen an den Gebirgsflüssen ist die Konfliktlage Naturschutz-Wasserkraftnutzung regelrecht brisant geworden, weil Querverbauungen und das Trockenfallen von Ausleitungsstrecken aquatische Lebensbereiche, aber auch Auenwaldreste, Altarme oder Röhrichte bis zum Totalverlust beeinträchtigen können, wofür leider zahlreiche Beispiele, speziell an Zschopau, Flöha oder Freiberger Mulde, existieren.

Die Verringerung der Wassermenge und Fließgeschwindigkeit führt zu Sauerstoffmangel und letztlich zum Absterben von Fischpopulationen und anderen angepassten Arten. Das sächsische Wassergesetz von 1992 sah bereits einen »Ökologischen Mindestwasserabfluss« vor, der aber nicht auf einen bestimmten Durchflusswert bezogen wurde (z. B. MNQ30), sondern wegen der vielen sonstigen Einflussfaktoren in den jeweiligen Genehmigungsbescheinigungen (Einzelfalllösung) zu fixieren war. Weiterhin wurde für zahlreiche Anlagen die Errichtung von Fischaufstiegshilfen angeordnet. Es ist einzuschätzen, dass diese Auflagen für Mindestwasserabfluss für rd. zwei Dritteln aller Wasserkraftwerke verbindlich geregelt werden konnten, während die Nachrüstung mit Fischtreppen rd. 40 % erreicht. Für fast alle anderen sind langwierige Rechtsstreitigkeiten im Gange, weil die Altrechte keinerlei Auflagen zu Mindestwassermengen oder gar Fischaufstiegshilfen enthielten, so dass die jetzigen Betreiber gegen die Auflagen der Behörden Widerspruch einlegten, der fast immer in einem Verwaltungsgerichtsverfahren mündete. In den negativen Folgen noch gesteigert durch illegale Bauten oder eklatante Verstöße gegen die vereinbarten Auflagen, war es schließlich der ehrenamtliche Naturschutz, der in Sachsen auf die sich zuspitzende Lage hinwies und mangels behördlicher Durchsetzungsfähigkeit oder -freudigkeit 1998 mit anderen Interessenverbänden (Angler, Wassersportler) eine »Allianz für Sachsens Flüsse« [vgl. S. 174] ins Leben rief. Diese Aktion hat auch zur Folge gehabt, dass die Zusammenarbeit der Naturschutzverbände sowie der Vollzugsbehörden, zumindest in dieser Frage, konstruktiver geworden ist und die Kontrollen seitens des Staates zunahmen.

Nur zur Verdeutlichung der Positionen möchte ich ein Schreiben vom April 1999 heranziehen, das der Vorsitzende des Verbandes der Wasserkraftbetreiber Sachsens und Sachsen-Anhalts an mich richtete. Aus seiner Sicht waren 500 Wasserkraftanlagen für Sachsen problemlos machbar, zumal die Behauptung, dass durch Wasserkraftnutzung Schäden verursacht würden, eine böswillige Behauptung sei und überhaupt die Studie des Bundesumweltamtes (1998) zu Wasserkraft Polemik von Ökofundamentalisten sei. Weiterhin behauptete er, die Auflagen zu den Altrechten durch die sächsischen Behörden entsprängen der Absicht, die Entwicklung der Wasserkraft zu strangulieren. Als Krönung seines Schreibens empfand ich, dass er die Wasserleute »als Naturschützer seit eh und je« bezeichnete. Wenn Interessenvertreter derartig blind und einseitig argumentieren, spiegelt das wohl etwas von der Schärfe des Konfliktes zur damaligen Zeit wider, und ich überlasse es dem Leser, zu beurteilen, ob mit solchen Positionen ein Konsens zwischen Wasserkraftnutzung und Naturschutz zu erzielen ist.

Nach einer Novelle des Sächsischen Wassergesetzes im Jahre 2004 wurden als Folge einer Verschärfung der gesetzlichen Vorschriften (§ 136) auch nur noch acht neue Anlagen bis Ende 2005 zugelassen. Die Vorschrift besagt, dass sog. Altrechte ohne neues Genehmigungsverfahren nur anerkannt werden können, wenn die Anlage zum 1. Juli 1990 funktionsfähig war. Die Aktivitäten erbrachten auch den Nachweis, dass in Bezug auf den Klimaschutzeffekt (CO_2-Minderung) der Anteil sächsischer Wasserkraftwerke geradezu lächerlich im Vergleich zum nationalen Einsparungsziel genannt werden muss, was nochmals verdeutlicht, dass die Wiederbelebung der Wasserkraftnutzung in Sachsen eine »Belebung« finanzieller Einkünfte für die Betreiber, aber eine unverantwortliche Entwertung sächsischer Fließgewässer darstellt!

Bedeutung erlangten in diesem Kontext im September 2005 Urteile des Landgerichtes Chemnitz, wonach auf der Grundlage einschlägiger Bestimmungen im Wasserhaushaltsgesetz des Bundes in Verbindung mit dem Landeswassergesetz die Anordnung von Mindestwassermengen bzw. zu Fischaufstiegsanlagen regelmäßig rechtmäßig gewesen ist. Dennoch muss der Zeitraum bis zum Inkrafttreten einer Verwaltungsvorschrift Mindestwasserabfluss (Anfang 2003) mit Blick auf das 1992 verabschiedete Gesetz als unverhältnismäßig lang eingeschätzt werden.

Obwohl der finanzielle Anreiz zur Stromerzeugung aus Wasserkraft mit den verschiedenen Fassungen des Bundesgesetzes über Erneuerbare Energien zur Subventionierung nach wie vor besteht, hat sich, vor allem nach den fotografischen Dokumentationen rücksichtsloser Wasserkraftnutzung durch den Nabu und die gerichtlich bestätigte Korrektheit des Handelns sächsischer Behörden, das Konfliktfeld wesentlich entschärft, weil die Einsicht wächst, dass das Wasserkraftpotenzial in Sachsen nicht gleichbedeutend mit der genehmigungsfähigen Wasserkraftnutzung ist.

6.5.4 JAGD

Es ist unbestritten, dass auch in der naturschutzgerecht bewirtschafteten Kulturlandschaft der Mensch regulierend in Wildbestände eingreifen muss, solange es sich um jagdbares Wild handelt, auch wenn ein zeitweiliger Schutzstatus vorgeschrieben ist. Dem Jagdverband ist zuzustimmen, wenn er feststellt, dass es ohne jagdliche Eingriffe in der Kulturlandschaft zur Verdrängung anderer Tiere und Pflanzen kommen könnte. Aber schon die häufig vernehmbare Aussage, dass die Reduzierung von Fuchs, Marderhund oder Rabenvögeln ein Schutz für stark dezimierte Offenlandarten wie Hase, Fasan, Rebhuhn, Kiebitz u. a. darstellt, ist nur vordergründig richtig, denn die eigentliche Ursache des Rückganges sind nicht die Beutegreifer, sondern ist die ausgeräumte und chemisierte Ackerlandschaft! So war es 1999 in Sachsen nicht möglich, den Rabenvogelabschuss zu verhindern, obwohl, durchaus im Sinne einer Reduzierung, eine naturschutzfachliche Lösung möglich gewesen wäre.

Es soll anerkennend festgestellt werden, dass sich Jagdgemeinschaften an Landschaftspflege- und Artenschutzprojekten beteiligen und die Hege vielfach Naturschutzanliegen verfolgt. Auch die Initiative »Lernort Natur« als eine frühzeitige Heranführung von Kindern und Jugendlichen an natürliche Zusammenhänge, gleichfalls aber auch an jagdliche Gewohnheiten ist begrüßenswert, vor allem zur praktischen Unterstützung der in Kapitel 6.3 dargestellten schulischen Vorleistungen. Dennoch wird aus der

Sicht von Jägern ansonsten allen Ernstes die zwingende Schlussfolgerung gezogen: Wir brauchen die Jagd zur Erhaltung der Artenvielfalt. Dass auch hier ein »natürliches« Spannungsfeld existiert, ist wohl unbestritten, und nur im Einzelfall scheint es vertretbar, jagdlich, und zwar zeitlich und räumlich begrenzt, einzugreifen, wenn Beutegreifer gefährdete Arten in ihrer Existenz bedrohen. Ein aktuelles Literaturbeispiel ist die Fuchsbekämpfung zur Stabilisierung des Großtrappenbestandes im südlichen Brandenburg [EMMERT, 2005]. Mancher Konflikt aber scheint hausgemacht. So wird unzureichende Waldverjüngung dem übermäßigen Besatz an Schalenwild zugeschrieben, ohne dabei zu berücksichtigen, dass die kräftige Zusatzfütterung im Winter dieses Missverhältnis erst begünstigt. Insofern kann die Position in einem Faltblatt des Landesjagdverbandes Sachsen e. V. unter dem Titel »Unser Verständnis von der Jagd« nur scheinheilig genannt werden, wenn es heißt: »In Notzeiten füttern die sächsischen Jäger ihr Wild nach neuestem Wissensstand mit artgerecht zusammengesetzten Futterrationen. Sie bewahren damit die Wildtiere vor dem Hungertod und verhindern hohe Wildschäden an den Baumbeständen.« Ich möchte hinzufügen: Zugleich bewahren sie das Wild für »Kimme und Korn« der Jäger, denn die zu hohe Wilddichte ergibt sich ja als Folge der anthropogenen Einmischung.

Völlig außer Betracht bei all diesen Beispielen, von denen der Ruf nach ungezügeltem Kormoranabschuss zum Schutz von Fischern und Anglern nur das aktuellste ist, bleibt das Wirken des Menschen in der Kulturlandschaft. Jagd macht flächendeckend, ohnehin weitgehend außerhalb von Schutzgebieten, nur Sinn, wenn diese Regulierungsmaßnahmen einer gleichrangigen Entwicklung der Artenvielfalt mit den berechtigten Nutzungsansprüchen dienen und auch darüber hinaus Jagd ein angemessenes Instrument bleibt und keine Freizeitbeschäftigung zu Abreaktion von Aggressionen! Wie berechtigt eine solche Feststellung ist, zeigen die »Anstrengungen« einzelner Jäger im Oberlausitzer Heideland, die sich erfreulicherweise stabilisierende Wolfspopulation in dieser Region zu bejagen. Die fehlende Einsicht solcher Zeitgenossen, die sich Jäger nennen, ist wohl auch daran zu belegen, dass der Klageweg bis zum Oberverwaltungsgericht verfolgt wurde. Höchstrichterlich wurde dort allerdings im April 2006 abschließend geurteilt, dass der Wolf in Deutschland als streng geschütztes Tier gilt, von dem keine Gefahr für den Menschen ausgeht. Eine klare Position des Verbandes zu dem geschilderten Vorgang hätte man sich sehr gewünscht.

Auch stimmt es mich nachdenklich, wenn, wie im Frühjahr 2006, die Zusammenkunft von Naturschutzverbänden mit sächsischen Parlamentariern dazu genutzt wird, an die Abgeordneten zu appellieren, sich dafür einzusetzen, dass für weitere ganzjährig geschützte, aber jagdbare Tiere dieser Status aufgehoben wird, so neben dem schon erwähnten Kormoran zukünftig für die Graureiher, und im Übrigen die Absicht des Landes zu verhindern sei, bestimmte Wildgänse ganzjährig zu schützen. Wie das mit der Position, den Jägern käme im Naturschutz als »Sachwalter der wildlebenden Tiere und Pflanzen« eine besondere Bedeutung zu, vereinbar ist, bleibt mehr

ABBILDUNG 47
Auftakt der Jagdhornbläser zur
Jahrestagung ehrenamtlicher
Naturschützer 2006
in der Dübener Heide

als erklärungsbedürftig. So ist von allen Konfliktfeldern der Dissens in den Grundauffassungen zwischen Naturschutz und Jagd wohl noch am größten, und es wird auch zukünftig viel Geduld erfordern, um die Positionen weiter einander anzunähern.

6.6 ZUKÜNFTIGE AUFGABEN UND SCHWERPUNKTE

Im Vorangegangenen sollte für die Naturschutzarbeit in Sachsen aus der Sicht der Politik, selbstverständlich ohne Anspruch auf Vollständigkeit, ein Bild über den erreichten Stand, verbleibende Problemfelder und letztlich auch notwendige Korrekturen für die zukünftige Politikgestaltung gezeichnet werden. Ob das gelungen ist, muss offen bleiben. Offen bleiben auch zahlreiche Fragen im Hinblick auf unsere durch Verfassungsauftrag gesellschaftliche Gesamtverantwortung zur Erhaltung unseres Naturerbes. Zunächst sei eingeräumt, dass das Ringen um Naturerhaltung nicht vorrangig von wissenschaftlichen Erwägungen bestimmt ist, sondern stark emotionale Züge trägt, besonders in dem Bemühen, Vertrautes, Seltenes oder Unwiederbringliches in der immer stärker genutzten Landschaft zu erhalten. Mit dieser beinahe trivialen Feststellung, aber einer von höchster Konsequenz, ist zum Ausdruck gebracht, dass sich die Erhaltung von Naturnähe und Arten, der Biotopschutz sowie der großflächige Gebietsschutz in der Kulturlandschaft abspielen. Zugleich gilt es zu beachten, dass die schützenswerten Objekte größtenteils selbst nur als Ergebnis der Kulturarbeit des Menschen existieren und zu begreifen sind, so dass streng genommen der Natur-Begriff (materiell das, was von selbst da ist) dem erhaltenswerten Objekt oder auch Lebensraum vielfach nicht angemessen ist. Ständige Prozesse des (Kultur-)Landschaftswandels prägen daher unsere Umwelt und differenzieren das Naturschutzanliegen, das einerseits im Bewahren natürlicher Vielfalt zu sehen ist und andererseits im Sinne des Prozess- oder Wildnisansatzes Bereiche umfasst, die wir einer natürlichen Dynamik überlassen wollen. In Anlehnung an PIECHOKI et al. (2004) sei nur noch darauf verwiesen, dass der Prozessschutzgedanke nicht zur Wiederherstellung ursprünglicher Naturzustände führen kann und soll. Als akzeptierte Leitlinie des modernen Naturschutzes kann es sich nur um Zustände handeln, die sich nach anhaltender kultureller Überprägung ohne anthropogenen Einfluss im Rahmen der konkreten Raumbedingungen nach Naturgesetzen entwickeln können.

Weil diese Ziele aber für eine gestaltete (bisweilen wohl auch verunstaltete) und überprägte Natur gelten, kann das Leitbild des Naturschutzes nur aus dem dargelegten Verständnis abgeleitet werden, wofür SCHMIDT (1996) eine bisher weitgehend anerkannte Definition vorgelegt hat: »Leitbild des Naturschutzes ist eine ökologisch funktionsfähige, nachhaltig nutzbare, biologisch mannigfaltige und ästhetischen Anforderungen genügende Kulturlandschaft« [vgl. auch Abb. 48].

Ein Naturschutz auf der Gesamtfläche, wie er auch in verschiedenen Kapiteln diese Büchleins gefordert wurde, lässt sich angesichts des Nutzungsdruckes natürlich nur durch räumliche und sachliche Differenzierung des

Anliegens erreichen, bleibt aber in Verbindung mit jeglicher Flächennutzung ein unabweisbares Langfristziel! Die enge Verbindung der notwendigen Naturerhaltung mit Nutzungsansprüchen des Menschen zwingt immer
stärker, die kulturelle Dimension des Naturschutzgedankens zu betonen.

Leitbild »Ursprüngliche Natur« [»Urwald«, »Wildnis«]

Leitbild »Vorindustrielle Kulturlandschaft«
[Kulturlandschaft hoher landschaftlicher und
biotischer Vielfalt; bis Anfang des 19. Jahrhunderts,
Reste regional bis Mitte des 20. Jahrhunderts]

**Leitbild »Ökologisch funktionsfähige, nachhaltig
nutzbare, biologisch mannigfaltige
und harmonische Kulturlandschaft«**

----> mit ökologisch orientierter und naturverträglicher Nutzung aller bewirtschafteten
Ökosysteme
[Nutz- oder Produktionsflächen mit Mehrfachfunktion,
produktive Funktion dominiert]

----> mit traditionell bzw. extensiv genutzten
oder durch Landschaftspflege zu erhaltenden
und zu gestaltenden Ökosystemen
[Pflege- und Entwicklungsflächen mit Mehrfachfunktion, protektive und rekreative Funktion
dominiert]

----> mit Sicherung naturnaher oder der natürlichen Entwicklung zu überlassender Ökosysteme durch Verzicht auf wirtschafts-
bestimmte Nutzung
[Schutz- und Regenerationsflächen mit
dominierender protektiver Funktion, rekreative
Nutzung eingeschränkt]

ABBILDUNG 48
Leitbild des Naturschutzes und
seine Differenzierungsstufen   Quelle: nach SCHMIDT, 1996

Die gesamte Kulturlandschaft mit ihren ökologischen, ökonomischen, aber auch ethisch-ästhetischen Zugängen ist letztlich ein Synonym für den Ansatz, dass Naturschutz neben der naturwissenschaftlichen Komponente stets auch eine kulturelle Dimension besitzt. Wie aber soll das Bewusstsein der Öffentlichkeit für Belange des Naturschutzes geschärft werden, wenn beispielsweise selbst die Politik wiederholt Regelungen erlässt, um den Naturschutz in seiner Wirksamkeit zu beschränken? Man kann es doch niemandem verdenken anzunehmen, der Naturschutz sei tatsächlich ein Verhinderungsinstrument, wenn wir Gesetze zur Reduzierung naturschutzfachlicher Standards erlassen [vgl. Kap. 5.4.] oder wenn im Spätherbst des Jahres 2005, als die Bundesregierung erneut (wie bereits 1992/93) eine Gesetzesinitiative ergreift mit dem Ziel, zur Planung und zum Bau von Verkehrsstrassen aller Art eine Beschleunigung der Verfahren auf Kosten naturschutzfachlicher Aspekte zu erreichen.

Trotz zunehmender Akzeptanz der voranstehend kurz umrissenen Grundpositionen zeigen uns wissenschaftliche Studien, dass es bisher nicht wirklich gelungen ist, das Verschwinden von Lebensräumen und den damit verbundenen Rückgang in der Vielfalt der Tier- und Pflanzenarten zu verhindern. Von einigen sachlichen wie räumlichen Erfolgen abgesehen, gibt die »Entwicklung« der Arten, speziell derer auf Roten Listen, keinen Anlass für Erfolgsmeldungen, denn unsere Schutzgebiete sind nach wie vor zu eng abgegrenzt, d. h. zu klein, und notwendige Pufferflächen fehlen. Im Wettbewerb mit Nutzungsinteressen erreichen wir somit zumeist nur das Durchsetzbare, nicht das ökologisch Sinnvolle. So sind beispielsweise nur 64 % unserer heimischen Arten der Rote-Listen-Garnitur in Sachsen auch in Schutzgebieten vorhanden [KLENKE, 2005], und nach wie vor liegen die meisten Schutzareale wie Inseln in der intensiv genutzten Landschaft. Deshalb bleibt als wichtigstes Fazit die zum wiederholten Male getroffene Feststellung, dass die Naturschutzziele in die Nutzungsziele von Land-, Forst- und Fischereiwirtschaft, das Siedlungswesen, den Tourismus, die Verkehrsentwicklung u. a. integriert und mit ihnen verzahnt werden müssen, wobei trotz aller genannten Mängel die Schutzgebiete die eigentlichen Kernflächen für Naturschutz und Landschaftspflege bleiben, denn sie sind Rückzugsgebiete für gefährdete Arten und bewahren das Potenzial, von dem aus auch ausgeräumte und intensiv genutzte Landschaftsteile wieder erobert werden können.

Dass die Trendwende im Arten- und Biotopschutz keineswegs erreicht ist, daran ist in besonderer Weise die Fragmentierung der Landschaft durch Zerschneidung und daraus resultierender Verinselung beteiligt. Deshalb ist neben einer nachhaltigen Landbewirtschaftung der Erhalt unzerschnittener, verkehrsarmer Räume mit der Hoffnung, den Artenbestand zu stabilisieren, auf das Engste verknüpft. Bundesweit sind die sich lange Jahre ständig ausweitenden Siedlungs-, Gewerbe- und Verkehrsflächen in den vergangenen sechs bis acht Jahren erfreulicherweise leicht rückläufig, nämlich von ca. 130 ha/d und Jahr auf rd. 90 ha/d. In Sachsen ist der Flächenverbrauch ebenfalls erkennbar gesunken und beträgt gegenwärtig nur noch 20 % der Werte von 1992, d. h. es werden täglich »nur« noch ca. 3 ha versiegelt oder anderweitig in naturfernen Zustand versetzt. Dennoch kommt man nicht an der Feststellung vorbei, dass Zahl und Fläche unzerschnittener Räume immer weiter zurückgehen, und nach dem Landesentwicklungsplan von 2003 beträgt der Anteil jener Gebiete mit über 40 km^2 Größe, die großflächige Biotopansprüche und Störungsfreiheit befriedigen können, nur noch ca. 218.000 ha (= 11,8 % der Landesfläche) und verteilen sich im ganzen Land auf lediglich 31 Einzelflächen, wovon nur vier (Muskauer und Königsbrücker Heide, linkselbische Sächsische Schweiz und das Fichtelberggebiet) auf 100 km^2 als großflächig unzerschnittene Teilgebiete anwachsen. Bei allen Trassenplanungen oder anderweitigen Eingriffsabsichten sind diese »letzten« Rückzugsräume konsequent freizuhalten. Es ist zu hoffen, dass alle Planungsträger und raumrelevanten Fachplanungen die unmittelbare Bindungswirkung der Erhaltungsziele sowie den Abwägungscharakter der Grundsätze der Landesentwicklung im Hinblick auf Natur und Landschaft unbedingt beachten.

Wenn über die geringe Rendite der Naturschutzpolitik in unserer Gesellschaft nachgedacht wird, machen Fachleute darauf aufmerksam, dass es um die Naturerhaltung handlungspsychologisch schlecht bestellt ist, weil die vielfach restriktiven Elemente zum Schutz der natürlichen Lebensgrundlagen eher abschrecken als einladen, sich dieser Aufgabe anzunehmen. Anders ausgedrückt: Die Naturschutzansprüche sind nicht positiv besetzt. Statt Naturschutz über Verbote und Einschränkungen zu definieren, sollte mehr auf die Einladung, das Angebot geachtet werden, an dieser gesellschaftlichen Aufgabe, möglichst mit sichtbarem Erfolg, mitzuhelfen [ERDMANN et al. 2002; SCHUSTER, 2003]. Zur Erhaltung bestimmter Arten oder Lebensräume sollte man demnach nicht nur bestimmte Dinge unterlassen, sondern angereizt werden, an ihrer Bewahrung aktiv mitzuwirken.

Zu den Anregungen, mit welchen Aktionen man größere Teile der Öffentlichkeit einerseits, aber auch Naturnutzer wie Naturschützer andererseits zusammenbringen kann, um gemeinsame Zielsetzungen zu entwickeln und zu verabreden, gehört meiner Ansicht nach ein bereits in Ostdeutschland bis 1990 erprobtes Instrument. Ich erinnere damit an die »Landschaftstage«, die sich in der Zeit nach 1975 als nützliche Maßnahme zur Verbesserung des Verhältnisses von Schutzbestrebungen und reeller Raumentwicklung erwiesen haben, wobei zur damaligen Zeit ausschließlich Landschaftsschutzgebiete, und damit oft vordergründig Erholungsaspekte, im Mittelpunkt standen. Dieses Instrument sollte, zumal wir inzwischen großflächige Naturschutzgebiete oder innerhalb bestimmter Bezugsräume eine größere Anzahl geschützter Flächen haben (NSG, FND, FFH, Vogelschutzgebiete), nicht mehr auf Landschaftsschutzgebiete beschränkt bleiben. Um dem Vorwurf des Kampagnencharakters einer solchen Veranstaltung frühzeitig zu begegnen, sei gesagt, dass keineswegs an Show-Veranstaltungen gedacht ist, sondern an gut vorbereitete »Begegnungstage«. Von verschiedenen Veranlassungen her (Jahrestage von Unterschutzstellungen,

Heimat- oder Geschichtsfesttage, der Beginn bestimmter Planungs- und Entwicklungsmaßnahmen) lassen sich Flächennutzer, staatliche Naturschutzbehörden, Verbände, Kommunalvertreter, Wissenschaftler und alle sonstigen Interessierten zusammenführen. Im Mittelpunkt sollte das Miteinander (oder wenigstens die Verabredung dazu) aller Verantwortlichen stehen, um geeignete Schutz- und Erhaltungsziele zu erörtern, ihre Umsetzung zu verabreden, aber auch ganz einfach, um für mehr gegenseitiges Verständnis (wenn es sein muss, auch Respekt voreinander) zu werben, um zu einer auf breiten Schultern getragenen Durchsetzung aller naturschutzfachlichen und landschaftspflegerischen Richtlinien zu gelangen. In dem immer wieder genannten Ziel, Naturschutz mit und für den Menschen zu betreiben, nimmt für mich der wieder zu belebende Landschaftstag (ggf. mit spezifizierten Zielen wie Erhaltung der Funktionsfähigkeit des Naturhaushaltes, z. B. Boden- und Gewässerschutz, sowie Bewahrung der biologischen Diversität) eine zentrale Stellung ein.

Bei Anlässen dieser Art könnte zugleich darauf hingewirkt werden, dass Natur nicht, wie bisher, vordergründig als materielle Lebensgrundlage des Menschen verstanden wird, sondern zugleich als psychische Daseinsgrundlage. Pflanzen- und Tierarten sowie die komplexe Eigenart, Schönheit von naturräumlichen Kulissen als Ausdruck eines funktionierenden Naturhaushaltes werden als Erhaltungsziele kaum thematisiert. Dabei braucht der Mensch gerade aus psychologischen Gründen ein vielfältiges biotisches wie auch abiotisches Naturpotential, woraus er letztlich seinen »Wert« für ein menschenwürdiges Dasein gewinnt. Das Bekenntnis zu so einer Sichtweise fehlt in den meisten Naturschutzgesetzen der Länder, auch in Sachsen. Nur durch aktive Argumentation in diesem Sinne wird sich Stück für Stück die Einsicht durchsetzen, dass der Mensch unabhängig von Nutzungsüberlegungen Verantwortung für die Bewahrung des biologischen Erbes in Form des Artenreichtums, einschließlich dazugehöriger Lebensräume, trägt, was in der politischen Diskussion seit rd. 20 Jahren auch als Beitrag zur Bewahrung der Schöpfung bezeichnet wird.

Zu den Aufgaben der Zukunft muss es zunehmend gehören zu prüfen, ob die gesetzlichen Regelwerke geeignet sind, den Zwecken des Naturschutzes, sowohl in Schutzgebieten als auch im Gesamtraum, zu dienen. Auch weiterhin ist zu prüfen, wie die Gesetzeslage bisher geholfen hat, bei konkurrierenden Nutzungsansprüchen die Naturbelange zu stärken. Aus den Erfahrungen der vergangenen 15 Jahre im Freistaat Sachsen muss resümiert werden, dass das Naturschutzgesetz ein voll ausreichendes Instrumentarium darstellt, um die Belange der Naturerhaltung zu berücksichtigen. Aber die durchaus vorhandene bewusste oder verschleierte Umgehung gesetzlicher Vorgaben auf verschiedenen Verwaltungsebenen oder durch Flächennutzer sowie die fehlende Bereitschaft, das Gesetz nach »Geist und Buchstaben« zu vollziehen, sind eine unübersehbare Erscheinung, welche die gesetzliche Basis schmälern, auch wenn überwiegend eine erfolgreiche Anwendung die Regel ist. Eine wichtige Weiterentwicklung des Rechtsrahmens wäre die in anderen Bundesländern bereits erfolgreich erprobte

Kompensationsregelung bei der Eingriffs-/Ausgleichsregelung. Die Flexibilisierung der bisherigen Gesetzesvorgaben kann wirkungsvolle Beiträge für Naturschutz und Landschaftspflege ermöglichen. Einen wertvollen Beitrag zur Suche und zum Auffinden von naturschutzrelevanten Flächen, auf die Ausgleichsmaßnahmen zu konzentrieren sind, stellen planungsrelevante regionale Leitbilder und Entwicklungskonzeptionen dar, wie sie vor allem in der 2. Generation der Regionalpläne für die fünf Regionalplanungsverbände erwartet werden. Bei der bisherigen Leitbildbearbeitung [vgl. S. 70] fehlte oft der konkrete Bezug zum komplexen Charakter aller Faktoren des Naturhaushaltes (Boden, Gewässer, Klima u. a.), die in ihrer Gesamtheit zum spezifischen Artenreichtum beitragen, um insgesamt die positiven Effekte für den Biotopverbund deutlicher zu skizzieren, da auch in Sachsen, trotz umfangreicher Schutzgebietsausweisungen, noch nicht der angestrebte Vorrangcharakter erreicht ist. Mit einer solchen Qualifizierung regionalisierter Leitbilder für Natur und Landschaft sollte es zukünftig besser gelingen, die teilweise divergierenden Zielvorstellungen zu harmonisieren. So sind Lebensraumfunktionen nicht immer (um nicht zu sagen selten) z. B. mit einer Wasserspeicherfunktion oder anderen Nutzungsfunktionen außerhalb von Bebauung, Versiegelung u. ä. vereinbar. Das sind ähnliche Konfliktsituationen wie zwischen der Erhaltung der Kreuzotter und zunehmend fehlenden Kahlschlagflächen, zwischen Lurchschutz und der Stabilisierung der Weiß- und/oder Schwarzstorchpopulationen, zwischen Fuchsbeständen und Rauhfußhühnern. Bei landschaftsplanerischen Entwicklungszielen sind demzufolge die Belange des Arten- und Biotopschutzes stärker zu konkretisieren, um auch im Abwägungsprozess effizienter berücksichtigt werden zu können. Diese Notwendigkeit ist umso mehr zu betonen, weil die Tatsache, dass manche Schutzgebiete in jüngerer Zeit eine Kategorie nach Landesrecht (z. B. Nationalpark) verkörpern, dann aber zugleich als FFH-Gebiet oder Vogelschutzgebiet gemeldet worden sind, neue Leitvorstellungen erfordert. In solchen Fällen ist das Auseinanderfallen naturschutzfachlicher Ziele der jeweiligen Schutzkonzepte ganz offensichtlich und erfordert einen hohen Koordinierungsaufwand, der in Sachsen noch nicht geleistet werden kann, weil noch an der rechtlichen Absicherung der nach EU-Richtlinien ausgewiesenen Flächen (z. B. Managementpläne) gefeilt wird.

Die eigentliche Botschaft einer solchen Erörterung ist die Einsicht, dass moderner Naturschutz nicht vom Schutz einzelner Arten ausgeht, was ihm von seinen Kritikern immer wieder vorgeworfen wird, sondern vom dynamischen Ansatz des Landschaftshaushaltes und somit bei dem allgegenwärtigen Einwirken des Menschen vom Landschaftswandel!

Ein Naturschutz ohne den Kulturlandschaftszusammenhang kann daher nicht erfolgreich sein und ist es wegen häufig fehlender Beachtung dieser Grundposition auch nicht. Zahlreiche Arten, die ohne diverse Kulturmaßnahmen gar nicht in relevanter Anzahl vorhanden wären, müssen also durch Pflegemaßnahmen immer wieder in ihren Raumansprüchen unterstützt werden (z. B. Birkhuhn, Brachpieper, Segetalgesellschaften). Aber auch in solchen Naturschutzgebieten, in denen ansatzweise oder schon großflächig Naturprozesse ungestört ablaufen können, kommt es in entsprechenden Zeiträumen zu Differenzierungen im Artenbestand. Folglich werden alle Diskussionen über das Entweder-oder-Prinzip im Naturschutz keinen Erfolg versprechen.

Das nach wie vor erfolgreiche Schutzgebietssystem führt unter Berücksichtigung der geäußerten Gedanken im Sinne von NEEF (1967) zu der Feststellung: Ein Naturschutzgebiet ist ein Gebiet im Kulturland, in welchem gesellschaftliche Entwicklungsimpulse und Nutzungsansprüche zurückgedrängt sind, so dass das Natursystem in einer ursprünglicheren Form bestehen kann. Der Naturschutz ist so gesehen kein System konservierender Maßnahmen, sondern ein System operativer Hilfsmittel zu einer ständigen Landschaftskontrolle (Indikatorprinzip), und alle gesellschaftlichen Gruppen sind aufgefordert, ihren Beitrag zur Naturbewahrung als kulturellem Akt zu leisten. Was offen bleibt, ist der Grundmangel der Naturschutzpolitik: das ungenügende Durchsetzungspotential. Dieses Defizit ist nicht mit einem fundamentalistischen Naturschutzverständnis auszugleichen, denn alle Erfolge in diesem gesellschaftlichen Feld entspringen neben den gesetzlichen Rahmenbedingungen der Überzeugungskraft der Argumente, der zunehmenden Kenntnisvermittlung auf allen Ebenen der Gesellschaft und vor allem den aktiven Beiträgen vieler Ehrenamtlicher. Aus einer vertieften Kenntnisvermittlung muss zunehmend die Haltung überwunden werden, die Natur helfe sich schon selbst und Arten mit weitgehend fehlender Nutzungsrelevanz seien nicht auch untrennbarer Bestandteil des Reichtums der Natur.

ABBILDUNG 50
Nasswiese in Rauschenbach / Vogtland

In den verschiedenen Kapiteln dieses Buches ist, vorrangig aus parlamentarisch-politischer Sicht, der Versuch unternommen worden, den Sachstand auf dem Feld der Naturschutzpolitik im Freistaat Sachsen umfänglich darzustellen, Schwachstellen aufzuzeigen und Ansätze zur Überwindung der verschiedentlich noch unbefriedigenden Situation zu benennen. Trotz aller freimütig beschriebenen Defizite, einschließlich des vereinzelten Blickes »hinter die Kulissen« politischer Klärungs- und Kommunikationsprozesse, kann und muss das Gesamtbild erstaunlich positiv genannt werden. Diese Einschätzung aber wird in den kommenden Jahren nur Bestand haben, wenn die Gesellschaft bereit ist, weiterhin das Anliegen angemessen zu unterstützen. Bezogen auf den Sächsischen Landtag kann das nur heißen, die finanzielle Ausstattung zur Lösung der komplizierter werdenden und umfangreicheren Fachaufgaben und Verwaltungsabläufe (europäische Richtlinien!) auch zukünftig dem Anliegen entsprechend zu beschließen und nicht in die allgemeine Kürzungspraxis von Leistungen zu verfallen, die angeblich nicht investiv sind. Auch wenn es im Wettbewerb mit anderen gesellschaftlichen Belangen immer Abwägungsprozesse hinsichtlich finanzieller Prioritäten geben wird, muss die gesamtgesellschaftliche Einsicht gestärkt werden, die ökologische Funktionsfähigkeit des Naturhaushaltes als Grundlage der gesellschaftlichen Existenzsicherung zu erhalten. Um Partnerschaften zur Erfüllung dieser keinesfalls nachrangigen Aufgabe zu gewinnen, ist besonders darauf zu achten, den Erhaltungs- und Schutzgedanken positiv darzustellen und durch besseres Grundwissen und gezielte Kenntnisvermittlung zur tätigen Mitwirkung und Umsetzung anzuregen. Das bleibt die wichtigste Voraussetzung, um die heute noch zu beobachtende geringe Wertschätzung der Naturbewahrung zu überwinden und sie letztlich mit ökonomischen Zwecken gleichrangig zu behandeln.

Obwohl das Jahr 2006 eigentlich Anlass ist, daran zu erinnern, dass wir – zumindest behördlich – 100 Jahre Naturschutz in Deutschland begehen und vielleicht auch feiern können (Gründung der Staatlichen Stelle für Naturdenkmalpflege in Preußen, vgl. S. 14), belegt die bisherige Erörterung, dass auch nach diesem Zeitraum reichlich Aufgaben verblieben sind. Wenn wir es zunehmend besser verstehen, im Naturschutz keinen (reinen) Objektansatz, sondern einen dynamischen (naturhaushaltlichen) Ansatz zu verfolgen, der im umfassenden Sinne unser Naturerbe nachhaltig (also dauerhaft) sichert und erhält, dann wirken wir den nicht zu übersehenden nachteiligen Erscheinungen entgegen (Ausräumung, Monotonisierung, Zerschneidung, Chemisierung, Artenschwund in der Kulturlandschaft). Insofern kann vielleicht auch die vorliegende Reflexion naturschutzfachlicher und naturschutzpolitischer Vorgänge und Erscheinungen in Sachsen für die Phase nach 1990 dazu beitragen, die Aufmerksamkeit für das Thema zu erhöhen und darin eingeschlossen den Respekt vor der Mitlebewelt zu erweitern. Es ist eine historisch belegte Tatsache, dass alle schädigenden Eingriffe in das Natursystem letztendlich zum Nachteil der Nutzbarkeit des Naturdargebotes und somit auch zur kulturellen Verarmung unserer Welt geführt haben.

Insofern sollten wir uns immer an das Wort des französischen Romanciers Victor Hugo (1802 – 1885) erinnern, das da heißt ...

ES IST TRAURIG ZU DENKEN,
DASS DIE NATUR REDET,
DOCH DER MENSCH
HÖRT IHR NICHT ZU.

VICTOR HUGO

A

ANHANG

LITERATURVERZEICHNIS

■ ANL [HRSG.], BAYERISCHE AKADEMIE FÜR NATURSCHUTZ UND LANDSCHAFTSPFLEGE – Begriffe aus Ökologie, Landnutzung und Umweltschutz. Informationen 4, Frankfurt/M., 3. Aufl. Laufen, 1994

■ BÄSSLER, F. A. – Ins Trappengebiet. Mitt. des Landesvereins Sächsischer Heimatschutz, Heft 11/12, 1924, S. 416–419

■ BAUER, L. / WEINITSCHKE, H. – Landschaftspflege und Naturschutz. Fischer-Verlag Jena, 2. Aufl. 1973

■ BLAB, J. – Stellenwert und Rolle von Naturschutzgebieten in Deutschland. Natur und Landschaft 77, H. 8, 2002, S. 333–338

■ BÖHNERT, W. ET AL. – Biosphärenreservatsplan Teil 1. Grundlagen für Schutz, Pflege und Entwicklung, Mücka 1996

■ BRAESS, M. – Das neue sächsische Jagdgesetz und die heimatliche Tierwelt. Mitt. d. Landesvereins Sächsischer Heimatschutz, Heft 9–12, 1925, S. 328–333

■ BUDER, W. – Biotopkartierung in Sachsen. Naturschutzarbeit in Sachsen, 33. Jg., 1991, S. 3–4

■ BUDER, W. – Biotopkartierung in Sachsen – Kartieranleitung. Landesamt für Umwelt und Geologie, Radebeul, 1995

■ BUDER, W. / KUHNERT, I. – Ergebnisse der selektiven Biotopkartierung in Sachsen und ihre Nutzung im Naturschutz. Naturschutzarbeit in Sachsen, 38. Jg., 1996, S. 3–12

■ BUDER, W. / DÖRING, I. – Beiträge zum Naturschutz auf dem Ackerland. Naturschutzarbeit in Sachsen, 45. Jg., 2003, S. 13–20

■ BUNDESMINISTERIUM F. UMWELT, NATURSCHUTZ UND REAKTORSICHERHEIT; BEIRAT FÜR NATURSCHUTZ UND LANDSCHAFTSPFLEGE – Zur Akzeptanz und Durchsetzbarkeit des Naturschutzes, in: K. H. Erdmann u. L. Spandau: Naturschutz in Deutschland: Strategien – Lösungen – Perspektiven, Ulmer-Verlag, Stuttgart, 1997, S. 263–296

■ BUNDESVERBAND DEUTSCHE TOURISMUSWIRTSCHAFT ET AL. [HRSG.] – Umwelterklärung, Bonn 1997 [zit. nach SMUL-Biosphärenreservatsplan, Teil 2, Mücka, 2003, S. 48]

■ DEUTSCHER RAT FÜR LANDESPFLEGE – Gebietsschutz in Deutschland: Erreichtes – Effektivität – Fortentwicklung. Schriftenreihe Nr. 73, Bonn 2002, S. 5–23

■ DÖRING, I. / ENDE, G. / STEFFENS, R. – Fachentwurf einer Landschaftspflegekonzeption für den Freistaat Sachsen. Naturschutzarbeit in Sachsen, 41. Jg., 1999, S. 7–18

■ EISSING, H. – Leserbrief zur Rubrik: »Standpunkte«: Naturschutzbegründungen. Natur und Landschaft, 80. Jg., H. 1, 2005, S. 41

■ EMMERT, E. – Jagen für die Artenvielfalt? BUNDmagazin, H. 3, 2005, S. 26–27

■ ERDMANN, K. H. / SCHELL, CHR. / TODT, A. / KÜCHLER-KRISCHU, J. – Natur und Gesellschaft: Humanwissenschaftliche Aspekte zum Naturschutz. Natur und Landschaft, 77. Jg., H. 3, 2002, S. 101–106

■ FROHN, H.-W. / SCHMOLL, F. – Natur und Staat. Staatlicher Naturschutz in Deutschland 1906–2006, in: Naturschutz und Biologische Vielfalt, Nr. 35, Bonn-Bad Godesberg, 2006

■ GILSENBACH, R. – Braucht die Deutsche Demokratische Republik Naturparke? Sächsische Heimatblätter, 11. Jg., H. 1, 1965, S. 2–12

■ GRAF, D. – 30 Jahre Landschaftsschutzgebiet Sächsische Schweiz. Naturschutzarbeit in Sachsen, 28. Jg., 1986, S. 3–12

■ HARDTKE, H.-J. / IHL, A. – Atlas der Farn- und Samenpflanzen Sachsens. Materialien zu Naturschutz und Landschaftspflege; LfUG [Hrsg.], Dresden, 2000

■ HEINITZ, B. – Auswirkungen der Wasserkraftnutzung auf die Sächsischen Fließgewässer – ein Situationsbericht aus der Sicht des Nabu-Landesverbandes Sachsen e. V. Naturschutzarbeit in Sachsen, 41. Jg. 1999, S. 55–62

■ HEMPEL, W. / KLAUSNITZER, B. / OTTO, H.-W. – Die Natur des Landkreises Bautzen. Kap. Biosphärenreservat Oberlausitzer Heide- und Teichlandschaft, S. 143–147, Lausitzer Druck- und Verlagshaus, Bautzen, 2005

■ HERTZOG, B. – Die naturschutzrechtliche Eingriffsregelung – ein moderner Ablasshandel? Mitt. des Landesvereins Sächsischer Heimatschutz, H. 2, 1998, S. 64–66

■ HEYNE, P. – Die Oberlausitzer Heide- und Teichlandschaft – Sachsens erstes Biosphärenreservat. Mitt. des Landesvereins Sächsischer Heimatschutz, H. 4, 1994, S. 52–57

■ HEYNE, P. – 10 Jahre Biosphärenreservat Oberlausitzer Heide- und Teichlandschaft – eine Bilanz. Naturschutzarbeit in Sachsen, 46./47. Jg., 2004/2005, S. 21–34

■ KLENKE, F. – Zur Geschichte der sächsischen Schutzgebiete bis 1945. Naturschutzarbeit in Sachsen, 39. Jg., 1997, S. 35–46

■ KLENKE, F. – Analysen zum System sächsischer Schutzgebiete des Naturschutzes. Naturschutzarbeit in Sachsen, 46. Jg., 2004/2005, S. 9–20

■ KNAPP, H.D. / JESCHKE, L. / SUCCOW, M. – Gefährdete Pflanzengesellschaften auf dem Territorium der DDR., Berlin, 1985

■ KONOLD, W. ET AL. – Naturschutz in Deutschland – eine Erfolgsstory?, in: Schriftenreihe des Deutschen Rates für Landespflege, Nr. 75, 2003, S. 5–29

■ KRAUSE, S. / RAU, S. – Auswahlkriterien und Spektrum der sächsischen Gebietsvorschläge gemeinschaftlicher Bedeutung nach der FFH-Richtlinie. Naturschutzarbeit in Sachsen, 40. Jg., 1998, S. 7–22

■ KRAUSE, S. – Natura 2000 – Überblick über die aktuelle Gebietskulisse. Naturschutzarbeit in Sachsen, 44. Jg., 2002, S. 17–26

■ KRUG, A. / HÖLTERN, A. / KLEIN, M. – Hundert Jahre Naturschutz und Landnutzung zwischen Konfrontation, Ideologie und neuen Allianzen. Natur und Landschaft, 81. Jg., H. 1, 2006, S. 27–31

- KUBASCH, H. – Vom Schutz zur Bewahrung der Natur. Naturschutzarbeit in Sachsen, 32. Jg., 1990, S. 3 – 8
- KUBASCH, H. – Das Naturschutzgebiet Königsbrücker Heide. Naturschutzarbeit in Sachsen, 36. Jg., 1994, S. 15 – 20
- KUBASCH, H. – Der sächsische Naturschutzdienst. Naturschutzarbeit in Sachsen, 38. Jg., 1996, S. 21 – 24
- KUBASCH, H. – Rückkehr des Lebens – Naturschutzgebiet Königsbrücker Heide. Nationalpark 101, H. 4, 1998, S. 12 – 15
- KUBASCH, H. – Der Natur eine Chance. Von der Miltärbrache zum Wildnisgebiet Königsbrücker Heide. Selbstverlag, Königsbrück 2006
- LANDESAMT FÜR UMWELT UND GEOLOGIE [HRSG.] – Vorschläge zur Weiterentwicklung des Systems der Naturschutzgebiete im Offenland des Freistaates Sachsen. Materialien zu Naturschutz und Landschaftspflege 1999
- LANDESAMT FÜR UMWELT UND GEOLOGIE [HRSG.] – Bericht zu den naturschutzfachlichen Begleituntersuchungen zur Evaluierung des Programmteils E (NAK) im Rahmen der EU-Agrarumweltmaßnahmen im Freistaat Sachsen, LfUG, 2003 (unveröffentlicht)
- LIPPERT, A. [HRSG.] – Der Naturschutzhelfer. Deutscher Naturschutzring, Bonn 2000
- MALZ, F. – Taschenwörterbuch der Umweltplanung. Taschenbücher der Wissenschaft, Bd. 1614, List-Verlag München, 1974
- MANNSFELD, K. / RICHTER, H. [HRSG.] – Naturräume in Sachsen. Forschungen zur Deutschen Landeskunde, Bd. 238, Trier, 1995
- MEVES, M. – Rechtliche Aspekte des Netzes »Natura 2000«. Sachsenlandkurier, 14. Jg., H. 9, 2003, S. 438 – 441
- MIETZNER, C. – Das sächsische Naturschutzgesetz. Naturschutzarbeit in Sachsen, 34. Jg., 1992, S. 3 – 10
- NATIONALPARKAMT – Pro Natur und Mensch. Pflege- und Entwicklungsplan für den Nationalpark Sächsische Schweiz. Stufe 1 Nationalpark-Programm. Schriftenreihe des Nationalparkes Sächsische Schweiz, Heft 1, Königstein 1999
- NEEF, E. – Naturschutz in geographischer Sicht. Archiv Naturschutz und Landschaftsforschung, Bd. 7, 1967, S. 315 – 322
- PIECHOCKI, R. – 100 Jahre Nationalparkbewegung in Deutschland. Nationalpark, 24. Jg., H. 4, 1998, S. 24 – 28
- PIECHOCKI, R. / EISEL, U. ET AL. – Vilmer Thesen zu »Heimat« und Naturschutz. Natur und Landschaft, 78. H. 6, 2003, S. 241 – 243
- PIECHOCKI, R. ET AL. – Vilmer Thesen zum Prozessschutz. Natur und Landschaft, 79. Jg., H. 2, 2004, S. 53 – 56
- PIECHOCKI, R. / EISEL, U. / HABER, W. / OTT, K. – Vilmer Thesen zum Natur- und Umweltschutz. Natur und Landschaft, 79. Jg., H. 12, 2004, S. 529 – 533
- PIECHOCKI, R. – In »Natur und Landschaft« zurückgeblättert. Vor 40 Jahren: Klarheit der Begriffe. Natur und Landschaft, 80. Jg., H. 1, 2005, S. 27

■ REGIERUNGSPRÄSIDIUM TÜBINGEN [HRSG.] – 250 Naturschutz-gebiete im Regierungsbezirk Tübingen, Thorbecke-Verlag Sigmaringen, 1995

■ REINKE, M. – Stand und Perspektive der Landschaftsplanung in Deutschland. I. Eine Analyse der Qualität kommunaler Landschaftsplanung und ihre Berücksichtigung in der Flächennutzungsplanung des Freistaates Sachsen. Natur und Landschaft, 77. Jg., H. 9/10, 2002, S. 389–396

■ RICHTER, G. – Zur Entwicklung des Umweltschutzes in Deutschland – Sachsen im 19. und 20. Jahrhundert. IÖR-Schriften, H. 18, Dresden, 1996

■ RIEBE, H. ET AL. – Die Naturausstattung der Sächsisch-Böhmischen Schweiz. Schriftenreihe des Nationalparkes Sächsische Schweiz, H. 3, 1999, S. 20–57

■ ROHNER, J. – Naturschutz in der Schweiz. Regio Basiliensis 32, H. 2, 1991, S. 117–223

■ SÄCHSISCHES STAATSMINISTERIUM FÜR LANDWIRTSCHAFT, ERNÄHRUNG UND FORSTEN – Forstwirtschaft in Sachsen. Naturnahe Waldbewirtschaftung durch Waldumbau, 2. Aufl., 1993

■ SÄCHSISCHES STAATSMINISTERIUM FÜR UMWELT UND LANDESENTWICKLUNG – Umweltbericht für den Freistaat Sachsen 1991 / Umweltbericht 1994. Ein Bericht zur Umweltsituation im Zeitraum von 1990–1993 / Umweltbericht 1998. Kurs Umwelt – Für Sachsen. Bericht zur Entwicklung der Umwelt im Freistaat Sachsen von 1995–1998

■ SÄCHSISCHES STAATSMINISTERIUM FÜR UMWELT UND LANDWIRTSCHAFT – Natura 2000 – Europäische Schutzgebiete in Sachsen. SMUL, 1. Aufl., 2000

■ SÄCHSISCHES STAATSMINISTERIUM FÜR UMWELT UND LANDWIRTSCHAFT – Umweltbericht 2002

■ SÄCHSISCHES STAATSMINISTERIUM FÜR UMWELT UND LANDWIRTSCHAFT – Verwaltung des Biosphärenreservats Oberlausitzer Heide- und Teichlandschaft: Biosphärenreservatsplan. Teil II. Rahmenkonzept für Schutz, Pflege und Entwicklung, Mücka, 2003.

■ SALISTSCHEW, K. A. – Die Beschlüsse des XXII. Parteitages der KPdSU – Das Programm des Aufbaus des Kommunismus. Die Aufgaben der Universität auf dem Gebiet der Geographie. Geographische Berichte 24, H. 3, 1962, S. 253–258 (These 7)

■ SCHIEMENZ, H. – Der Naturschutz in der Deutschen Demokratischen Republik. Sächsische Heimatblätter, 5. Jg., H. 3, 1959, S. 157–160

■ SCHIERBAUM, A. – Zur Situation des ehrenamtlichen Naturschutzes im Freistaat Sachsen. Naturschutzarbeit in Sachsen, 43. Jg., 2001, S. 7–12

■ SCHLEGEL, C. – Das Naturschutzgebiet »Königsbrücker Heide« als Teil des europäischen Schutzgebietsprogrammes Natura 2000. Mitt. des Landesvereins Sächsischer Heimatschutz, H. 3, 2005, S. 26–32

■ SCHLOSSER, S. – Genetische Mannigfaltigkeit, Genressourcen und Naturschutzgebiete. Naturschutzarbeit und naturkundliche Heimatforschung in Sachsen, 25. Jg., 1983, S. 4–14

■ SCHMIDT, A. – Freizeitgesellschaft und ihre Folgen. Landesanstalt für Ökologie, Landesentwicklung und Forstplanung NRW, H. 2, 1991, S. 8–13

■ SCHMIDT, P. A. ET AL. – Naturschutz, in: Fiedler, H. J. et al. [Hrsg.] – Umweltschutz, Fischer-Verlag Jena/Stuttgart, 1997, S. 52–84

■ SCHMIDT, P. A. / WENDEL, D. / KRAUSE, S. – Das Forschungs- und Entwicklungsvorhaben »Vorschläge zur Weiterentwicklung des Systems waldbestockter Naturschutzgebiete im Freistaat Sachsen«. Naturschutzarbeit in Sachsen, 39. Jg., 1997, S. 25–34

■ SCHOTT, M. – Aktueller Stand zur Gebietsmeldung des Freistaates Sachsen zu »Natura 2000«. Sachsenlandkurier 14, H. 9, 2003, S. 432–434

■ SCHUMACHER, W. – Naturschutz in agrarisch geprägten Landschaften, in: K. H. Erdmann u. L. Spandau [Hrsg.] – Naturschutz in Deutschland, Ulmer-Verlag, Stuttgart, 1997, S. 95–122

■ SCHUSTER, K. – Image und Akzeptanz von Naturschutz in der Gesellschaft. Schriftenreihe des Deutschen Rates für Landespflege, Nr. 75, 2003, S. 80–89

■ SCHWARZBACH, S. ET AL. – Vertragsnaturschutz als Instrument des Biotop- und Artenschutzes (NAK). Naturschutzarbeit in Sachsen, 45. Jg., 2003, S. 3–12

■ SIEBER, J. G. – Die Sächsische Pflanzenschutzverordnung. Mitt. des Landesvereins Sächsischer Heimatschutz, Heft 1/2, 1924, S. 1–4

■ SIMPFENDÖRFER, M. – Organisation und Rechtsgrundlagen des Naturschutzes im Freistaat Sachsen. Naturschutz in Sachsen, 33. Jg., 1991, S. 5–10.

■ STEFFENS, R. – Grundkonzept eines Schutzgebiets- und Biotopschutzprogrammes im Freistaat Sachsen. Naturschutzarbeit in Sachsen, 33. Jg., 1991, S. 11–25

■ STEFFENS, R. – Naturschutzarbeit in Sachsen – Ziele, Etappen, aktuelle Ergebnisse und Aufgaben. Naturschutzarbeit in Sachsen, 39. Jg., 1997, S. 3–20

■ STEIN, J. / HENTSCHEL, W. – Elbsandsteingebirge: Zwei Schutzgebiete – eine Landschaft. Schriftenreihe des Nationalparkes Sächsische Schweiz, H. 3, 1999, S. 4–19

■ STRAUBE, S. – Prozessschutz – Artenschutzstrategie in der Bergbaufolgelandschaft. Naturschutzarbeit in Sachsen, 40. Jg., 1998, S. 39–46

■ SUKOPP, H. – Wandel von Flora und Vegetation in Mitteleuropa unter dem Einfluss des Menschen. Berichte über Landwirtschaft 50, H. 2, 1972

■ WÄCHTER, A. / BÖHNERT, W. [HRSG.] – Sächsische Schweiz. Landeskundliche Abhandlung Natur – Mensch – Kultur. Nationalparkverwaltung, Königstein/Bad Schandau, 1998

■ WÄCHTER, A. – Zur Geschichte des Landschaftsschutzes in Sachsen. Naturschutzarbeit in Sachsen, 44. Jg., 2002, S. 27 – 40

■ WEGER, A. / MARGRAF, CH. – Der Konflikt Statik versus Dynamik bei der Errichtung und Sicherung von Schutzgebieten und -systemen. Schriftenreihe des Deutschen Rates für Landespflege, Nr. 73, 2002, S. 69 – 77

■ WEINITSCHKE, H. – 15 Jahre Naturschutzgesetz in der DDR, in: Deutscher Kulturbund [Hrsg.] – »Sozialistische Landeskultur«, Berlin, 1969, S. 23 – 29

■ WEINZIERL, H. – Umweltverbände – Anwälte der Natur, in: Die Umweltmacher – 20 Jahre BMU. Geschichte und Zukunft der Umweltpolitik, Verlag Hoffmann & Campe, Hamburg 2006, S. 374 – 381

■ WINKLER, E. – Die neue sächsische Verordnung über die Weitergeltung von Naturschutzbestimmungen. Mitt. des Landesamtes für Volkskunde und Denkmalpflege Sachsen, Heft 5 / 6, 1951, S. 173 – 176

ABKÜRZUNGSVERZEICHNIS

■ BMU	Bundesministerium für Umwelt, Naturschutz und Reaktorsicherheit
■ BNatSchG	Bundesnaturschutzgesetz
■ BSE	Bovine Spongiforme Enzephalopathie (»Rinderwahnsinn«)
■ BUND	Bund für Umwelt und Naturschutz Deutschland
■ BVVG	Bundesvermögensverwertungsgesellschaft
■ DOSB	Deutscher Olympischer Sportbund
■ EUR/a	Euro pro Jahr
■ EWG	Europäische Wirtschaftsgemeinschaft
■ FAG	Finanzausgleichsgesetz
■ F&E	Forschung und Entwicklung
■ FFH	Fauna-Flora-Habitat
■ FND	Flächennaturdenkmal
■ GUS	Gemeinschaft unabhängiger Staaten
■ ha/d	Hektar pro Tag
■ ILN	Institut für Landschaftsforschung und Naturschutz
■ IÖR	Leibniz-Institut für Ökologische Raumentwicklung e. V.
■ IUCN	International Union for Conservation of Nature and Natural Resources (Weltnaturschutzunion oder Internationale Naturschutzunion)
■ KONVER	Programm für die Überführung ehemaliger militärischer Flächen in gefahrlose Nachnutzung
■ KPdSU	Kommunistische Partei der Sowjetunion
■ KULAP	Kulturlandschaftsprogramm
■ LaNU	Sächsische Landesstiftung Natur und Umwelt
■ LfUG	Sächsisches Landesamt für Umwelt und Geologie
■ Lkr.	Landkreis
■ LPG	Landwirtschaftliche Produktionsgenossenschaft

- LSG — Landschaftsschutzgebiet
- MNQ_{30} — 30 % des mittleren Niedrigwasserabflusses
- Nabu — Naturschutzbund Deutschland
- NAK — Naturschutz und Erhalt der Kulturlandschaft
- NGO — Non-Governmental Organization
- NSG — Naturschutzgebiet
- RNG — Reichsnaturschutzgesetz
- SANU — Sächsische Akademie für Natur und Umwelt
- SächsNatSchG — Sächsisches Naturschutzgesetz
- SML — Staatsministerium für Landwirtschaft, Ernährung und Forsten
- SMU — Staatsministerium für Umwelt und Landesentwicklung
- SMUL — Staatsministerium für Umwelt und Landwirtschaft
- SRH — Sächsischer Rechnungshof
- StUFA — Staatliches Umweltfachamt
- SWS — Stiftung Wald für Sachsen
- TGL — Technische Normen, Gütevorschriften, Lieferbedingungen
- TüP — Truppenübungsplatz
- UL — Programm »Umweltgerechte Landwirtschaft«
- UVP — Umweltverträglichkeitsprüfung
- VEG — Volkseigenes Gut
- VKSK — Verband der Kleingärtner, Siedler und Kleintierzüchter
- WGT — Westgruppe der Truppen (kurzzeitiger Begriff für die militärische Präsenz russischer Streitkräfte 1992 – 1994)

ABBILDUNGSNACHWEIS

- Archiv LaNU
- Archiv LfUG
- Archiv SMUL
- Harald Krug
- Iris Rumplasch
- Josef Hlasek
- Metronom GmbH
- Regina Walz
- Renè Schubert
- Umweltbericht
- Wolfgang Krammisch
- www.photocase.de

IMPRESSUM

- © 2006 – HERAUSGEBER – Sächsische Landesstiftung
  Natur und Umwelt (Naturschutzfonds), Blockhaus, 01097 Dresden
- AUTOR – Karl Mannsfeld
- GESTALTUNG UND SATZ – Kathleen Rothe,
  Metronom | Agentur für Kommunikation und Design GmbH, Leipzig
- DRUCK – Jütte-Messedruck Leipzig GmbH
- VERARBEITUNG – Kunst- und Verlagsbuchbinderei GmbH, Leipzig
- REDAKTIONSSCHLUSS – November 2006
- GEDRUCKT AUF – Cyclus Print, 100 % Recyclingpapier
- ALLE RECHTE VORBEHALTEN
- ISBN-10: 3-00-020305-2 / ISBN-13: 978-3-00-020305-3
- Printed in Germany
- BIBLIOGRAFISCHE INFORMATION –
  Die Deutsche Bibliothek verzeichnet diese Publikation in der Deutschen
  Nationalbibliografie; detaillierte bibliografische Daten sind im Inter-
  net über http://dnb.ddb.de abrufbar.